高职高专教育“十二五”规划建设教材

经济学基础

（经济类专业用）

綦颖　陈伟　主编

中国农业大学出版社
·北京·

图书在版编目(CIP)数据

经济学基础/綦颖，陈伟主编. —北京：中国农业大学出版社，2012.2
ISBN 978-7-5655-0469-3

Ⅰ.①经… Ⅱ.①綦…②陈… Ⅲ.①经济学-高等职业教育-教材 Ⅳ.①F0

中国版本图书馆 CIP 数据核字(2011)第 281760 号

书　　名 经济学基础
作　　者 綦颖　陈伟　主编

策划编辑 伍　斌　康昊婷　　**责任编辑** 王艳欣
封面设计 郑　川　　**责任校对** 陈　莹　王晓凤
出版发行 中国农业大学出版社
社　　址 北京市海淀区圆明园西路 2 号　　**邮政编码** 100193
电　　话 发行部 010-62818525，8625　　读者服务部 010-62732336
编辑部 010-62732617，2618　　出　版　部 010-62733440
网　　址 http://www.cau.edu.cn/caup　　**e-mail** cbsszs @ cau.edu.cn
经　　销 新华书店
印　　刷 北京鑫丰华彩印有限公司
版　　次 2012 年 2 月第 1 版　2012 年 2 月第 1 次印刷
规　　格 787×980　16 开本　19 印张　350 千字
定　　价 29.00 元

编审人员

主　编　綦　颖（辽宁农业职业技术学院）
　　　　陈　伟（扬州环境资源职业技术学院）

副主编　徐玉萍（辽宁农业职业技术学院）
　　　　李　鑫（江苏畜牧兽医职业技术学院）

参　编　闫云婷（天津农学院）
　　　　王　丽（沈阳农业大学高等职业技术学院）
　　　　蔡玉娟（嘉兴职业技术学院）
　　　　金　碧（重庆市农业银行）

审　稿　吕　杰（沈阳农业大学）

内容提要及结构图

本书结构安排为导论（经济学导论）、上篇（微观经济学）和下篇（宏观经济学）。

上篇（微观经济学）

学习视角Ⅰ：市场（第一章：供求及均衡价格理论）

学习视角Ⅱ：消费者（第二章：消费者行为理论）

学习视角Ⅲ：生产者（第三章：生产者行为理论；第四章：成本与收益；第五章：厂商均衡理论）

学习视角Ⅳ：从生产者到消费者（第六章：生产要素市场与收入分配）

学习视角Ⅴ：微观政策（第七章：市场失灵与微观经济政策）

下篇（宏观经济学）

学习视角Ⅵ：国民收入（第八章：国民收入核算理论；第九章：国民收入决定理论）

学习视角Ⅶ：国民经济发展的平衡性（第十章：失业与通货膨胀理论；第十一章：经济周期与经济增长）

学习视角Ⅷ：宏观政策（第十二章：宏观经济政策）

本书结构图如下：

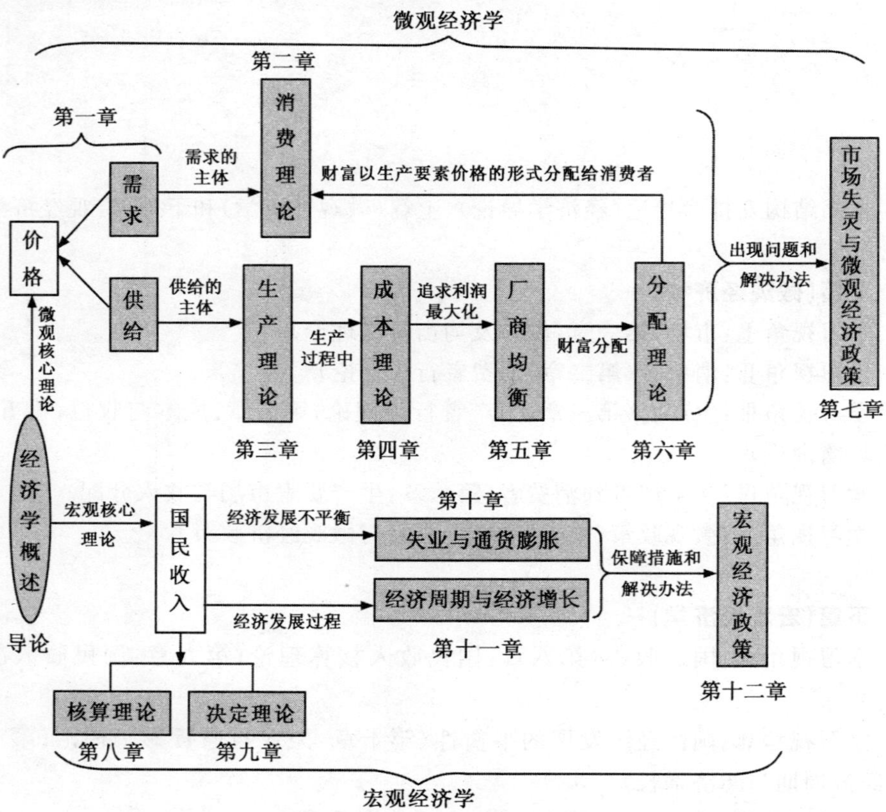
微观经济学
第一章
第二章
消费理论
需求
需求的主体
价格
供给
供给的主体
财富以生产要素价格的形式分配给消费者
生产理论
生产过程中
成本理论
追求利润最大化
厂商均衡
财富分配
分配理论
出现问题和解决办法
市场失灵与微观经济政策
第七章
微观核心理论
经济学概述
导论
第三章
第四章
第五章
第六章
宏观核心理论
国民收入
第十章
经济发展不平衡
失业与通货膨胀
经济周期与经济增长
经济发展过程
保障措施和解决办法
宏观经济政策
第十一章
第十二章
核算理论
决定理论
第八章
第九章
宏观经济学

前言

经济学基础是经济类专业学生必修的一门专业基础课，是国际经济、国际贸易、国际金融、市场营销、经济管理等一系列经济学科的基础。为适应全国高等职业教育的发展，根据《教育部关于加强高职高专教育人才培养工作的意见》、《关于全面提高高等职业教育教学质量的若干意见》、《教育部关于推进中等和高等职业教育协调发展的指导意见》等文件精神和要求编写了本教材。

本教材依据高等职业教育人才培养目标和人才培养模式的基本特征要求，以职业能力培养为主线，遵循高职学生成长规律和高职教育规律进行教材内容体系设计。力求突出基础理论知识在经济生活中的应用，强化运用基本理论来分析社会经济现象和经济问题。同时，在深度和难度上区别于本科教材的系统性和完备性。

本教材在结构框架、模块设置和写作风格上均有所创新，各章前有引言、知识点和能力点。“引言”是把生活中的现象与经济学联系起来；“知识点”和“能力点”对各章知识要点做了提示。内容中插了“知识链接”、“资料卡”等模块，对相关知识进行拓展，有助于提高学生的学习兴趣。各章后均有“本章关键词”、“本章小结”、“案例分析”、“专项训练”等模块。“案例分析”能锻炼学生分析问题的能力，加深学生对经济学原理的理解和运用；“专项训练”包括选择、判断、简答、计算、分析等题型，这部分精心设计的内容，有助于学生更准确地把握各章的知识结构和重点内容，便于学生课外自我检测和巩固学习效果，充分体现了高等职业教育的特点和以学生为主体、以教师为主导的教学理念。

本教材可供高等职业院校经济类专业学生使用，也可供广大自学者学习参考。

本教材编写大纲和编排体例由綦颖主编设计，并经所有参编人员讨论通过后正式分工编写。导论、第一章、第十一章由綦颖编写，第二章、第六章由李鑫编写，第三章、第四章由徐玉萍编写，第五章由闫云婷编写，第七章、第九章由陈伟编写，第八章由王丽编写，第十章由蔡玉娟编写，第十二章由金碧编写。书稿形成后，统稿任务由綦颖（微观部分）和陈伟（宏观部分）共同完成，此后由沈阳农业大学博士生导师吕杰教授进行审阅，提出了修改意见，最终由綦颖主编通阅并定稿。

本书虽几经修改、校对，但由于编写时间较紧，可能存在不尽完善之处，敬请大家批评斧正。同时，真诚地希望通过对本书的学习，能够让经济学走进你的生活，让我们运用经济学家的思考方式来认识这个世界。

綦　颖
2011年10月

目录

下篇 宏观经济学

经济学导论

引言：睁开眼睛，晨起洗漱，不同品牌的洗漱品、化妆品摆在你面前，你购买了这些牌子而非其他，那么在做出这样的选择时你是否不自觉地运用了经济学理论？打开电视，翻开报纸，满眼尽是财经新闻、股票行情，经济学家们也经常被邀为座上宾，对经济形势做出点评，为国家经济政策指点江山，你是否对其略知一二？生活在这个时代，如果不懂一点经济学，不知道需求、供给、GDP、CPI、股票指数、个人所得税，你就会觉得自己仿佛置身于世外，简直是寸步难行。

那么，经济学到底是什么呢？经济学成为显学，自然是有缘由的。说到底，是因为经济学要解决的问题，是人类最基本、最重大的问题，也就是：人类怎样才能更快乐，更幸福！

正如1970年获诺贝尔奖的经济学家萨缪尔森所说："经济学讨论的是我们身边真实的生活"；"为什么要学习经济学的一条最重要的理由是，在你的一生中，从摇篮到坟墓，你都会碰到无情的经济学真理"。这正是我们要学习经济学的基本原因。

一、经济问题的提出

（一）资源的稀缺性

人活着就有欲望，欲望就是"想要"，欲望的最显著特征是无穷大，也就是平常我们所说的"欲壑难填"。比如饿了想要吃饭，渴了想要喝水，想有安全的感觉，想与人交往，想被人尊敬，还想要干出点名堂来等，这些都是欲望，符合马斯洛的需要层次理论，即：一是基本的生理需要（生存）；二是安全的需要（生存保障）；三是社会的需要（感情，爱，归属感）；四是尊重感的需要（自尊，受尊敬）；五是自我实现的需要（人生观，理想）。

要满足欲望就得有满足的手段，经济学把满足人的欲望的手段，叫“资源”。或者说资源是指在经济生活中能够满足人们各种需要的一切要素或条件。

资源的特点跟欲望相反，跟人的无穷的欲望比起来，资源总是显得不够，经济学家把资源的这个特点叫作“稀缺”，稀缺是普遍的。稀缺是经济学的前提，没有稀缺就不存在任何经济学问题。每个人都面临稀缺问题，每个社会也都面临稀缺问题。

如果是这样，问题就出来了：欲望人人有，每个社会都有，还无穷大，而资源是稀缺的，满足欲望的手段没有那么多，所以，痛苦是必然的。但是人生的目标是追求快乐，社会的目标也是让所有人快乐，它们是痛苦的反面。所以，必须解决资源稀缺与欲望无穷的矛盾，让痛苦少一点，快乐多一些。

在过去的时代，解决人类的欲望无穷与资源稀缺这个矛盾的办法，是压抑人的欲望，让欲望和资源相接近，比如各种宗教在本质上都有这个作用。而现代社会，解决这个困境的办法，是发展生产，缓解稀缺。

资源稀缺性的存在是人类社会必须面对的基本事实，任何人、任何社会都无法摆脱资源的稀缺性。世界上除自由取用资源外，其他资源都是稀缺资源。随着社会发展以及生产和生活条件不断进步，人类的需要会不断增长。需要的无限性是人类社会前进和经济发展的动力源泉，人类永远都要为满足自己不断产生的需要而奋斗。

由于资源稀缺性的存在，使经济学成为一门科学。资源有限，同时资源又具有多用性，因此，人们就有可能将资源投放到不同的用途以满足多种多样的需要。由于各种需要在人类社会的生产和生活中有着不同的地位与作用，资源在不同用途之间如何投放才能实现满足程度最大化，是进行资源合理配置与利用必须追求的社会经济目标。为了实现这一目标，人们必须要探讨稀缺资源合理利用的基本途径和方法，并研究其规律性，用以指导生产和消费过程。

（二）选择与生产可能性边界

选择是在一定的约束条件下，在不同可供选择的事件中进行挑选的活动。这就需要了解一个内容：生产可能性边界，表明在既定资源和技术条件下生产两类商品最佳产出数量的不同组合点的轨迹，即一个社会的全部资源生产全部产品的边界。

资源的稀缺性决定了一个社会在一定时期可以利用的资源是有限的，从而可以生产的产品数量也是有限的。说明生产可能性原理的经典案例是大炮生产和黄油生产比例关系的处理问题，假定一个国家的全部资源只用来生产大炮可以生产

15 万门，只生产黄油可以生产 50 000 t，在这两种极端的可能之间还可以存在不同数量的组合。如果这个国家在进行大炮与黄油生产时可以提出 A、B、C、D、E、F 六种组合方式，根据这六种组合可以给出这两种产品的生产可能性表（表 0.1）：

表 0.1　某个国家产品的生产可能性

生产可能性	黄油产量/t	大炮产量/万门
A	0	15
B	10 000	14
C	20 000	12
D	30 000	9
E	40 000	5
F	50 000	0

根据表 0.1 中的资料可以绘出图 0.1。在图 0.1 中，A、B、C、D、E、F 各点间的连线就是生产可能性曲线，它表示这个国家在资源既定条件下所能达到的大炮和黄油的最大产量组合，也称为生产可能性边界。生产可能性边界决定了这两种产品最大产量的组合界限。在生产可能性边界以内任何一点上，资源没有得到充分利用，可能存在资源的闲置或浪费，都没有实现这两种产品的最大产量组合，比如图中的 G 点。在生产可能性边界以外任何一点，虽然产量组合更大，但因为资源条件的限制而无法达到，比如图 0.1 中的 H 点。

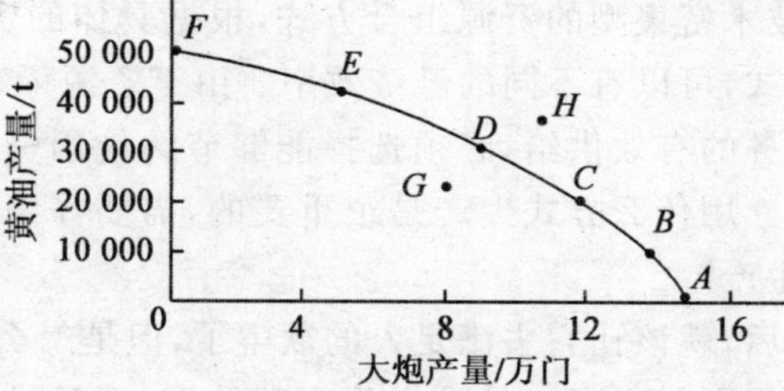

图 0.1　生产可能性曲线图

（三）选择与机会成本

由于资源的稀缺，产生了选择的必要性，任何一项经济活动都面临做出选择的现实。如上例，只能在 AF 曲线上选择一个点进行生产，选择了 B，就意味着必须放弃做出 A、C、D、E、F 的选择。其他亦然。选择有优劣之分，所以选择必然有一个得失权衡和利弊比较的价值标准，这个标准就是机会成本。机会成本是指为了得到某种东西所必须放弃的其他东西的最大价值，也可以说做出一种选择而放弃其他选择的实际代价。从 A、B、C、D、E、F 各点来看，选择一点而放弃的其他各点所能获得的最大收益就构成了这种选择行为的机会成本。而且，在既定条件下，要增加大炮的生产，必须以减少黄油的生产为代价。

二、经济学的研究对象

(一)资源配置

人类的欲望无穷，而资源又总是那么稀缺，即使再怎么发展生产，也并不是所有欲望都能得到满足，而只能满足一部分。那人类就要决定：让哪些欲望得到满足，哪些欲望不能得到满足，至少是暂时不能满足。既然满足欲望靠生产，那么生产什么，就意味着让什么欲望得到满足。比如生产粮食，就是为了让吃的欲望得到满足。因为资源稀缺，不可能什么都生产，各种生产对资源的利用具有互逆替代性，在被安排生产的产品中，用于生产某种产品的资源如果多一些，用于另外产品生产的资源就会少一些。因此，需要仔细考虑究竟选择生产什么，满足什么欲望。在这方面人们必须做出的选择是：为了实现满足程度最大化，要科学地确定生产项目构成及生产项目间资源配置与利用的比例关系，以实现社会经济结构的合理化。在经济学上，这叫“生产什么”。

生产可以采取不同的方式。在这方面，主要涉及对生产资源投入组合方式和生产技术运用方式的选择问题。比如，生产同样数量的某种产品，可以采用劳动密集型、资本密集型或技术密集型的资源组合方式，根据具体的资源条件，选择不同的资源利用与组合方式，可以有不同的经济效率。由于资源稀缺性的存在，人类社会为了增加产品与服务的有效供给，必须选择能够节约使用资源与提高经济效率的生产资源组合方式。用什么方式生产是很重要的，需要仔细考量，做出抉择，经济学家把这叫“如何生产”。

东西生产出来以后，就该让它去满足人的欲望了，但是怎么把东西分到每个人手里呢？要靠规则。规则怎么定？是谁出价高就给谁，还是谁权力大就给谁？还是根据其他标准？这些都是规则。不同的规则对人们的影响和造成的后果是很不一样的，社会要想和谐，就必须采取更妥当的办法，采用更合理的规则，所以，对于如何分配，人类也得做出选择，这叫“为谁生产”。

“生产什么”、“如何生产”、“为谁生产”这三个问题就是“资源配置”问题，即经济学的基本问题。资源配置直接来源于资源稀缺与欲望无穷的永恒矛盾，所以资源配置非常重要，而且永远都存在如何更好配置的问题。

经济学是为解决资源稀缺性而产生的，其研究对象就是由稀缺性而引起的资源配置问题。配置，就是放；资源配置，就是把资源放到哪里去。资源配置的目标是有效率。经济学上的效率和生活中的效率是两个概念。经济学效率的含义是一种最好的状态。在这种状态下，如果想让某个社会成员变得更好，就只能让其他某个成员的状况变得比现在差。换句话说，如果不让某个人变差，就不能让任何人变好。想想，还有比这个状态更好的吗？这个状态，很像"人尽其才，物尽其用"。如果在不使任何人变差的情况下，还能让某个人变好，那么目前这个状态就不是最好的，还有改进的余地。只有达到有效的状态，才是最好的。经济学上对效率有一个专门的概念，叫"帕累托效率"。

迄今为止，人类找到了两种配置资源的方式，一个是计划，一个是市场。主要用计划方法配置资源的经济叫计划经济；主要用市场配置资源的经济叫市场经济。

计划方式，就是计划部门的人说了算，只有他们有权决定资源怎么配置，生产什么，如何生产，为谁生产，是事先规定好了的。所有人都必须服从，不能各行其是。

市场经济配置资源的手段是市场，说得更直接点，就是价格机制。在市场经济中，消费者买什么、买多少，由消费者根据市场价格和自己的收入和偏好决定；企业生产什么、生产多少，要看生产什么更赚钱。说得通俗点，市场经济就是自己的事情自己做主的经济，是人民当家做主的经济。

(二)资源利用

在现实中，人类社会往往面临这样一种矛盾：一方面资源是稀缺的；另一方面稀缺的资源还得不到充分利用。

经济资源的稀缺与闲置并存是现代经济学面临的两大难题，即产量组合不在 AF 曲线(生产可能性曲线)上，而在 AF 曲线以内(G 点)。如何有效地利用稀缺资源，解决失业问题，把产量组合推进到 AF 曲线上，这就是资源利用的问题。它要回答三个问题。

第一，为什么资源得不到充分利用，即黄油与大炮的产量达不到生产可能性曲线上的各点。换句话来说，也就是如何能使稀缺的资源得到充分利用，如何使黄油与大炮的产量达到最大。这就是一般所说的"充分就业"问题。

第二，在资源既定的情况下，为什么产量有时高有时低，即尽管资源没变，但黄油与大炮的产量为什么不能始终保持在生产可能性曲线上。这也就是经济中为什么会有周期性波动。与此相关的是，如何用既定的资源生产出更多的黄油与大炮，即实现经济增长。这就是一般所说的"经济波动与经济增长"问题。

第三，现代社会是一个以货币为交换媒介的商品社会，货币购买力的变动对资源配置与利用所引起的各种问题的解决都影响甚大。这样，解决这些问题就必然涉及货币购买力的变动问题。这也就是一般所说的"通货膨胀（或通货紧缩）"问题。

由以上可以看出，稀缺性不仅引起了资源配置问题，而且还引起了资源利用问题。前者由微观经济学解决，后者则是宏观经济学的课题。正因为如此，许多经济学家认为应把经济学定义为"研究稀缺资源配置和利用的科学"。总之，经济学产生于稀缺性，它要解决任何一个社会和个人都面临的稀缺资源的选择和利用问题。因此，经济学是一门与我们每个人都密切相关的科学。

三、经济学的经济人假设

如果说，稀缺是社会存在的经济概括，那么，经济人这个概念就是对社会意识的经济学概括。经济学并不研究稀缺本身，而是研究在稀缺条件下人的行为，也就是研究经济人的行为。具有对稀缺做出适应性反应能力的人，称之为经济人。

经济学是一门科学，所以也有自己的假设，经济学的假设不止一个，但是最根本的只有一个，这就是经济人假设，也叫理性人假设。经济人假设的意思是说，每个人，当然这个人不但包括自然人，也包括厂商，都是在给定约束下追求自己利益的极大化。因为资源稀缺，所以人是受到资源稀缺的约束的，比如收入的限制、时间的限制、价格的限制等。人们只能在这个约束下追求利益极大化。整个经济学大厦就是建立在这个假设基础上的。如果否认这个假设，就等于取消了经济学本身。

人都是追求自己利益的，而且追求自己利益的极大化。人也是趋利避害的，趋利避害就是在追求自己利益的极大化。在任何情况下，都是如此，这就是人性。做好事的人常常说，他们帮助了别人，就更快乐了。所以，利他行为和利己行为，在相当大的程度上是一致的，可以统一为利己。必须强调的是，利己，决不是损人利己。而是在不损害别人利益的前提下，增进自己的利益。而在通常的情况下，是增进了双方的利益。一切以损人为代价的行为，最终是不能持续下去的，因为谁也不比谁傻多少。

四、经济学如何看世界

"物以稀为贵"，这是人人皆知的常识。可是为什么物稀了就贵？毕竟，东西稀少的时候跟富余的时候，就表面，也就是物理性质来说，是一样的。到底怎么回事？经济学的边际效用原理，从人的心理出发，把其中的道理解释得透彻如水。

"天下没有免费的午餐。"它的本义是你吃这顿饭的时间，可以用于做其他事情，这些事情，对你可能是更有意义、有价值的。你把时间用于白吃这顿饭，就失去了这些本可以获得的价值，这就是机会考虑。它提示我们，做事的真正成本，不是为做一件事已经付出了多少，而是为做它所必须放弃的那些东西。当你面临两难选择的时候，你应该想想哪种选择所放弃的更少。

经济学之所以成为一门独立的科学，并且在相当大程度上改变了世界的面貌，是因为经济学家看世界的方式和常人不同，与其他社会科学，比如社会学和政治学、法学不同，经济学家有一套自己看问题、看世界的方法。这些方法，帮助人们更科学地认识外部世界和人类自身，提高人类解决自身问题的能力。这里谈及经济学家的两个特殊思维方式，有助于矫正我们长久以来的思维定势。

(一)边际考虑

经济学认为，某种要素的贡献，也是由其边际的一单位的贡献决定的。

第一个例子，是关于生产的。假定一亩（$1\ hm^2=15$ 亩）地，一个人种可以打 500 kg 稻米，但是两个人却只能打 900 kg，三个人只能打 950 kg，等等。从中可以观察到一个规律，第二个人没有第一个人打的稻米多，第三个人没有第二个人打的稻米多，依此类推。总之，后一个人没有前一个人打的稻米多。经济学家把这个规律叫作“边际产量递减”，也就是说新增加的人所增加的总产量越来越少。边际产量递减是个公理。我们可以想象，如果产量不递减，那就是递增或者不变，那会产生怎样的结果呢？考虑一下是否可能。

农民应该得到多少劳动成果呢？这取决于农民的劳动贡献有多大。那么，这个贡献是第一个人的产量 500 kg，还是所有人的产量总和的平均数，抑或是其他？

每个人到底能分得多少稻米，必须进行边际考虑。也就是看最后一个人的产量是多少。比如是 25 kg，也就是说，由于增加最后一个人所增加的产量是 25 kg，这个产量就叫“边际产量”。经济学家说，每个人应该获得的稻米就是这个边际产量，即 25 kg。因为第一个和最后一个来的人交换位置后，打的稻米一样多。这说明，他们劳动的贡献是没有差别的，都是 25 kg。

第二个例子，是关于边际效用的。经济学把商品能够满足人的主观愿望的东西，叫效用。

假定一个农民某年生产了 5 袋粮食，他要安排这 5 袋粮食的用途。他一定是按照重要性从大到小的顺序安排。第一袋，用于吃，这对他最要紧。第二袋，用于增强体力和精力。第三袋，用于酿酒，因为他要喝酒。第四袋，用于养家禽，因为他要吃肉，但是吃肉没有喝酒重要。第五袋，用于养鹅。因为他觉得实在找不到什么别的可以安排的了。

与边际产量递减类似，效用也是递减的，这叫“边际效用递减”。

如果农民出售粮食，价格如何呢？第一袋粮食对农民的效用最大，如果让他卖，他要收取最高的价格，比如100元；第二袋对他的效用要小一些，他能接受的价格也低一些，比如80元；依此类推，第五袋只要20元就可以了。如果他要出手全部5袋粮食，每一袋的价格应该是一样的，那这个价格是多少呢？是20元！因为养鹅的这一袋粮食，不是5袋中特定的一袋，而是其中的任何一袋。所以，当他有5袋粮食的时候，每一袋都仅仅值20元。当他有4袋粮食时，每袋粮食就值40元，依此类推。无论什么时候，都是由最后的一袋决定每袋的价格，也就是边际决定，这就是"物以稀为贵"的原理。

一件事情，如果有好处，好处大于坏处，人们就会着手去做。可是再好的事情做下去也会变成不好的事，这叫物极必反。比如吃饭，肯定有那么一口是你的最后一口。这一口在理论上说，你吃不吃都是一样的，这一口的效用是零。但下一口你不会再吃了，因为下一口，你吃了还不如不吃，它比上一口的效用要低，是负数，也就是你会觉得难受。你吃的最后一口就是边际好处（增加的好处）和边际坏处（增加的坏处）相等的那一口。这时就达到了一种均衡，均衡是人们不断比较边际收益和边际成本的结果。均衡也是一点一点达到的，这是边际考虑的结果。

（二）机会成本考虑

举个例子就清楚了。比如一笔资金，100万元，这是一种资源，它可以投到5个项目上去。现在我们把它投到了第一个项目上，那么我们做这个项目的成本是多少呢？不是第一个项目花的钱，即100万元，那是会计成本，而真正的成本是放弃的另外4个项目中，价值最大的那一个项目的价值，比如第五个项目的价值最大，是500万元，那第一个项目的成本就是500万元。

一件事情的机会成本，是放弃的其他选择最大的价值，其根本没有发生过，这跟会计成本完全不同，是一种隐性成本。相应地，经济学的利润跟会计利润也就有很大区别。会计利润是全部收入减去会计成本。经济利润是全部收入减去经济成本，也就是会计利润减去机会成本。

再举例说明。假如你原来在一个政府部门上班，每年有10万元收入。现在，你决定下海经营一家餐馆。每年的全部收入是11万元，会计成本是10万元，包括买菜、买肉、员工工资、税收和各种其他费用。你的会计利润就是：11万元－10万元＝1万元。但是，经济学家认为你没有赚钱，反而赔了钱，至少赔了9万元。因为你想，如果你的时间不是用于开餐馆，而是继续在政府部门上班，你就会有10万元，现在你只有1万元，所以，你至少赔了9万元。问题出在你少算了成本，不能只算买菜等的成本，为了开餐馆，你放弃的收入也是成本。

"天下没有免费的午餐。"因为你用于跟人吃午餐的时间，是你的资源，你可以做一项比吃这顿午餐对你更有价值的事情，也就是获得更大效用。所以，你吃的这顿午餐不是免费的。

机会考虑，对于资源正确配置非常重要，对于我们做出正确决策，也非常有启发。

五、经济学的研究内容

经济学是研究在一定制度下稀缺资源合理配置和利用的科学。资源配置是指一定量的资源按某种规则分配到不同的生产中，以满足不同的需要。"生产什么"、"如何生产"和"为谁生产"的问题即为资源配置的问题。资源利用是指人类社会如何更好地利用现有的稀缺资源，使之生产出更多的物品。按研究对象不同，经济学被分为两个研究领域：微观经济学与宏观经济学。

（一）微观经济学的研究内容

微观经济学是以单个经济单位为研究对象，通过研究单个经济单位的经济行为和相应经济变量单项数值的决定来说明价格机制如何解决社会资源的配置问题。单个经济单位是指组成社会经济的最基本的单位，包括居民户和厂商。居民户是指家庭或个人，是经济中的消费者。厂商又称为企业，是经济中的生产者。微观经济学研究居民户的经济行为是研究居民户如何把有限的收入分配于各种物品的消费过程中，以实现满足程度最大化；研究厂商的经济行为是研究厂商如何把有限的资源用于各种产品的生产，以实现利润最大化。微观经济学要解决两方面问题：一是考察消费者对各种产品的需求与生产者对产品的供给怎样决定着每一种产品的产销数量和价格；二是作为消费者的生产要素所有者提供的生产要素供给与厂商对生产要素的需求怎样决定着生产要素的使用量和生产要素的价格。

经济学的研究是以一定的假设条件为前提的，微观经济学的研究有三个基本假设条件：其一，市场交易者都是有理性的"经济人"。假设在市场上，每个厂商和消费者首先要考虑的是自己的经济利益。在做出一项经济决策时，要对各种方案进行比较，选择一个花费最少，获利最多的方案，从事的是有理性的经济行为。其二，市场可以调节资源的合理配置与利用。认为在价格可以自由调节经济的情况下，一定会实现充分就业的供求均衡状态，也就是社会资源可以充分利用，产品既没有过剩也没有短缺，不存在资源的闲置或浪费问题，也称为市场出清。其三，具有完全的信息。这是指消费者和厂商可以无代价而迅速地获得各种市场信息。消费者和厂商能够及时对价格信号做出反应，以实现其行为的最优化。

微观经济学研究的内容是分析和解决单个经济单位如何根据市场供求关系变化，通过价格机制作用实现社会资源的合理配置，主要包括：均衡价格理论、消费者行为理论、生产者行为理论、成本与收益分析、厂商均衡理论、分配理论、微观经济政策等。

(二)宏观经济学的研究内容

宏观经济学是以整个国民经济为研究对象,通过研究经济中各有关总量的决定及其变化,来说明资源如何才能得到充分利用。宏观经济学研究的不是社会经济中的单个经济单位,而是由所有居民户和厂商所组成的国民经济整体。研究的不是"树木",而是由这些"树木"组成的森林。宏观经济学研究整个经济的运行方式和规律,从整体上分析和解决国民收入的决定与变动问题。

宏观经济学的研究依据以三点假设为前提:其一,市场机制是不完善的,单纯依靠市场机制并不能总是实现资源的优化配置与利用。其二,市场并不是对所有的经济问题和社会问题都能做出合理的调整,比如私人经济的外部性影响、公共物品的生产和提供、社会收入的合理分配以及垄断等问题的处理,这些所谓的"市场失灵"性的问题就是单纯依靠市场机制的作用无法得到合理解决的。其三,政府有能力调节经济,纠正市场机制的缺点。人类不是只能顺从市场机制的作用,而且还能够在遵从基本经济规律的前提下,对经济进行调节。能够进行这种调节的就是政府,政府可以通过观察与认识经济运行的规律,采取适当的手段进行调节。

宏观经济学研究的目标是在假设出现"市场失灵"的情况下,如何通过政府调节来解决市场机制的不完善问题,在纠正市场失灵的同时,尽量避免和纠正"政府失灵",以实现政府宏观调控的科学化。宏观经济学研究的内容包括国民收入核算与决定理论、失业与通货膨胀理论、经济周期与经济增长理论、宏观经济政策等。

(三)微观经济学与宏观经济学的区别与联系

微观经济学与宏观经济学是经济学的两大组成部分,二者既有区别,又有联系。

1. 微观经济学与宏观经济学的区别

第一,研究的对象不同。微观经济学的研究对象是单个经济单位的经济行为。宏观经济学的研究对象是整个国民经济。二者之间是部分与整体的关系。

第二,解决的问题不同。微观经济学解决的问题是资源配置。目标是资源配置最优化,即在这种资源配置下能给社会带来最大的经济福利。宏观经济学解决的问题是资源利用。分析通过资源配置后未能充分利用的原因,达到充分利用的途径,以及如何通过政府宏观调控实现经济持续稳定增长。

第三,中心理论不同。微观经济学的中心理论是价格理论。在市场经济中,居民户和厂商的经济行为都受价格变动支配。价格像一只看不见的手,调节着整个社会的经济活动,实现社会资源配置最优化。宏观经济学的中心理论是国民收入决定理论。以国民收入的决定为中心研究资源的合理利用,分析整个国民经济的运行，围绕这一点展开其他问题的讨论。

第四，研究方法不同。微观经济学的研究方法是个量分析，分析研究的是个量的决定、变动及其相互之间的关系。宏观经济学的研究方法是总量分析。研究的总量指标有两类：一类是个量的总和，例如国民收入是组成整个经济的各个单位的收入总和，总投资是各个厂商投资的总和，总消费是各个居民户消费的总和。另一类是平均量，例如价格水平是各种商品与劳务的平均价格，是一定时期内一个国家或地区某种产品价格的加权平均数。

2. 微观经济学与宏观经济学的联系

第一，微观经济学是宏观经济学的基础。整体经济是单个经济单位的总和。单个经济单位与整个国民经济是大树和森林的关系，单个经济单位行为的合理化与全社会的充分就业二者之间存在着密不可分的关系。从这一意义上说，微观经济学和宏观经济学是相互补充的，它们都是经济学的有机组成部分。

第二，微观经济学与宏观经济学采取的都是实证研究方法。微观经济学与宏观经济学都是把社会经济制度看作是既定的，不分析社会制度对经济的影响。这就是说，它们都把市场经济制度作为一种既定的存在，分析这一制度下的资源配置与利用问题。这种不涉及制度问题，只分析具体问题的方法就是实证分析。从这一意义上说，微观经济学与宏观经济学都属于实证经济学的范畴。

第三，微观经济学与宏观经济学研究都把对经济现象和问题的定量分析方法作为分析和说明问题的重要手段。微观经济学以个体的经济活动为研究对象，分析单个厂商如何在生产经营中获得最大利润，单个居民户如何在消费中得到最大满足。宏观经济学以总体经济活动为对象，描绘社会经济活动的总图景，分析影响就业与经济增长的总量因素及其相互关系。经济模型分析是微观经济学与宏观经济学研究普遍使用的研究工具，通过各种变量的变动与决定过程对经济现象和问题进行分析是经济学分析的基本研究方法，尽管涉及的问题影响范围不同，但基本研究过程的逻辑思路是一致的。

六、经济学的研究方法

(一)实证分析与规范分析

实证分析是指企图超脱或排斥一切价值判断，只研究经济本身的内在规律，并根据这些规律，分析和预测人们经济行为的效果。它要回答“是什么”的问题，而不对事物的好坏做出评价。规范分析是指根据一定的价值判断为基础，提出某些分析处理经济问题的标准，树立经济理论的前提，作为制定经济政策的依据，并研究如何才能符合这些标准。它要回答的是“应该是什么”的问题。实证经济学与规范经济学之间既有区别又有联系，其区别在于：

第一，研究方法不同。这是实证经济学与规范经济学的根本区别。实证经济学主要运用实证分析方法，而规范经济学主要运用规范分析方法。实证分析与规范分析的不同点是：如果以一定的价值判断为依据对经济现象进行分析和研究，就是规范分析，如果超脱价值判断去研究经济本身的内在规律则是实证分析。所谓价值判断是指对经济事物是好还是坏的判断。实证经济学为了使对经济现象和经济问题的研究过程具有客观公正性，结论具有科学合理性，就要避开价值判断问题。而规范经济学是要判断某一事物的好与坏或是与非，则要从一定的价值判断出发来分析和研究问题。

第二，分析、研究和解决的问题不同。实证经济学要解决"是什么"的问题，也就是要确认事实本身，研究经济问题与经济现象的客观规律与本质联系，分析经济变量之间的逻辑关系，并用于对经济事物的分析与预测。而规范经济学要解决"应该是什么"的问题，要说明经济事物是好还是坏，是否符合某种价值判断，或者对社会有什么意义。

第三，实证经济学研究问题的结论具有比较强的客观性，而规范经济学研究问题的结论则具有比较强的主观性。实证经济学研究所得出的结论可以根据事实进行检验，结论也不会以人的意志为转移。规范经济学研究所得出的结论要受到不同价值观的影响，具有不同的价值判断标准的人，对同一事物的分析可能会得出截然相反的结论。因为价值标准是由人事先确定的，对谁是谁非问题不可能有客观统一的评价标准，因而对其客观合理性无法用统一的标准进行检验。我们常说的"实践是检验真理的唯一标准"强调的就是用实证分析方法分析客观实际情况，对经济和社会问题的分析和判断要坚持实事求是。

必须强调指出，经济学研究是由人来进行的，不同的人由于对经济现象和问题分析的价值观念不同，即使都是采用同一实证分析方法，对分析过程中的方法选择和结果分析也会有很大的差异，企图超脱一切价值判断，就客观问题本身去分析其规律性，也不可能把决策人本身的主观因素完全排除在外。另外，在进行规范分析过程中，如果完全脱离客观现实去进行价值分析和判断，也只能是使问题的分析过程步入主观臆想的死胡同。因此，实证分析和规范分析是以不同的假设前提为条件的两种不同分析方法。实证经济学与规范经济学之间尽管存在着差异，但二者之间不是绝对相互排斥的。规范经济学研究要以实证经济学为基础，而实证经济学研究也离不开规范经济学的指导。一般说来，越是具体的问题，实证分析的成分越多；而越是高层次，带有决策性的问题，则越具有规范性。在经济现象分析过程中，需要将这两种分析方法结合起来进行运用。

(二)均衡分析与非均衡分析

均衡分析就是假定经济变量中的自变量为已知的固定不变的,观察因变量达到均衡状态时所出现的情况以及实现均衡的条件。由于在观察过程中,外界条件不断地发生变化,均衡可能是转瞬即逝的一刻,也可能永远达不到,但在均衡分析中,我们只考察达到假想中的均衡时的情况。均衡分析又可以分为局部均衡分析与一般均衡分析。局部均衡分析考察在其他条件不变时单个市场均衡的建立与变动。一般均衡分析考察各个市场之间均衡的建立与变动,它是在各个市场的相互关系中来考察一个市场的均衡问题的。非均衡分析则认为经济现象及其变化的原因是多方面的、复杂的,不能单纯用有关变量之间的均衡与不均衡来加以解释,而主张通过对历史、制度、社会等因素的分析作为基本方法,即使是个量分析,非均衡分析也不强调各种力量相等时的均衡状态,而是强调各种力量不相等时的非均衡状态。微观经济学与宏观经济学运用的主要分析工具是均衡分析。比如,微观经济学中的均衡分析,是以理性的经济人假设为前提,以实现最优化为目标,主要通过边际分析方法来进行均衡状态分析的。

(三)静态分析与动态分析

按照分析经济活动时是否考虑时间因素来划分,分析方法可以分为静态分析与动态分析。静态分析不考虑时间因素,不涉及时间因素所引起的变动,不考虑均衡和变动过程,只考察一定时期内各种变量之间的相互关系,因而静态分析是一种状态分析,是对一种事物横断面的分析。动态分析则是引入时间因素,要涉及时间因素所引起的变动,考察各种变量在不同时期的变动情况,因而动态分析又被称为过程分析,是一种时间序列分析。静态分析研究的是经济现象相对静止的状态,而动态分析研究的是经济现象的发展变化过程。

(四)定性分析与定量分析

定性分析就是分析研究经济现象内在的性质与规律性,具体地说,是运用归纳、综合以及抽象与概括等方法,对获得的各种材料进行思维加工,从而能够去粗取精、去伪存真、由此及彼、由表及里,达到认识事物本质、揭示其内在的规律性。定性分析常被用于对事物相互作用关系的研究中,主要是分析和解决研究对象"有没有"或者"是不是"的问题。定量分析是将所研究的经济现象的有关特征及其变化程度实行量化,然后对取得的数据进行统计学处理,从对事物量变过程的分析中得出结论。从根本上说,定量分析渗透着这样一个观念:世界上一切事物不依赖人的主观意志而存在,是可以被认识的;它们的各种特征都表现为一定的量的存在或以不同的量的变化表现其变化的过程。定量分析是要说明事物或现象是"如何变化的”或“变化过程与结果怎样”的问题。定性分析与定量分析相互补充，相得益彰，具有不可分离的关系，处在统一的连续体之中。在实际经济问题分析过程中，定性分析为定量分析提供基础，定性分析的结果要通过定量分析来解释和理解。

资料卡：经济学十大原理

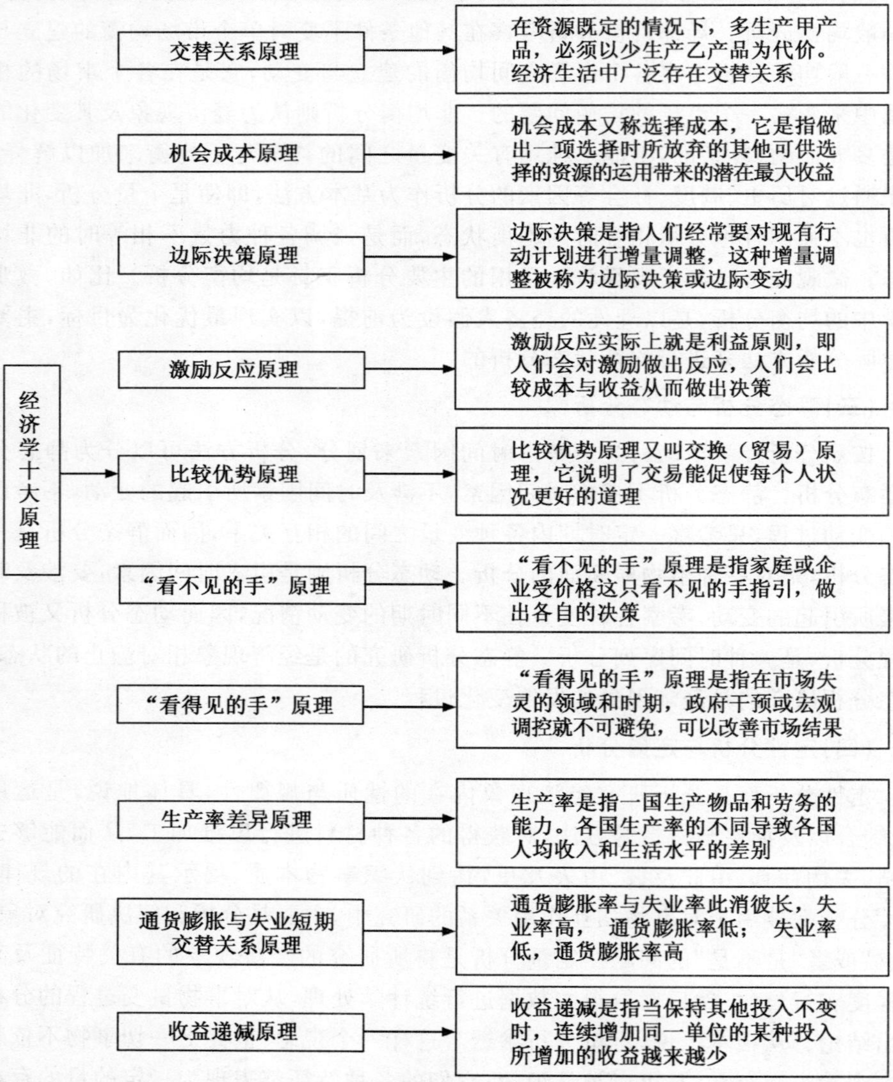

案例分析

案例:地狱与天堂

从前,有一个幸运的人被上帝带去参观天堂和地狱。他们首先来到地狱,只见一群人,围着一大锅肉汤,但这些人看来都营养不良、绝望又饥饿。仔细一看,每个人都拿着一只可以够到锅子的汤匙,但汤匙的柄比他们的手臂长,所以没法把东西送进嘴里。他们看来非常悲苦。紧接着,上帝带他到另一个地方。这个地方和先前的地方完全一样:一锅汤、一群人、一样的长柄汤匙。但每个人都很快乐,吃得也很愉快。上帝告诉他,这就是天堂。

这位参观者很迷惑:为什么情况相同的两个地方,结果却大不相同?最后,经过仔细观察,他终于看到了答案:原来,在地狱里的每个人都想着自己舀肉汤;而在天堂里的每一个人都在用汤匙喂对面的另一个人。结果,在地狱里的人都挨饿而且可怜,而在天堂的人却吃得很好。

这个寓言有助于说明什么是经济学,请加以解释。(★理论提示:经济学的研究对象)

上篇　微观经济学

第一章　需求、供给与均衡价格
第二章　消费者行为理论
第三章　生产者行为理论
第四章　成本与收益
第五章　厂商均衡理论
第六章　生产要素市场与收入分配
第七章　市场失灵与微观经济政策

第一章　需求、供给与均衡价格

引言：每天，我们最关心的是什么？价格！买东西的人关心价格：房子价格、粮油价格、服装价格等，不买东西的人也会在某个时刻问及“今天的菜价怎么样?”或“你的衣服多少钱?”这样的问题。价格是个奇妙的东西，人们只要知道价格，就可以判断事情是否对自己有利，从而据此来安排自己的行为。那么，价格是由什么来决定的呢？需求和供给。价格如何决定就是经济学的核心命题。

需求和供给的分析方法，是经济学家独有的思考问题的方式，其他学科都没有这样的方法。如果一件事情或一种现象让你百思不得其解，那就试着从需求和供给的角度考虑一下吧，即使不能完全解决你的问题，也应该离解决问题不远了。

知识点 理解需求与供给的概念、需求量的变动与需求变动的区别、供给量的变动与供给变动的区别；掌握价格均衡分析的基本原理；掌握需求变动、供给变动对均衡价格、均衡数量的影响及供求定律的基本内容。

能力点 能够运用需求表、供给表给出的资料绘制需求曲线和供给曲线；能够确定商品的均衡价格和均衡数量；能够计算商品的需求弹性和供给弹性；能够说明不同需求弹性的商品价格变动与销售收入变动的关系；能够分析支持价格、限制价格以及政府税收对市场价格均衡变化的影响。

第一节 需求理论

一、需求的概念

需求是指居民户在某一特定时期内，在每一价格水平下愿意并且能够购买的商品数量。理解需求这一概念时需要注意三点：第一，需求不同于需求量。需求量是在某一既定的价格时，消费者愿意而且能够购买的某种商品数量，而需求则是不同价格水平所对应的不同需求量的统称，指的是商品需求量变动与商品价格变动之间的数量对应关系。第二，有效需求必须同时具有购买意愿和支付能力。购买意愿是需求的前提，支付能力是需求的保证，两者缺一不可。第三，需求分为个人需求和市场需求，个人需求是指单个消费者对某种商品的需求，市场需求是指该种商品市场上所有个人需求的总和。

概念辨析：需要与需求

需要强调消费者对某种商品只有购买愿望而无支付能力，也可以称其为一种潜在需求。需求是指潜在需求或需要中有支付能力的那一部分需求，也可以称其为有效需求。例如，小李想购买一辆车，但他没有钱，这只是一种需要，而不能构成有效需求。只有当他的钱足以完成支付行为时，才称其为需求。

二、需求的表示方法

（一）需求表

需求表是表示某种商品的不同价格与其所对应的需求量之间关系的表格。如表 1.1 所示，通过表格将某种商品的不同价格与其在每一价格水平下所对应的需求数量联系起来。

（二）需求曲线

需求曲线是某种商品价格与其需求量之间关系的图形表示形式，是表示商品价格与其需求量之间数量对应关系的曲线。我们可以依据上述需求表绘制出该商

表 1.1 某商品的需求表

项目	价格-数量组合						
	A	B	C	D	E	F	G
价格/(元/件)	1	2	3	4	5	6	7
需求量/件	700	600	500	400	300	200	100

品的需求曲线，如图 1.1 所示。在图 1.1 中，横轴代表需求量，纵轴代表价格，需求曲线向右下方倾斜，表明商品需求量与其价格之间呈反方向变动。需求曲线的形状可能是曲线，也可能是直线，它取决于商品需求量与其价格之间的数量对应关系。

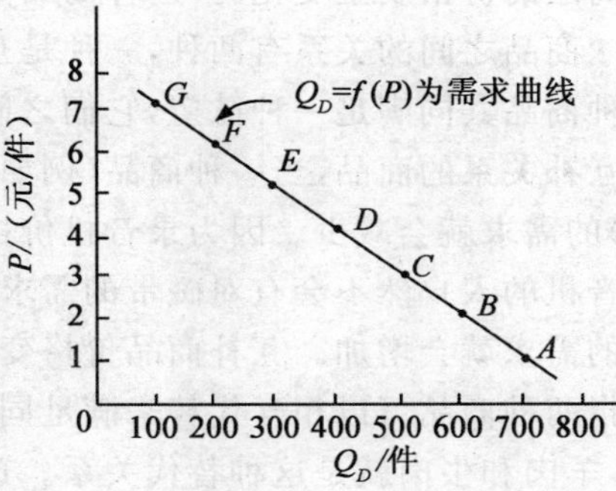

图 1.1 某商品的需求曲线

(三)需求函数

需求函数表示在某一特定时期内市场上某种商品的各种可能的购买量和决定这些购买量的因素之间的关系。如果把影响商品需求的各种因素作为自变量，把商品需求量作为因变量，就可以用函数关系来表示影响需求的因素与商品需求量之间的关系，这种函数称为需求函数。以 Q_D 代表商品需求量，$a,b,c,d,\cdots,n$ 代表影响需求的因素，可以把需求函数写为：

$$Q_D=f(a,b,c,d,\cdots,n) \tag{1.1}$$

如果只考虑需求量与价格之间的关系，把商品本身的价格作为影响需求的唯一因素，以 P 代表价格，就可以把需求函数式由式(1.1)写为式(1.2)：

$$Q_D=f(P) \tag{1.2}$$

式(1.2)表明了某种商品的需求量 Q_D 是价格 P 的函数。需求函数可以用数学模型(或称代数表达法)来表述，也可以用需求表或者需求曲线来表述。

三、影响需求的因素

消费者对某种商品的需求受到多种因素的影响，主要有：商品本身的价格(P)、相关商品的价格(P_r)、消费者的收入水平(I)、消费者的消费偏好(T)、消费者对该商品的价格预期(P_e)、人口数量(N)和结构的变动等。因此，需求函数可以表示为：

$$Q_D = f(P, P_r, I, T, P_e, N\cdots)$$

各因素对商品的需求数量的影响如下：

(1)商品本身的价格　一般来说，一种商品的价格越高，该商品的需求量就会越小。相反，价格越低，需求量就会越大。

(2)其他相关商品的价格　当一种商品本身的价格保持不变，而和它相关的其他商品的价格发生变化时，这种商品本身的需求量也会发生变化。

商品之间的关系有两种，一种是互补关系，另一种是替代关系。互补关系是指两种商品共同满足一种欲望，它们之间是互相补充的。例如录音机与磁带。这种有互补关系的商品，当一种商品（例如录音机）价格上升时，对另一种商品（例如磁带）的需求就会减少。因为录音机价格上升，人们对录音机的需求就会减少，没有录音机的人自然不会有对磁带的需求。反之，当一种商品的价格下降时，对互补商品的需求就会增加。互补商品价格变化引起该商品需求量反方向变动。替代关系是指两种商品可以相互代替来满足同一种欲望，它们之间是可以相互替代的。例如，羊肉和牛肉就是这种替代关系。这种有替代关系的商品，当一种商品（例如羊肉）价格上升时，对另一种商品（例如牛肉）的需求就增加。因为羊肉价格上升，人们少吃羊肉，多吃牛肉。反之，当一种商品价格下降时，另一种商品的需求就减少。替代商品价格变化引起该商品需求量同方向变动。

(3)消费者的收入水平　消费者的收入水平与商品需求量的变化分为两种情况。对于一般商品来说，当消费者的收入水平提高时，就会增加对商品的需求量。相反，当消费者的收入水平下降时，就会减少对商品的需求量。即消费者的收入水平与商品的需求量呈同方向变化。对于低档商品而言，消费者的收入水平与商品的需求量呈反方向变化。

(4)消费者的消费偏好　当消费者对某种商品的偏好程度增强时，该商品的需求量就会增加。相反，偏好程度减弱，需求量就会减少。消费者的偏好是心理因素，但更多地受人们生活与其中的社会环境、特别是当时当地的社会风俗习惯影响（如攀比心理等）。

(5)消费者对商品的价格预期　当消费者预期某种商品的价格在将来某一时期会上升时，就会增加对该商品的现期需求量；当消费者预期某种商品的价格在将来某一时期会下降时，就会减少对该商品的现期需求量。这也是一个心理因素，不过对消费者需求量影响的预期因素，不仅是价格预期，还有对未来收入和支出的预期，政府政策倾向的预期等。

(6)人口数量　人口越多，对商品的需求量也就越大。

其他影响需求的因素还有：①企业的促销策略。广告、推销方式、销售渠道的选择及其实施效果，都会影响产品的需求量。②人口构成的变动。人口地理分布、文化结构、年龄结构等，也会影响商品的需求量。③历史传统、民族风俗、社会风尚、地理气候、文化习惯、经济开放程度等因素。

四、需求定律

商品需求定律是说明某种商品价格与其需求量之间关系的理论。其基本内容是：在其他条件不变的情况下，某种商品的需求量与价格之间呈反方向变动，即需求量随着商品本身价格的上升而减少，随商品本身价格的下降而增加。体现在需求曲线图上，就是需求曲线向右下方倾斜。

需求定律作为一种经济理论也是以一定的假设条件为前提的。这个假设条件就是“其他条件不变”。所谓“其他条件不变”是指除了商品本身的价格之外，其他影响需求的因素都是不变的。离开了这一前提，需求定律就无法成立。

另外必须注意的是：需求定律只是说明在一般情况下，大多数商品的需求量与其价格之间的数量变动关系，对于某些特殊的商品或特定经济形势下，与需求定律相矛盾的现象也是存在的，主要有以下三种情况：

(1)炫耀性商品　炫耀性商品是用来显示人的社会身份与地位的商品，如首饰、豪华型轿车等，这类商品的需求量与其价格之间呈同方向变动，只有商品的价格比较高时，购买者才能满足炫耀自己社会身份和地位的心理需求，而不在于该种商品实际价值如何。

(2)吉芬商品　这类商品是低档生活必需品，这类商品的价格上升，其需求量反而增加，1845年，英国经济学家吉芬发现，在爱尔兰发生大灾荒时，马铃薯的价格上升，需求量反而增加。这种商品价格上升，需求量增加的现象被称为“吉芬之谜”。这种现象主要发生在经济萧条时期或竞争受限制的条件下。

(3)经济发展不稳定时期的某些商品　经济发展不稳定，商品价格涨落不定，人们往往对商品行情持观望的态度。由于人们对未来价格预期所持的是悲观态度，商品价格上涨时抢购，价格下降时继续观望。由于这种心理的影响作用，消费者的购买行为大多是买涨不买落。例如近几年人们对商品房的购买就呈这一态势。

五、需求量的变动与需求的变动

在经济分析中特别要注意区分需求量的变动和需求的变动这两个概念。在西方经济学文献中，需求量的变动和需求的变动都是需求数量的变动，它们的区别在于引起这两种变动的因素是不相同的，而且，这两种变动在几何图形中的表示也是不相同的。

影响商品需求的因素可以分为两类，即商品本身的价格因素和商品价格以外的其他因素。在其他因素不变的条件下，商品本身价格变动所引起的需求数量的变动称为需求量的变动。需求量的变动表现为同一需求曲线(D)上点的移动。如图1.2所示，当某种商品的价格为P_1时，需求量为Q_1，当价格由P_1下降到P_2时，需求量由Q_1增加到Q_2，在需求曲线上表现为从a点向b点移动。需求曲线上的点向左上方移动是需求量的减少，向右下方移动是需求量的增加。

在商品本身价格不变的条件下，由其他因素变动所引起的需求数量的变动称为需求的变动。需求的变动表现为需求曲线的平行移动。如图1.3所示，在商品价格P_0保持不变的情况下，消费者收入减少时，需求由Q_0减少到Q_1，需求曲线由D_0移动到D_1，收入增加时，需求由Q_0增加到Q_2，需求曲线由D_0移动到D_2。需求曲线向左下方移动是需求的减少，需求曲线向右上方移动是需求的增加。

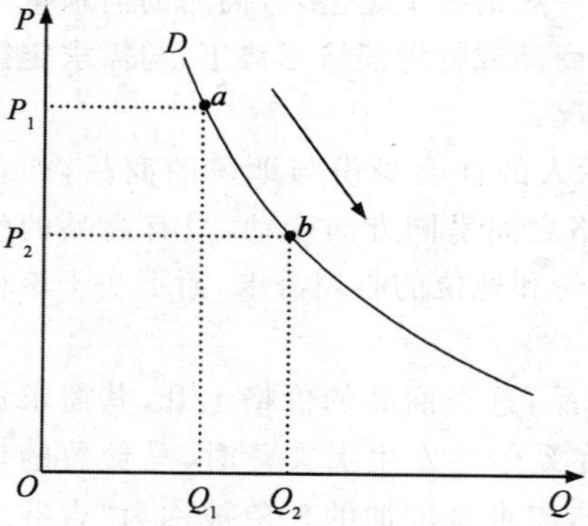

图1.2 需求量的变动

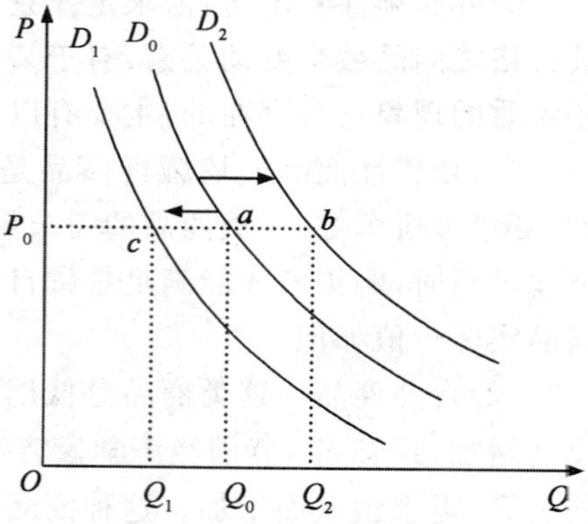

图1.3 需求的变动

第二节 供给理论

一、供给的概念

供给是指厂商(生产者)在某一特定时期内，在每一价格水平下愿意而且能够出售的商品数量。理解供给这一概念，需要把握好以下几点：第一，供给不同于供给量。供给量是在某一既定的价格水平时,生产者愿意而且能够出售的商品数量,而供给则是不同价格下所对应的不同供给量的统称,即价格与其供给量之间的数量对应关系。第二,供给也需要同时具备两个条件:一是生产者愿意出售;二是生产者有供给能力,两者缺一不可。第三,供给也分为个人供给和市场供给,个人供给是指单个厂商对某种商品的供给,市场供给是指该种商品市场上所有个人供给的总和。

二、供给的表示方法

(一)供给表

供给表是表示某种商品的不同价格与其所对应的供给量之间关系的表格。如表 1.2 所示,通过表格将某种商品的不同价格与其在每一价格水平下所对应的供给数量联系起来。

表 1.2 某商品的供给表

项目	价格-数量组合						
	A	B	C	D	E	F	G
价格/(元/件)	1	2	3	4	5	6	7
供给量/件	100	200	300	400	500	600	700

(二)供给曲线

供给曲线是某种商品价格与其供给量之间关系的图形表示形式,是表示商品价格与其供给量之间数量对应关系的曲线。我们可以依据上述商品的供给表绘制出该商品的供给曲线,如图 1.4 所示。在图 1.4 中,横轴代表供给量,纵轴代表价格,供给曲线向右上方倾斜,表明商品供给量与其价格之间呈正方向变动。供给曲线的形状可能是曲线,也可能是直线,它取决于商品供给量与其价格之间的数量对应关系。

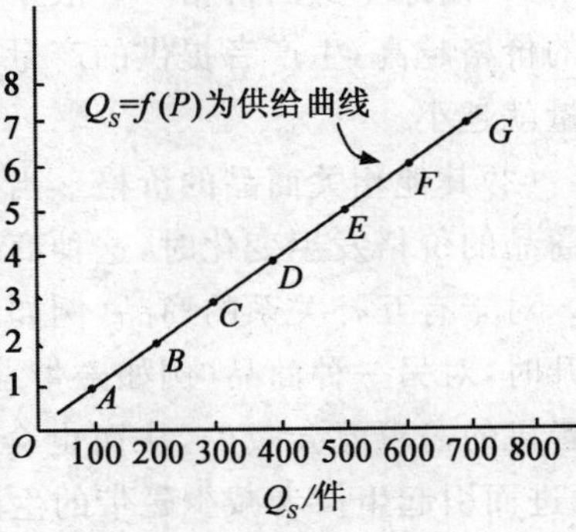

图 1.4 某商品的供给曲线

(三)供给函数

供给函数表示在某一特定时期内市场上某种商品的各种可能的供给量和决定这些供给量的因素之间的关系。如果把影响商品供给的各种因素作为自变量,把商品供给量作为因变量，就可以用函数关系来表示影响供给的因素与商品供给量之间的关系，这种函数称为供给函数。以 Q_S 代表商品供给量，$a,b,c,d,\cdots,n$ 代表影响供给的因素，可以把供给函数写为：

$$Q_S=f(a,b,c,d,\cdots,n) \tag{1.3}$$

如果只考虑供给量与价格之间的关系，把商品本身的价格作为影响供给的唯一因素，以 P 代表价格，就可以把供给函数式由式(1.3)写为式(1.4)：

$$Q_S=f(P) \tag{1.4}$$

式(1.4)表明了某种商品的供给量 Q_S 是价格 P 的函数。供给函数可以用数学模型(或称代数表达法)来表述，也可以用供给表或者供给曲线来表述。

三、影响供给的因素

生产者对某种商品的供给要受到多种因素的影响，主要有：商品本身的价格(P)、相关商品的价格(P_r)、生产成本(C)、生产的技术水平(T)、生产者对商品价格的预期(P_e)等。因此，供给函数可以表示为：

$$Q_S=f(P,P_r,C,T,P_e\cdots)$$

各因素对商品供给数量的影响如下：

(1)商品本身的价格　一般来说，供给量与商品本身价格呈正向关系。一种商品的价格越高，生产者提供的产量就越大。相反，商品的价格越低，生产者提供的产量就越小。

(2)其他相关商品的价格　当一种商品本身的价格保持不变，而和它相关的其他商品的价格发生变化时，这种商品本身的供给量也会发生变化。

对于有互补关系的商品(例如录音机与磁带)，当一种商品(例如录音机)价格上升时，对另一种商品(例如磁带)的供给就会减少。因为录音机价格上升，人们对录音机的需求就会减少，从而也会减少对磁带的需求，这样会导致磁带价格的下降，进而引起生产者减少磁带的生产量。反之，当互补商品的价格下降时，对该商品的供给就会增加。互补商品价格变化引起该商品供给量反方向变动。对于替代关系的商品(例如羊肉和牛肉)，当一种商品(例如羊肉)价格上升时，对另一种商品(例如牛肉)的供给就会增加。因为羊肉价格上升，人们会少吃羊肉，多吃牛肉，这样会导致牛肉价格上升，进而引起生产者增加牛肉的供应。反之，当替代商品价格下降时，对该商品的供给就会减少。替代商品价格变化引起该商品供给量同方向变动。

(3)生产成本　在商品自身价格不变的条件下,生产成本上升会减少利润,从而使得商品的供给量减少。相反,生产成本下降会增加利润,从而使得商品的供给量增加。供给量与商品生产成本呈反向关系。

(4)生产的技术水平　在一般情况下,生产技术水平的提高可以提高劳动生产率,降低生产成本,增加生产者的利润,生产者会提供更多的产量。供给量与商品生产技术水平呈反向关系。

(5)生产者对商品价格的预期　如果生产者对未来的预期是乐观的,如预期商品的价格会上涨,生产者在制订生产计划时就会增加产量供给。如果生产者对未来的预期是悲观的,如预期商品的价格会下降,生产者在制订生产计划时就会减少产量供给。

四、供给定律

商品供给定律是说明某种商品价格与其供给量之间关系的理论。其基本内容是:在其他条件不变的情况下,某种商品的供给量与价格之间呈同方向变动,即供给量随着商品本身价格的上升而增加,随商品本身价格的下降而减少。体现在供给曲线图上,就是供给曲线向右上方倾斜。

供给定律同需求定律一样,也是以“其他条件不变”这个假设条件为前提的。所谓“其他条件不变”是指除了商品本身的价格之外,其他影响供给的因素都是不变的。

需要注意的是,供给定律反映的是一般商品供给量与其价格之间的变动规律,这一定律有三种例外情况。一是有些商品的供给量是固定的,如名画、古玩,即使出售价格再高也无法增加供给数量,因而其供给曲线(S)是一条与横轴垂直的线,供给曲线斜率为无穷大,如图 1.5(a)所示;二是某些厂商在大规模生产时平均成本锐减,这时商品价格虽有所下降,但厂商仍愿意提供更多的商品。此类商品往往

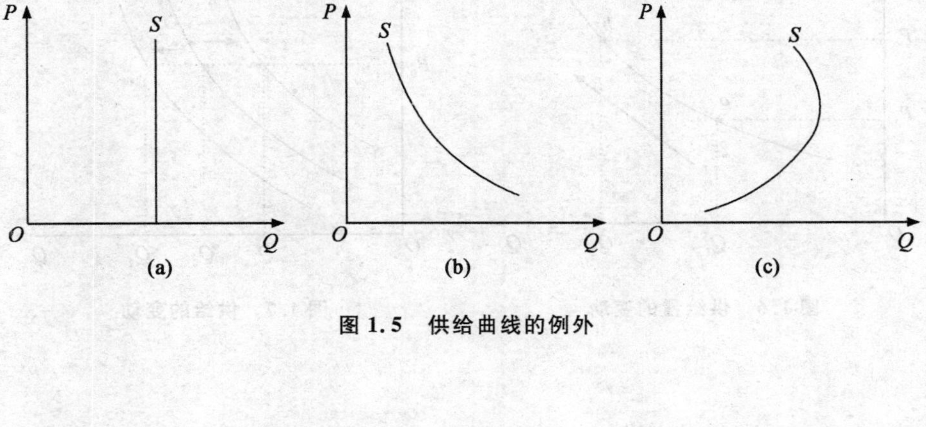

图 1.5　供给曲线的例外

是那些适于机械化大批量生产的高技术产品，如小汽车和电视机等，其供给曲线是向右下方倾斜的，斜率为负值，如图 1.5(b)所示；三是劳动的供给有其特殊性，当工资开始提高时，劳动的供给会增加，当工资水平上升到一定程度后，劳动者感到对货币的需要并不迫切了，这时工资再提高，劳动者也不会再供给更多的劳动量，而放弃休息、娱乐或旅游等休闲时光，因而劳动的供给曲线是一条向后弯曲的曲线，如图 1.5(c) 所示。

五、供给量的变动与供给的变动

同分析需求量的变动和需求的变动一样。供给量的变动和供给的变动都是供给数量的变动，区别也在于引起这两种变动的因素不相同，同时这两种变动在几何图形中的表示也是不相同的。

影响商品供给的因素可以分为两类，即商品本身的价格因素和商品价格以外的其他因素。在其他因素不变的条件下，商品本身价格变动所引起的供给数量的变动称为供给量的变动。供给量的变动表现为同一供给曲线上点的移动。如图 1.6 所示，当某种商品的价格为 P_1 时，供给量为 Q_1，当价格由 P_1 上升到 P_2 时，供给量由 Q_1 增加到 Q_2，在供给曲线上表现为从 a 点向 b 点移动。供给曲线上的点向左下方移动是供给量的减少，向右上方移动是供给量的增加。

在商品本身价格不变的条件下，由其他因素变动所引起的供给量的变动称为供给的变动。供给的变动表现为供给曲线的平行移动。如图 1.7 所示，在商品价格 P_0 保持不变的情况下，生产成本增加时，供给由 Q_0 减少到 Q_1，供给曲线由 S_0 移动到 S_1，成本减少时，供给量由 Q_0 增加到 Q_2，需求曲线由 S_0 移动到 S_2。供给曲线向左上方移动是供给的减少，供给曲线向右下方移动是供给的增加。

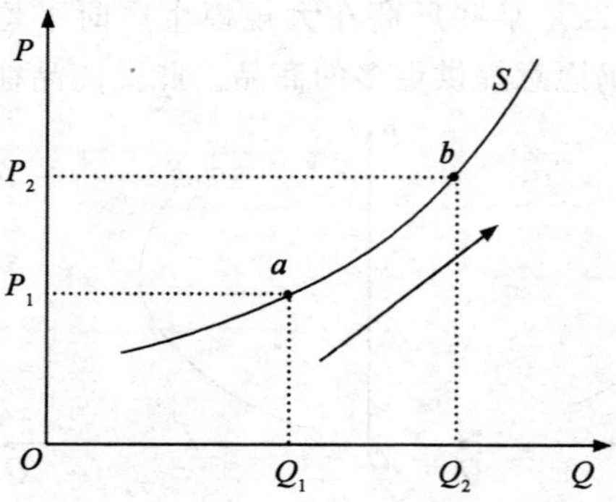

图 1.6 供给量的变动

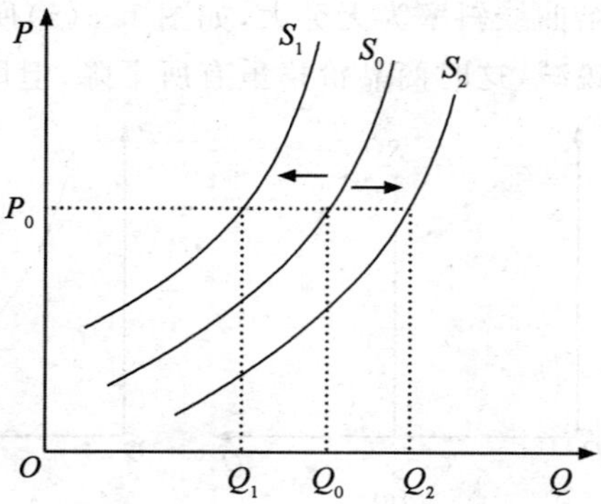

图 1.7 供给的变动

第三节 均衡价格

需求与供给的力量通过市场发挥作用，产生买卖双方的均衡价格和均衡数量，实现市场均衡。市场均衡发生在需求与供给达到相等的价格与数量上。在这一点上购买者愿意购买的数量正好等于出售者愿意出售的数量。在均衡点，只要保持其他条件相同，买卖双方成交的价格和数量基本保持稳定。

一、均衡价格的形成

商品的均衡价格是在商品的市场需求和市场供给这两种相反力量的相互作用下形成的。均衡价格是指该种商品的市场需求量和市场供给量相等时的同一价格。在均衡价格水平下的相等的供求数量被称为均衡数量。此时的市场状态称为“市场出清”。从几何意义上说，一种商品市场的均衡出现在该商品的市场需求曲线和市场供给曲线的交点上，该交点被称为均衡点。均衡点上的价格和相等的供求量分别被称为均衡价格和均衡数量。对均衡价格的理解应注意三点：

第一，均衡是指经济中各种对立的变动着的力量处于一种相对静止的状态。均衡一旦形成之后，如果有另外的力量使它离开原来均衡的位置，则会有其他力量使之恢复到均衡。但是，在市场上均衡是相对的，不均衡才是绝对的。

第二，决定均衡的力量是需求和供给双方。需求与供给决定价格，它们就像一把剪刀的两边一样起作用，因此，需求与供给的变动都会影响均衡价格的变动。

第三，市场上各种均衡价格是市场竞争的最后结果，在形成过程中，市场上所有生产者和消费者做出的选择都对其有某种程度的影响。

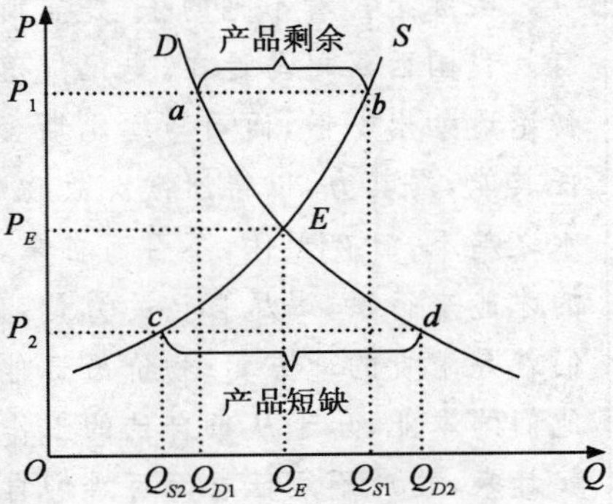

图 1.8 均衡价格的形成

均衡价格是在市场上供求双方的竞争过程中自发地形成的。均衡价格的形成也就是价格的决定过程。下面，将需求曲线和供给曲线结合在一起(图 1.8)，运用经济模型与均衡分析说明均衡价格的形成。

在图 1.8 中，需求曲线与供给曲线相

交于 E 点，即均衡点为 E，均衡价格为 P_E，均衡数量为 Q_E。此时在该商品市场上实现了供求均衡，当价格为 P_1 时，市场上供过于求，产品出现剩余，ab 为供过于求的数量，于是给价格一个向下的压力，价格将下降；当价格为 P_2 时，市场上供不应求，产品出现短缺，cd 为短缺的数量，这就给价格一个向上的推力，价格将上升。只有价格为 P_E 时，供求量相等，达到市场均衡。

从上面的说明可知，市场经济中存在着这样一条基本规律：当需求量大于供给量时会刺激市场价格上升；当需求量小于供给量时能促使市场价格下降。在这个过程中，市场上的需求者和供给者会调整自己的需求和供给，一直到供求相等时为止，市场的这种自我调节机制就是亚当·斯密所说的"看不见的手"作用的结果。

资料卡："看不见的手"之说

1776 年，亚当·斯密出版了著名的《国富论》，这本书的出版，标志着经济学的正式诞生。在这本书里，斯密描述了"看不见的手"的原理。"每个人都力图用好他的资本，使其产出能实现最大的价值。一般说来，他既不企图增进公共福利，也不知道他能够增进多少。他所追求的仅仅是一己的安全或私利。但是在他这样做的时候，有一只看不见的手在引导着他去帮助实现另外一种目标，尽管这目标并非他的本意。追逐个人利益的结果，使他经常地增进社会的利益，其效果要比他真的想要增进社会的利益时更好（亚当·斯密）。"生产东西的人、买东西的人和卖东西的人之间是不认识的，也可以没见过面，却不影响市场交易的进行，因为每个人都是从自己的利益出发，才与对方进行交易的。正是价格这一"看不见的手"协调了人们之间的利益，实现了人们互通有无、相互作用的结果。

实际上，"看不见的手"并非斯密所独有的思想，《圣经》里有，中国古代也有。我国西汉司马迁在《史记货殖列传》中的论述与斯密对"看不见的手"的最初论述如出一辙，而司马迁比斯密早了 1 800 多年。司马迁的原文是："人各任其能，竭其力，以得所欲。故物贱之征贵，物贵之征贱，各劝其业，乐其事，若水之趋下，日夜无休，不召而自来，不求而民出之。"意思是说人们各自以自己的才能来行事，竭尽自己的力量，以此来满足自己的欲望。因此，物价低廉他们就寻求贵的地方卖；物价昂贵他们就寻求贱的地方买。各自勤勉而致力于他们的本业，乐于从事自己的工作，如同水向低处流，日夜不停，不待召唤自己就赶来，物产不须征求而百姓们自己就生产出来。

资料来源：根据《人人都爱经济学》（王福重，2009）第 36-38 页归纳

二、均衡价格的变动与供求定律

一种商品的均衡价格是由该商品的市场需求曲线和供给曲线的交点决定的。因此，需求曲线或供给曲线的位置移动都会使均衡发生变动，也就是说需求或供给的变动将引发均衡的变动。我们可用图 1.9 和图 1.10 来说明需求和供给变动对均衡变动的影响。

(一)需求的变动对均衡的影响

在供给不变的情况下，需求增加会使需求曲线向右平移，从而使得均衡价格和均衡数量都增加；需求减少会使需求曲线向左平移，从而使得均衡价格和均衡数量都减少(图 1.9)。

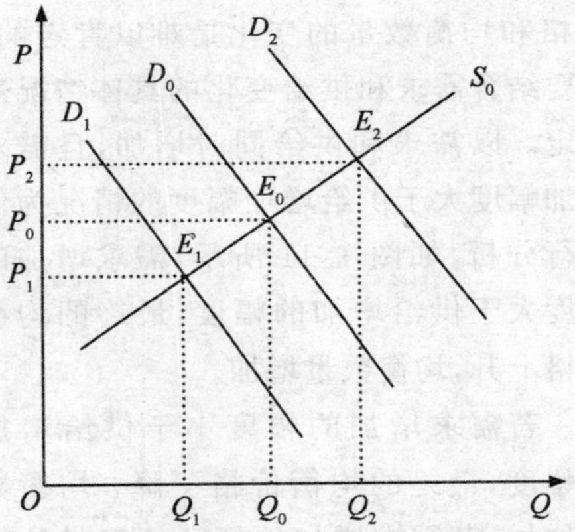

图 1.9 需求的变动

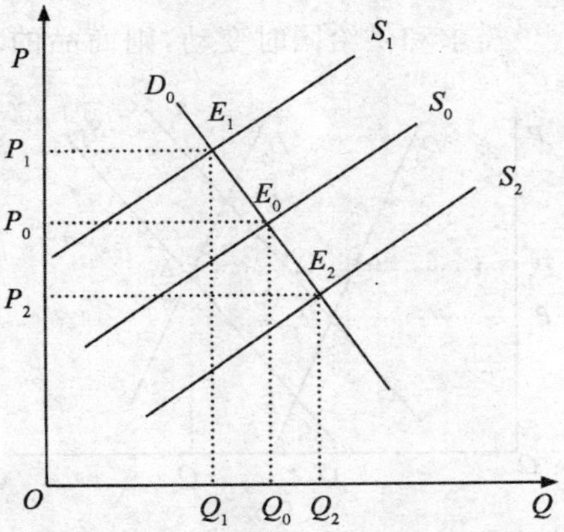

图 1.10 供给的变动

从图 1.9 可以看出，需求增加，引起均衡价格上升和均衡数量增加，需求曲线向右上方移动，由 D_0 移动至 D_2，D_2 与 S_0 相交于 E_2，决定了新的均衡价格和均衡数量。需求减少，引起均衡价格下降和均衡数量减少，需求曲线向左下方移动，由 D_0 移动至 D_1，D_1 与 S_0 相交于 E_1，又决定了新的均衡价格和均衡数量。

(二)供给的变动对均衡的影响

在需求不变的情况下，供给增加会使供给曲线向右平移，从而使得均衡价格下降，均衡数量增加；供给减少会使供给曲线向左平移，从而使得均衡价格上升，均衡数量减少。

从图 1.10 可以看出，供给增加，引起均衡价格下降和均衡数量增加，供给曲线向右下方移动，由 S_0 移动至 S_2，S_2 与 D_0 相交于 E_2，决定了新的均衡价格和均衡数量。供给减少,引起均衡价格上升和均衡数量减少,供给曲线向左上方移动,由 S_0 移动至 S_1,S_1 与 D_0 相交于 E_1,又决定了新的均衡价格和均衡数量。

(三)供求定律

从需求与供给的变动对均衡的不同影响中可以得出供求定律的基本内容:在其他条件不变的情况下,需求变动将引起均衡价格和均衡数量同方向变动;供给变动将引起均衡价格反方向变动和均衡数量同方向变动。这就是我们常说的供求定律。供求定律是经济学中一个非常重要的定律,它具有广泛的应用价值。当影响需求或供给的因素发生变动时,将引发需求或供给的变动,原有的均衡将被打破,形成新的市场均衡状态。

(四)需求和供给同时变动对均衡的影响

需求和供给同时变动,则商品的均衡价格和均衡数量的变化是难以肯定的。这要结合需求和供给变化的具体情况来决定。以需求和供给同时增加,且需求增加幅度大于供给增加幅度的情况为例进行分析,如图 1.11 所示,需求增加的幅度大于供给增加的幅度,最终的均衡价格上升,均衡数量增加。

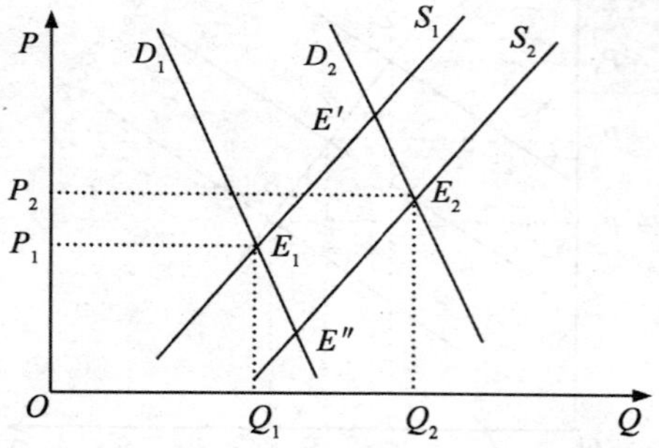

图 1.11 需求增加幅度大于供给增加幅度

若需求增加的幅度小于供给增加的幅度,最终的均衡价格下降,均衡数量增加;若需求增加的幅度等于供给增加的幅度,最终的均衡价格不变,均衡数量不变。

需求和供给同时减少的情况是:若需求减少的幅度大于供给减少的幅度,最终的均衡价格下降,均衡数量减少;需求减少的幅度小于供给减少的幅度,最终的均衡价格上升,均衡数量减少。

还有两种情况:需求增加,供给减少;需求减少,供给增加。这两种情况也完全可通过图示的方法加以说明,大家自己试试。

三、价格的经济调节作用

(一)价格调节经济的条件

价格是调节经济的“看不见的手”,但是,要让“看不见的手”发挥作用还需要一些条件,市场经济中价格的调节作用要以三个重要的假设为前提条件。其一,商品交易者是有理性的经济人。在市场上无论居民户或厂商,每一个人都有能力自觉地追求个人利益的最大化。只有这样,价格才能自发地有效地引导人们的经济行为。其二,市场是完全竞争的。就是说每一个消费者或生产者都不能通过人为的关系改变由市场决定的价格,市场上的商品价格是由所有供给者和需求者双方共同决定的,每个交易者只是价格的接受者,不是决定者。其三,信息是完全畅通的。就是说市场上任何一个消费者或生产者都可以免费得到做出决策所需要的信息,任何一方都不能利用信息优势欺骗对方。

(二)价格在经济中的调节作用

美国经济学家费里德曼把价格在经济中的作用归纳为三种:一是传递情报;二是提供一种刺激,促使人们采用最节约的办法进行生产;三是决定谁可以得到多少产品。这三种作用实际上解决了资源配置的三个问题:生产什么、如何生产和为谁生产的问题。其作用可以具体化为:

第一,作为指示器反映市场的供求状况。市场供求关系是受各种因素的影响的,每时每刻都在变化。这种变化必然要反映在价格上,人们通过价格的波动来了解供求的变动。

第二,价格的变动可以调节市场需求。消费者为了实现效用最大化,一定要按价格的变动来进行购买与消费。当某种商品的价格下降时,消费者就会多买;当某种商品的价格上升时,消费者就会少买。

第三,价格的变动可以调节市场供给。生产者为了实现利润最大化,一定要按价格的变动来进行生产与销售。当某种商品的价格下降时,生产者就会少生产;当某种商品的价格上升时,生产者就会多生产。

第四,价格可以使资源配置达到最优化。通过价格调节需求与供给,最终会使需求与供给相等,实现消费者的效用最大化,同时实现生产者的利润最大化,达到消费者与生产者的均衡,实现资源配置的最优化。

(三)价格调节经济的方式

价格调节经济的方式主要有二:其一,价格信号反映市场上的商品供求状态,指导人们做出正确的选择;其二,没有任何外力的作用,价格也可以对经济进行自发的调节。因为价格可以对经济起到自发的调节作用,所以人们把价格对经济的调节作用形象地比喻为是“一只看不见的手”,价格主要是通过市场供求关系的变化来对经济进行调节,协调商品的需求与供给。

知识链接:价格与价值

最初,为了认识价格,经济学家用"价值"概念进行过渡,认为价值决定价格,价格只是价值的表现形式。那么价值是由什么来决定的呢?经济学著名的论断是劳动决定价值。威廉·配第、亚当·斯密、大卫·李嘉图等大名鼎鼎的经济学家都秉持这种观点。威廉·配第的名言是:土地是财富之母,劳动是财富之父和能动的要素。两种东西能够交换,说明它们包含了共同的东西,即劳动。在人类社会的初期的确如此,三只羊换一头牛,是因为生产三只羊和一头牛所需的劳动量一样多。

然而,劳动价值论受到了挑战。一次,劳动价值论的代表人物李嘉图在演讲时被问到这样一个问题:两瓶酒,一瓶生产出来就卖,能卖10英镑,而另一瓶窖藏几年后再卖,可卖100英镑,这多出来的90英镑是谁创造的呢?是劳动吗?可窖藏的过程并不需要劳动啊。李嘉图无法找到答案,直至痛苦地离开人世。其弟子为发扬大师的学说,称多出来的价值仍然是劳动创造的,只不过是大自然的劳动。后来,经济学家马尔萨斯提出:决定价值的东西不只是劳动,还有资本,即大自然的劳动。因为资本的获得不是免费的,要创造价值,必须有资本的投入。再后来,经济学家萨伊提出:应该再加上土地。劳动、资本、土地共同创造价值。

以上论断仍有很大缺陷。无论是劳动,还是资本、土地,都是客观的,跟生产有关的要素,也就是供给方面的要素。两个包含相同劳动、资本、土地的商品,价格可能却有天壤之别。丰收年500 g粮食只值5毛钱,可当发生饥荒时,同样这500 g粮食能卖10元钱,这说明客观的因素决定价值的理论不全面,这启发了经济学家从主观上寻找价值的决定因素。同样一件商品,有人愿出1 000元,有人则只愿出100元,为什么会出现这样的结果?这与人们的主观需求有关。

1890年,马歇尔出版了《经济学原理》,认为价格既与供给有关,也与需求有关,是由二者共同决定的。而且,马歇尔把价格与价值统一了,价值就是价格,没有必要迂回地通过认识价值来认识价格,可以直接理解价格。此后的经济学就不再刻意区分价值与价格了。

资料来源:根据《人人都爱经济学》(王福重,2009)第5章归纳

四、均衡价格的应用

根据均衡价格理论，在实现了完全竞争的市场经济中，由市场供求关系所决定的价格机制能够对社会经济自发地做出合理的调节，实现资源的最优配置。事实上价格机制的调节作用并不像理论上所讲的那样完善，比如在某些生活必需品供给严重短缺时，价格会大幅度地提高，在此价格水平上，收入水平低的居民家庭便难以维持最低水平的生活，从而不利于社会稳定。另外像农产品这样的生活必需品的价格波动会冲击整个国民经济的持续稳定发展。因此，政府有必要根据均衡价格理论的基本原理，通过制定相应的价格政策来克服这些市场机制的副作用。政府常用的价格政策主要有支持价格和限制价格政策，以及税收调节政策等。

(一)支持价格政策

支持价格是政府为了扶植某一行业的发展而规定的该行业产品的最低价格。支持价格又称为最低限价，一般高于市场均衡价格。比如在现代经济中，政府为了稳定农业生产，经常对农产品采取支持价格政策。实行支持价格政策的结果如图1.12所示。

在图1.12中，由供求关系所决定的产品均衡价格为 P_0，均衡数量为 Q_0，政府为了扶植该行业的发展而制定的支持价格为 P_1，$P_1 > P_0$，此时供给量为 Q_S，需求量为 Q_D，供给量大于需求量，产品出现过剩。为防止价格下跌，政府要收购剩余产品，因而支持价格政策的实施增加了政府财政支出。支持价格的作用可以用对农产品实行支持价格政策为例来说明：许多国家由于农产品过剩，为了克服农业危机，往往采取农产品支持价格政策，以调动农民的生产积极性，稳定农业生产。

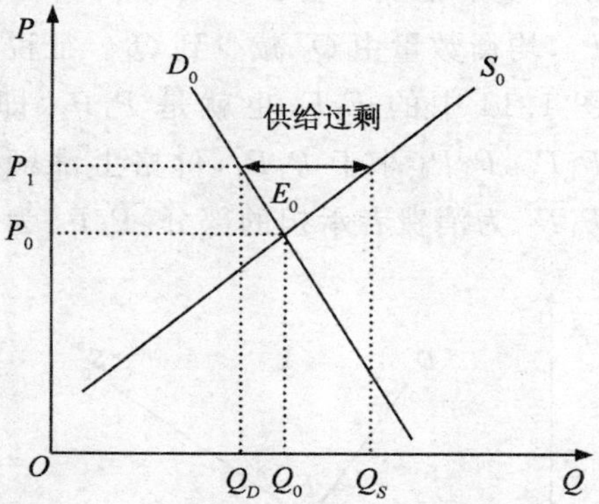

图1.12 支持价格政策

支持价格政策的运用对于经济发展有着极其重要的意义。其作用是：第一，稳定生产，减缓经济危机的冲击。第二，通过对不同产业产品采取不同的支持价格，可以调节产业结构，使之适应市场变动。第三，实行对农产品生产的支持价格政策，可以扩大农业投资，促进农业劳动生产率的提高。但支持价格会使财政支出增加，政府背上沉重的包袱，降低政府对宏观经济的调节作用。

（二）限制价格政策

限制价格是指政府为了限制某些生活必需品的物价上涨而规定的这些商品的最高价格，限制价格低于市场均衡价格。限制价格政策一般在战争或灾荒年景使用，比如对生活必需品实行限制价格政策，可以维护消费者利益，安定民心。如图1.13所示，某种商品由供求关系所决定的均衡价格为 P_0，均衡数量为 Q_0，但在这一价格水平时，部分生活贫困的人将买不起，因而政府对这一部分商品实行限制价格政策，限制价格为 P_1，$P_1 < P_0$，此时商品实际供给量为 Q_S，需求量为 Q_D，供给量小于需求量，产品供不应求。为了维持限制价格，政府就要实行配给制，即以实行数量管制为保证。

（三）政府税收对市场均衡的影响（以向生产者征税为例）

政府为了取得一定的财政收入，或限制某些产品的大量生产，通常采用向生产者征税的办法。政府向生产者征税，厂商将税额列入成本，而成本的增加将引起厂商供给曲线的向左移动。具体情况如图1.14所示：当政府向厂商生产的产品收取 T 单位的税额时，导致供给曲线由 S_0 移动到 S_1，均衡点由 E_0 移动到 E_1，在需求不变的情况下会导致均衡价格上升，均衡数量减少。均衡价格由 P_0 增加到 P_1，均衡数量由 Q_0 减少到 Q_1。征税的结果会使厂商的供给价格上涨 T 单位，即图1.14中的 E_1F，也就是 P_1P_2，即政府的征税额为 P_1P_2，而价格上升额为 P_1P_0，P_1P_0 小于 P_1P_2，价格上涨额小于征税额。在征税额 T 中，价格上涨额 P_1P_0 为消费者承担的部分，P_2P_0 为生产者承担的部分。

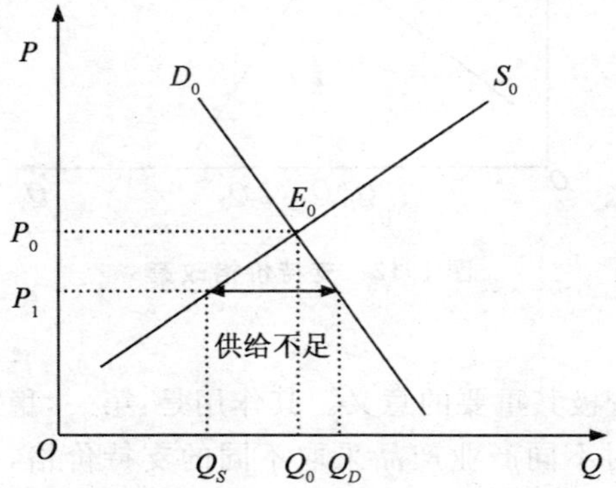

图1.13 限制价格政策

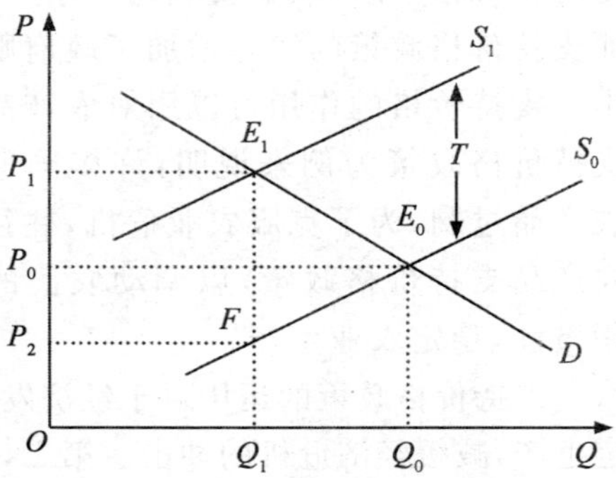

图1.14 政府征税对市场均衡的影响

政府征税，税额由厂商与消费者承担的比例取决于产品的需求与供给价格弹性。如果某种产品的需求价格弹性大于供给价格弹性，税额主要由生产者承担，商品的需求价格弹性越大，生产者承担的比例越高。如果需求有无限弹性，消费者的税额负担为零。反之，如果商品需求价格弹性越小，消费者负担的比例越大，如果需求弹性为零，税额完全转嫁给消费者。如果商品的需求价格弹性与供给价格弹性相等，税额由厂商和消费者均摊。税额分摊的具体情况见图 1.15。这部分内容可结合本章第四节的弹性理论来学习。

在图 1.15(a)中，商品的需求价格弹性大于供给价格弹性，征税额 P_1P_2 中的 P_1P_0 是消费者承担的部分，P_0P_2 是厂商承担的部分，P_0P_2 大于 P_1P_0，厂商承担的税额比例大于消费者承担的比例。在图 1.15(b)中，商品的需求价格弹性小于供给价格弹性，征税额 P_1P_2 中消费者承担的部分 P_1P_0 大于厂商承担的部分 P_0P_2。商品的供给价格弹性与需求价格弹性之间的差额越大，这种税负比例的差距就越大。

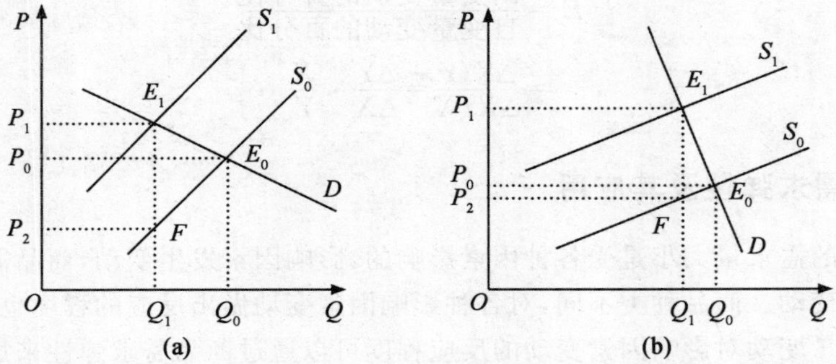

图 1.15　不同需求与供给价格弹性的商品税额负担比例分析图

同理，某些商品也可以采用向消费者征税，如香烟等，征税的结果会导致需求曲线向左移动，税收的分摊情况大家可以参照上面的讲解自行完成。

需要指出，政府征税额中由生产者负担的比例过大，会在一定程度上抑制生产者的生产积极性，影响产品或服务的供给。反之，由消费者负担的比例过大，会在一定程度上影响消费者的购买欲望，限制社会总需求的增长。因此，税收不仅是政府取得财政收入的一种手段，也是一种实行供需调节的政策工具，同时还是政府进行产业结构调整的重要措施。由此可见，税收调节既是微观经济政策的组成部分，也是宏观经济调控的重要工具。

第四节　弹性理论

经济学非常重视价格与供求的关系，但是，由于不同商品的计量单位不同，价格不同，不能直接比较价格的变动对供求数量的影响程度。用弹性理论就可以很容易地解决此类问题。弹性的意义在于它可以超越不同商品性质和计量单位差异，去比较供求对价格或其他影响因素变动做出反应的灵敏程度。

弹性(elasticity)原本是个物理学名词，指一种物体对外部力量的反应程度。在经济学中，弹性是指经济变量之间存在函数关系时，因变量变化对自变量变化反应的敏感程度。弹性的大小可用弹性系数来表示。弹性系数是因变量 Y 变动的比率与自变量 X 变动的比率的比值，用 E 来表示，计算公式为：

$$E=\frac{\text{因变量变动的百分比}}{\text{自变量变动的百分比}}$$

$$=\frac{\Delta Y/Y}{\Delta X/X}=\frac{\Delta Y}{\Delta X}\cdot\frac{X}{Y} \tag{2.5}$$

一、需求弹性及其应用

商品的需求量大小是受各种因素影响的，影响因素发生变动，商品需求量也会随之发生变动。商品种类不同，对各种影响因素变动做出反应的程度也各不相同。商品需求量变动对影响因素变动的反应程度可以通过商品需求弹性来加以分析和说明。商品需求弹性主要有：需求价格弹性、需求收入弹性和需求交叉弹性，它们所说明的问题和经济学意义各有不同，具体用途也各不相同。

(一)需求价格弹性

1. 需求价格弹性的概念及弹性系数公式

需求价格弹性是指商品价格变动所引起的需求量变动的比率，它反映了商品需求量变动对其价格变动反应的敏感程度。需求价格弹性通常被简称为需求弹性。一般用需求价格弹性系数来表示其弹性的大小，以 E_D 来表示。用 Q 代表需求量，ΔQ 代表需求量的变动量，P 代表价格，ΔP 代表价格的变动量，则需求价格弹性系数可用下面的公式计算：

$$E_D=\frac{\text{需求量变动的百分比}}{\text{价格变动的百分比}}$$

$$=\frac{\Delta Q/Q}{\Delta P/P}=\frac{\Delta Q}{\Delta P}\times\frac{P}{Q} \tag{1.6}$$

由于商品需求量与其价格之间呈反方向变动，因而需求价格弹性系数为负值，在实际运用中，为方便起见，一般将负号省略。如 $E_D=1.8$，其含义是商品价格每上升 1%，会引起需求量下降 1.8%，或是价格每下降 1%，会引起需求量上升 1.8%。同时，可以比较各种商品对于价格做出反应的灵敏度。如计算机和微型车的需求价格弹性分别为 1.25 和 2.0，也就是说，计算机价格下降 1 个百分点会引起需求量增加 1.25 个百分点，微型车价格下降 1 个百分点会引起需求量增加 2 个百分点。微型车需求对于价格反应的灵敏度高于计算机。

2. 需求价格弹性的分类

不同商品的需求价格弹性不同，造成这种差异的原因主要有以下几种：消费者对某种商品的需求程度、商品的可替代程度、商品消费支出占消费者收入的比重以及商品本身用途的广泛性。商品需求变动对影响因素变动的反应程度各不相同，根据商品需求价格弹性的大小，可将其分为五类：需求完全无弹性、需求缺乏弹性、需求单位弹性、需求富有弹性和完全有弹性。每类商品需求量随价格变动的反应情况如表 1.3 所示。

表 1.3 商品需求弹性分类表

分 类	含 义	实 例	数 值	需求曲线
完全无弹性	无论价格如何变化，需求量都不变	胰岛素等(近似)	$E_D=0$	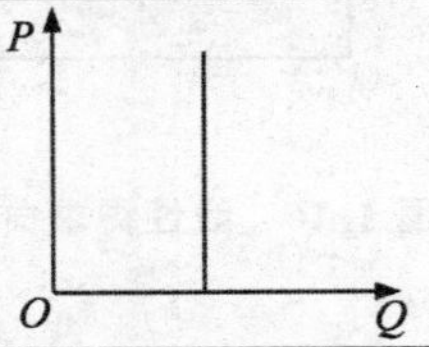
缺乏弹性	需求量变化幅度小于价格变化的幅度	食物、衣服等生活必需品	$E_D<1$	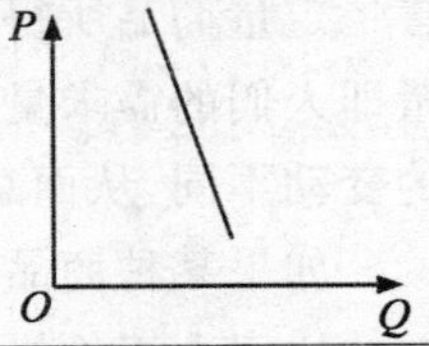
单位弹性	需求量变化幅度等于价格变化的幅度	报纸等(近似)	$E_D=1$	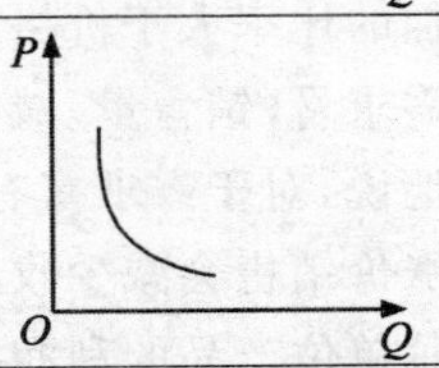

续表 1.3

分 类	含 义	实 例	数 值	需求曲线
富有弹性	需求量变化幅度大于价格变化的幅度	工业产品等生活消费品、专业服务等	$E_D>1$	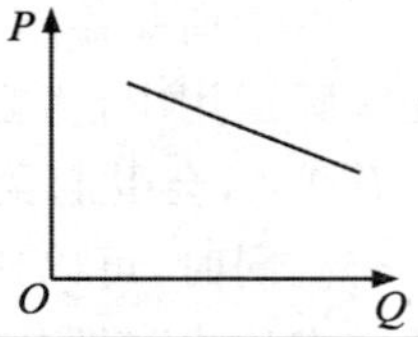
完全有弹性	当价格为既定时，需求量无限	货币等(近似)	$E_D\to\infty$	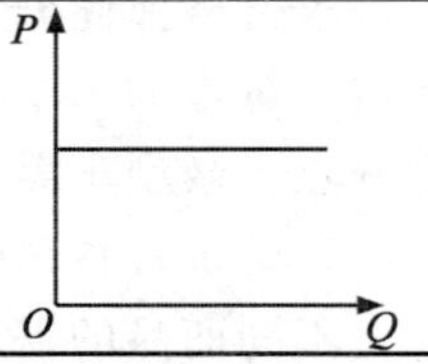

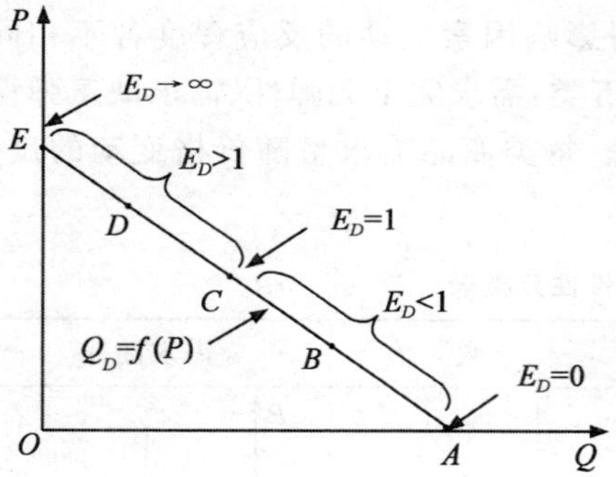

图 1.16 线性需求曲线点弹性的五种类型

一般来说，斜率越大，需求曲线越陡峭，弹性越小；斜率越小，需求曲线越平缓，弹性越大。在同一条需求曲线上，各点的需求弹性均不相同。在线性需求曲线上的点的位置越高，相应的点弹性系数值就越大；相反，位置越低，相应的点弹性系数值就越小。以直线为例，点弹性情况可见图 1.16。

3. 需求价格弹性理论的应用：商品价格变动与总收益变动的关系

总收益也可以称为总收入，指厂商出售一定量商品所得到的全部收入，也就是商品销售量与其价格的乘积。商品销售量即人们的需求量。不同商品的需求弹性不同，价格变动引起的销售量(需求量)的变动不同，从而总收益的变动也就不同。

如果某种商品的需求是富有弹性的，该商品的价格下降时，需求量(销售量)增加的比率大于价格下降的比率，销售者的总收益会增加。当该商品的价格上升时，需求量(销售量)减少的比率大于价格上升的比率，销售者的总收益会减少。具体地说，对于需求富有弹性的商品，厂商在合理的范围内减价销售一般会增加收益，涨价销售会减少收益。这就是经常听说的“薄利多销”现象。“薄利”是由于降价使每单位产品的利润减少了，“多销”是销售量增加了，但总收益有所增加。在现实中用“跳楼价”“出血价”大打价格战的销售现象，均为富有弹性的物品的销售策略，以实现薄利多销的目的。

例如，假设某化妆品的需求价格弹性为2，当价格为50元时，需求量为1万瓶，总收益为50元×1万＝50万元。如果降价10％，价格由50元降到45元，需求量增加幅度为$\Delta Q/Q = E_D \times \Delta P/P = 2 \times 10\% = 20\%$，即$\Delta Q = Q \times 20\% = 2\ 000$(瓶)，需求量增加到1.2万瓶。这时总收益为45元×1.2万＝54万元，总收益增加了4万元。同理也可以推出提价引起总需求量减少更多，从而导致提价使总收益减少。

对于需求缺乏弹性的商品，当该商品的价格上升时，需求量(销售量)减少的比率小于价格上升的比率，销售者的总收益会增加。当价格下降时，需求量增加的比率小于价格下降的比率，销售者的总收益会减少。中国有句古语叫“谷贱伤农”，意思是说，粮食丰收了，由于粮价下跌，农民的收入减少了。其原因在于粮食是人们的生活必需品，需求缺乏弹性。由于粮食丰收使粮食供给量增加，造成粮价下跌，价格下降导致需求增加并不会使农民的收入同比例增加，从而农民的总收益减少，反而受损失。综上所述，对于需求缺乏弹性的商品，减价会使销售者减收，涨价会增收。这类商品主要是农产品和一些生活必需品。

例如，假设大米的需求弹性为0.5，当价格为每千克2元时，需求量为10万kg，总收益为2元×10万＝20万元，如果大米降价10％，即为每千克1.8元，由于需求缺乏弹性，需求量增加幅度为$\Delta Q/Q = E_D \times \Delta P/P = 0.5 \times 10\% = 5\%$，即$\Delta Q = Q \times 5\% = 5\ 000$(kg)，需求量增加至10.5万kg。这时总收益为1.8元×10.5万＝18.9万元，总收益减少了1.1万元。这说明需求缺乏弹性的物品降价所引起的需求量增加幅度小，导致降价减少总收益。同理，也可以推出提价会增加总收益。

需求弹性是经济学中一个使用极广泛的概念。它有助于解释现实中的许多现象和指导我们做出理性决策。我们在平时决策中也要记住这一点，商家打折出售是为了薄利多销，其总收益增加也是我们消费者总支出增加，所以千万不要被打折所诱惑买回一堆无用的东西。

(二)需求收入弹性

1.需求收入弹性的概念及弹性系数公式

需求收入弹性被用来表示消费者对某种商品购买量的变动对收入变动的反应程度。以E_I代表需求收入弹性系数，Q代表需求量，ΔQ代表需求量的变动量，I代表收入，ΔI代表收入的变动量，则需求收入弹性系数的一般表达式为：

$$E_I = \frac{\text{需求量变动的百分比}}{\text{收入变动的百分比}}$$

$$=\frac{\Delta Q/Q}{\Delta I/I}=\frac{\Delta Q}{\Delta I}\times\frac{I}{Q} \tag{1.7}$$

2. 商品需求收入弹性的分类

一般来讲，消费者的收入与需求量是同方向变动的。但各种商品的需求收入弹性大小并不相同，依据需求收入弹性数值，可将商品分为以下两大类：

(1)正常品　商品需求量与收入呈同方向变动，即需求量随收入增加而增加，随收入减少而减少，这类商品称为正常品，需求收入弹性系数为正值。其中需求收入弹性系数介于 0 和 1 之间的商品，需求量变动的比率小于收入变动的比率，称为生活必需品，如粮食、服装等；需求收入弹性系数大于 1 的商品，需求量变动的比率大于收入变动的幅度，称为奢侈品，如珠宝、笔记本电脑等。

(2)劣等品　商品的需求量与收入呈反方向变动，即需求量随着收入的增加而减少，随收入减少而增加。这类商品称为劣等品，需求收入弹性系数为负值。这类商品是相对于正常品而言的，随着生活水平的提高，这类商品会越来越少。

3. 需求收入弹性理论的应用

研究和了解需求收入弹性理论有助于解决下列一些问题：

第一，利用需求收入弹性可以分析国民经济各部门、各地区的收入现状，便于制订合理的收入政策。对同一商品来说，如果在某地区的需求收入弹性大于另一地区的收入弹性，说明该地区的收入水平还相对落后，国家就要想办法有针对性地制订收入调节措施，以达到地区间的收入平衡。

第二，利用需求收入弹性来协调国民经济中各种商品发展的比例关系。由于各种商品的需求收入弹性不一致，相同的收入变动比率所引起的需求量变动也不一致。因此，在制订国民经济发展计划时，就不应强求发展速度的一致，对需求收入弹性较大的商品，其发展速度可以超过国民经济发展速度，占比例也大些。反之，那些需求收入弹性较小的商品，其发展速度可以低于国民经济发展速度，占的比例就要小些。

第三，利用需求收入弹性原理确定合理的出口商品结构。国际贸易已成为各国重要的经济活动，进口国经济的波动对出口国的出口有较大影响，为尽量避免这种影响，可以根据商品需求收入弹性的大小来安排出口结构。出口商品收入弹性大，说明收入变动对商品出口量影响就大。当进口国经济繁荣时，无疑会增加进口，对出口国有利，但当进口国经济不景气时，就会减少进口，对出口国不利。因此，可以采取需求收入弹性大小搭配的出口商品结构，以减少在进口国经济衰退时可能遭受的出口大滑坡而带来的损失。

(三)需求交叉弹性

需求交叉弹性是需求交叉价格弹性的简称，它表示一种商品的需求量变动对另一种商品价格变动的反应程度。若以 X、Y 代表两种商品，E_{XY}代表这两种商品的需求交叉弹性系数，P_Y 代表 Y 商品的价格，ΔP_Y 代表 Y 商品价格的变动量，Q_X 代表 X 商品原来的需求量，ΔQ_X 代表因 Y 商品价格的变动所引起的 X 商品需求量的变动量，需求交叉弹性系数的一般表达式为：

$$E_{XY}=\frac{X\text{商品需求量变动的百分比}}{Y\text{商品价格变动的百分比}}$$

$$=\frac{\Delta Q_X/Q_X}{\Delta P_Y/P_Y}=\frac{\Delta Q_X}{\Delta P_Y}\times\frac{P_Y}{Q_X} \tag{1.8}$$

需求交叉弹性可以是正值，也可以是负值，它取决于商品间关系的性质，即两种商品是替代关系还是互补关系。具有互补关系的商品称之为互补品，具有替代关系的商品称之为替代品。

互补商品之间：$E_{XY}<0$。对于互补商品来说，一种商品需求量与另一种商品价格之间呈反方向变动，所以其需求交叉弹性系数为负值。比如照相机和胶卷，录音机和磁带等之间是功能互补性商品，它们之间的需求交叉弹性系数就是负值。一般情况下，功能互补性越强的商品交叉弹性系数的绝对值越大。

替代商品之间：$E_{XY}>0$。对于替代商品来说，一种商品需求量与另一种商品价格之间呈同方向变动，所以其需求交叉弹性系数为正值。如茶叶和咖啡，橘子和苹果等，这些商品之间的功能可以互相代替，其交叉弹性系数就是正值。一般来说，两种商品之间的功能替代性越强，需求交叉弹性系数的值就越大。

此外，若两种商品的交叉弹性系数为零，则说明 X 商品的需求量并不随 Y 商品的价格变动而发生变动，两种商品既不是替代品，也不是互补品。

在社会经济生活中，主要应用需求交叉弹性理论解决以下两方面问题：

第一，通过需求交叉弹性，生产者可以知道对自己产品的需求因其他产品价格变化可能引起的反应。这将有助于企业制定自身的价格策略；有助于分析与各种产品之间有联系的风险问题。对于拥有许多条生产线、各种产品相互之间存在着明显的替代关系或互补关系的企业来说，这一点特别重要，它关系到这类企业的产品结构是否合理的问题。

第二，企业可以利用需求交叉弹性来测定行业间的相互关系。例如从表面看，某个企业可能完全控制了市场，因为它是该商品的唯一供给者，但是，如果该企业的产品与某个有关行业的产品之间存在的需求交叉弹性较大且为正值，那么这个企业若提高价格，就会把一些销售额丢给有关行业的其他企业，该企业只能算是狭义上的垄断者。比如若火车票价格上调的幅度过高，就会使公路客运或航空客运的客源人数明显增多，而使自己在竞争中处于不利的地位。

二、供给弹性

供给弹性是指商品供给量变动对影响因素变动所做出的反应程度。这里只介绍一种最重要的供给弹性——供给价格弹性。供给价格弹性是指商品价格变动的比率所引起的供给量变动的比率，它反映了供给量变动对价格变动反应的敏感程度。不同商品供给量变动对价格变动反应的敏感程度不同。一般用供给弹性系数来表示弹性的大小，以 E_S 来表示。如果用 Q 代表供给量，ΔQ 代表供给量的变动量，P 代表价格，ΔP 代表价格的变动量，则供给价格弹性系数可用下列公式表示：

$$E_S=\frac{\text{供给量变动的百分比}}{\text{价格变动的百分比}}$$

$$=\frac{\Delta Q/Q}{\Delta P/P}=\frac{\Delta Q}{\Delta P}\times\frac{P}{Q} \tag{1.9}$$

一般来说，商品的供给数量与其价格之间呈同方向变动，供给曲线向右上方倾斜，供给价格弹性系数为正值，但也有例外情况。影响供给弹性的因素很多，其中主要有：生产成本的变化、生产时期的长短、生产规模变化的难易程度等。这些因素的变动对不同商品的供给会产生不同的影响。根据不同商品供给价格弹性的大小，可以把商品的供给价格弹性分为五类：供给完全无弹性（$E_S=0$，如一些无法复制的珍贵名画）、供给缺乏弹性（$0<E_S<1$，如资本技术密集型产品）、供给单位弹性（$E_S=1$，如某些机械类产品）、供给富有弹性（$E_S>1$，如劳动密集型产品）、供给完全有弹性（$E_S\rightarrow\infty$，如劳动力严重过剩地区劳动力的供给）。在现实经济生活中，供给单位弹性、供给完全无弹性和供给有完全弹性的商品比较少见，大多数商品的供给不是富有弹性就是缺乏弹性。

三、需求弹性与供给弹性的混合应用：蛛网模型

蛛网模型是运用弹性原理解释某些生产周期较长的商品在失去均衡时发生的不同波动情况的一种动态分析理论。

蛛网理论是 20 世纪 30 年代出现的关于动态均衡分析的经济学理论，它的内容是通过引进时间变化的因素，连续考察属于不同时期的需求量、供给量和价格之间的相互作用，用动态分析的方法论述诸如农产品、畜牧产品这类生产周期较长的商品的产量和价格在偏离均衡状态以后的实际波动过程及其结果。在图中，产量

和价格变化的途径形成了一个蜘蛛网似的图形，这就是蛛网模型名称的由来。

蛛网模型的基本假定是：商品本期的产量 Q_t^S 决定于商品前一期的价格 P_{t-1}，即供给函数为 $Q_t^S=f(P_{t-1})$；商品本期的需求量 Q_t^D 决定于本期的价格 P_t，即需求函数为 $Q_t^D=f(P_t)$。

由于区别了经济变量的时间先后，因此，蛛网模型是一个动态模型。共有三种情况：

第一种情况：收敛式蛛网。当商品的供给价格弹性小于需求价格弹性（即供给曲线斜率的绝对值大于需求曲线斜率的绝对值，或者说供给曲线比需求曲线较为陡峭）时，商品的供给量、需求量和价格在受到外力干扰偏离原有的均衡状态后，市场机制能够自动恢复均衡，表现在图形上，则是商品供给量、需求量和价格的波动逐渐减弱，形成一个逐渐向内收敛的蛛网（图 1.17）。实际价格和实际产量会围绕均衡水平上下波动，但波动的幅度越来越小，最后回复到原来的均衡点。

具体过程为：假定在第一期由于某种外在原因干扰，如恶劣的气候条件，实际产量由均衡水平 Q_E 减少为 Q_1。根据需求曲线，消费者愿意支付 P_1 的价格购买全部的产量 Q_1，于是，实际价格上升为 P_1。根据第一期较高的价格水平 P_1，按照供给曲线，生产者将第二期的产量增加为 Q_2；在第二期，生产者为了出售全部的产量 Q_2，只能接受消费者所愿意支付的价格 P_2，根据第二期较低价格水平 P_2，生产者将第三期的产量减少为 Q_3；在第三期，消费者愿意支付 P_3 的价格购买全部的产量 Q_3，根据第三期较高的价格水平 P_3，生产者又将第四期的产量增加为 Q_4。如此循环下去，如图 1.17 所示，实际产量和实际价格的波动幅度越来越小（这里只给出价格的波动），最后恢复到均衡点 E 所代表的水平。

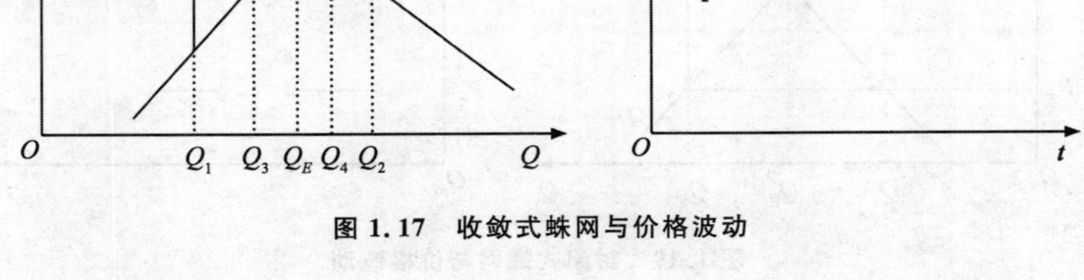

图 1.17 收敛式蛛网与价格波动

在这里，我们看到，除第一期受到外在因素干扰外，其他各期都不会再受新的外在因素干扰，从而前一期的价格能够唯一决定下一期的产量。

第二种情况：发散式蛛网。如果商品的供给价格弹性大于需求价格弹性（即供给曲线斜率的绝对值小于需求曲线斜率的绝对值，或者说供给曲线比需求曲线较为平缓），则当市场受到外力干扰偏离原有的均衡状态以后，实际价格和产量上下波动的幅度会越来越大，不能恢复至均衡状态，表现在图形上，是商品的产量和价格的波动逐渐加剧，偏离均衡点越来越远，形成一个向外发散的蛛网（图 1.18）。

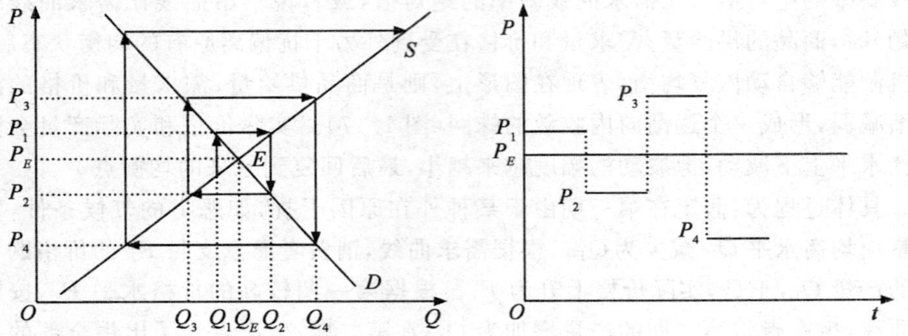

图 1.18 发散式蛛网与价格波动

第三种情况：封闭式蛛网。如果商品的供需价格弹性相等（供给曲线斜率的绝对值等于需求曲线斜率的绝对值），当市场由于受到外力的干扰偏离原有的均衡状态后，商品的产量和价格在偏离均衡状态后，则会围绕均衡点，以相同的幅度波动，既不远离均衡点，也不接近均衡点。这种蛛网被称为封闭式蛛网（图 1.19）。在现实生活中，这类产品基本不存在。

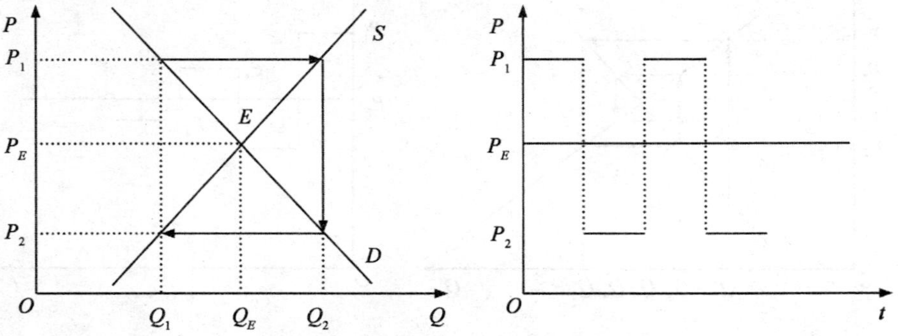

图 1.19 封闭式蛛网与价格波动

本章关键词

需求；需求量；需求曲线；供给；供给量；供给曲线；均衡价格；均衡数量；供求定律；支持价格；限制价格；弹性；富有弹性；缺乏弹性

本章小结

微观经济学的中心理论是价格理论。商品价格是由需求和供给两方面因素的变动共同决定的。需求是购买欲望与支付能力的统一，需求与价格呈反方向变动；供给是供给欲望与生产能力的统一，供给与价格呈同方向变动。影响商品需求与供给的因素很多，由商品自身价格变动引起的变化称为需求量（或供给量）的变动，表现为同一条曲线上点的移动；由其他因素变动引起的变化称为需求（或供给）的变动，表现为整条曲线的移动。

均衡价格是某种商品的需求量与供给量相等时的价格，它是市场供求关系自发调节而形成的，对应的商品数量称为均衡数量。需求或供给的变动会引起均衡价格与均衡数量的变动，通常称其为供求定律。但在现实社会中，价格的自发调节作用并不总是完全有效。需要政府采用一定手段（如支持价格、限制价格和税收政策等）进行调控。不同的影响因素在不同的条件下对商品需求与供给的影响方向和程度不同，因而不同的商品有不同的需求与供给弹性。需求（或供给）价格弹性各有五种类型：需求（或供给）完全无弹性、需求（或供给）完全有弹性、需求（或供给）单位弹性、需求（或供给）富有弹性、需求（或供给）缺乏弹性，前三种类型商品较少见，后两种类型商品较常见。

案例分析

案例一：英国商人的梦想

鸦片战争以后，英国商人为打开中国这个广阔的市场而欣喜若狂。当时英国棉纺织业中心曼彻斯特的商人估计，中国有 4 亿人，假如有 1 亿人晚上戴睡帽，每人每年仅用两顶，整个曼彻斯特的棉纺厂日夜加班也不够，何况还要做衣服呢！于是他们把大量洋布运到中国。结果与他们的梦想相反，中国人没有戴睡帽的习惯，衣服也用自产的丝绸或土布，洋布根本卖不出去。

这个故事说明了什么经济问题？（★理论提示：需求的定义）

案例二：石油与天然气

在 20 世纪 80 年代晚期，很多美国东海岸的学校都采购了昂贵的设备，准备用来使学校能迅速地从以油为热源转而使用天然气，以避免遭受油价突然上升的打击。1990 年秋天，伊拉克入侵科威特，油价飞涨，而那些学校已由烧油改为烧天然气。估计能源费将有很大节省的学校主管们却受到了一个打击：他们根本没有节省多少。当他们收到来自当地公共事业公司的账单时，他们发现天然气的价格就像油价一样也显著上涨。许多主管在公共事业公司愤怒地抱怨和谴责公司的价格欺诈。他们的理由是，伊拉克侵占科威特，根本没有影响到天然气的供应，所以天然气的价格没有理由也上升。

这些学校的主管们正确吗？这是公共事业公司乘国际危机之机，为增加自己的利润而搞价格欺诈的一个例子吗？为什么天然气的价格也上升？（★理论提示：替代品价格对需求的影响）

案例三："逆潮流的白圭"

战国时代，有位商人名叫白圭。白圭的经营方法与众不同，总是逆潮流而行。有一次，别的商人都在一窝蜂地抛售棉花，拼命地大减价。白圭却拼命地买进棉花，甚至花钱租地方存放棉花。卖完棉花，别的商人都抢着购进皮毛，白圭却打开仓库，把库存的皮毛一下子卖得精光。没有几天，有消息说今年棉花严重歉收，商人们心急火燎地到处寻找棉花。白圭高价卖出全部库存棉花，发了一笔大财。又过了一段时间，由于某种原因，满街的皮毛突然卖不出去了，价格降得越来越低，其他商人后悔不迭、血本无归。司马迁在《史记》中记载了白圭的事迹，赞扬了白圭"人弃我取，人取我予"的经营手段。

这个故事说明了什么经济问题？（★理论提示：均衡价格模型）

案例四：轻轨列车的票价

2002 年，大连至金石滩的轻型轨道列车一期工程通车。过去，人们乘小客车从大连到开发区需要 1 h，现在乘轻轨只需不到 30 min。而且轻轨内部环境好，运行过程也安全。但是轻轨运行一段时间之后，却陷入了一种非常尴尬的境地，每节可以容纳 100 余人的车厢，一般只有十几个乘客。为什么呢？因为价格。小客车从大连到开发区的票价是 5 元，轻轨却要 10 元。而且，小客车随叫随停，而轻轨只在车站才能停车，而车站多数设置在距离市中心比较远的地方，乘客下车后还要自己打车或坐公交走很远才能到市中心。所以在票价高、不方便的条件下，人们一直都不认可轻轨。这样运行了一段时间之后，轻轨的票价由 10 元调整到 3 元。这样，虽然下车后还要搭一段公交车或出租车才能达到市中心，但毕竟和小客车相比轻轨也有许多优势，而且价格也便宜了。所以很快，轻轨的车厢里由过去的十几个人变成了座无虚席，每节车厢人数基本都在 100 人以上。

你能运用我们所学的经济原理对这个案例进行分析吗？（★理论提示：弹性理论）

专项训练

(一)单项选择

1. 下述因素中不能引起商品甲需求变化的因素是( )。

A. 替代品乙的价格变动　　B. 消费者的收入增加

C. 商品甲的价格变动　　D. 消费者偏好的改变

2. 下述因素中不会引起牛肉的需求曲线移动的是( )。

A. 一项研究表明食用牛肉会增加对胆固醇的吸收

B. 牛用饲料价格上涨

C. 牛肉生产厂商开展一次影响广泛的大型促销活动

D. 消费者的收入水平提高

3. 如果两种商品是互补商品,则( )。

A. 它们是组合在一起使用的

B. 一种商品价格提高会降低对另一种商品的需求

C. 一种商品价格下降会增加对另一种商品的需求

D. 以上全对

4. 下述因素中会导致A商品的需求曲线向左移动的是( )。

A. 人口增长导致消费A商品的人数剧增

B. 若A是正常商品,货币收入水平提高

C. A的互补商品B的价格上升

D. A的替代商品C的价格上升

5. 如果 X 是一种正常商品,则货币收入水平提高会( )。

A. 使 X 的供给曲线向左移　　B. 使 X 的供给曲线向右移

C. 使 X 的需求曲线向左移　　D. 使 X 的需求曲线向右移

6. 假设某商品的需求曲线为 $Q=3-9P$,市场上该商品的均衡价格为4,那么,需求曲线变为 $Q=5-9P$ 后,均衡价格将( )。

A. 大于4　　B. 小于4

C. 等于4　　D. 小于或等于4

7. 当羽毛球拍的价格下降时,对羽毛球的需求量将( )。

A. 减少　　B. 不变

C. 增加　　D. 视具体情况而定

8. 生产技术的改进将(　　)。

A. 会提高均衡价格　　B. 使供给曲线向左移

C. 使供给曲线向右移　　D. 使需求曲线向左移

9. 如果某种商品市场上存在供给过剩，由此可知其价格(　　)。

A. 低于均衡价格　　B. 高于均衡价格

C. 很快会上升　　D. 正是均衡价格

10. 如果在当前价格水平上某商品市场存在短缺，则其价格将会(　　)。

A. 上升，需求量上升，供给量下降　　B. 上升，需求量下降，供给量上升

C. 上升，需求量上升，供给量上升　　D. 下降，需求量上升，供给量下降

(二)判断题

1. 汽车的价格下降，会使汽油的需求曲线向左下方移动。
2. 政府规定某种商品实行最高限价会使该商品短缺现象发生。
3. 在完全竞争市场中，存在过剩会使价格上升，存在短缺会使价格下降。
4. 如果需求增加的同时供给减少，则均衡价格会上升。
5. 供给量的增加是由生产成本降低引起的。
6. 需求和供给同时增加将会提高均衡数量，但对均衡价格的影响无法确定。
7. 两种商品功能互补，其中一种商品购买量会随另一种商品价格升高而增加。
8. 支持价格是一种最低保证价格，但一定高于市场均衡价格。
9. 原油价格的下降会促进人们对别的替代能源的开发。
10. 一般来说，价格上升就会增加销售收入，而降价则要减少销售收入。

(三)简答题

1. 什么是供求定律？
2. 需求和供给的变动将对均衡价格、均衡数量产生怎样的影响？
3. 何为需求价格弹性？影响需求价格弹性的因素有哪些？
4. 运用需求弹性理论解释“薄利多销”和“谷贱伤农”这两句话的含义。

(四)计算题

1. 已知某产品的需求价格弹性值 $E_D=0.6$，该产品原销售量为 $Q_D^0=1\ 000$ 件，单位产品价格 $P_0=10$ 元，若该产品价格上调 20%，计算该产品提价后销售收入变动多少元？
2. 某地牛奶产量为 100 t，社会需求量为 120 t，牛奶的需求弹性系数为 0.5，原价格为每吨 500 元，当价格上升为多少元时，才能使供给与需求相等？
3. 某地市场上，当居民的平均收入水平为每月 200 元时，人均购买 A 种商品

的数量是 20 kg，人均收入水平是 300 元时，人均购买量是 22 kg，该种商品的需求收入弹性系数是多少？该商品是属于哪一种需求收入弹性的商品？这种商品是生活必需品还是耐用品？

4. 甲种商品的需求量与乙种商品价格之间存在着如下的数量关系：当乙种商品的价格由 40 元增加到 50 元时，甲种商品的需求量由 200 件增加到 300 件，试求甲和乙这两种商品之间的需求交叉弹性系数。这两种商品之间属于哪一种关系？

(五)分析题

运用供求曲线和弹性理论，分析粮食丰收了为什么农民收入反而可能下降。依此分析，你认为政府应对农业实施怎样的保护政策？

第二章 消费者行为理论

引言：任何商品都是为满足人的某些需求而出现的，比如看着没有任何实用价值的钻石却满足了人们装饰与炫耀的需要，而我们所必需的衣食住行等各类产品，更是满足了人们生存与生活的需要。人们对各种商品的需求源于隐含在商品背后的效用。

一个穷人用汗水辛辛苦苦赚来十块钱终于吃到一个鸡腿十分高兴，一个资产亿万的富翁吃到同样的一个鸡腿却很平常，穷人和富翁吃的鸡腿一样为什么会有不同的反应？怎么去描述他们不同的感受差异，怎么才能让我们具体化描述？其实作为一门学科，经济学早已做了研究。当你学习过经济学之后，你会知道，你在平时的生活中看似稀松平常的决定，其实在无形中已经遵循着消费者行为理论经济学的规律。

知识点 理解欲望、马斯洛需要层次理论；理解欲望与效用的关系；掌握总效用、边际效用等基础概念；掌握边际效用递减规律的原理及其应用；理解消费者均衡原则；掌握消费者剩余的概念；掌握无差异曲线及其特点；掌握边际替代率的概念、公式。

能力点 能够结合实际运用基数效用论；能够结合具体情况运用序数效用论；能够运用边际递减规律和边际替代率递减规律理解消费者均衡的条件。

第一节 效用概述

消费是人类一切活动的出发点和归宿点。消费理论的核心在于阐明消费者如何把有限的收入分配在各种物品的消费上，以实现满足程度最大化。消费者进行消费的目的是为了获得幸福，对于幸福的衡量，美国著名经济学家萨缪尔森提出了“幸福方程式”，即幸福＝效用/欲望。为了提高全社会的福利水平，要从分析和探讨消费者的欲望和效用开始。

一、欲望

西方经济学研究消费者行为通常从欲望的研究开始。欲望也叫作需要，是指人们想要得到而没有得到某种东西的一种心理状态。欲望具有无限性和多样性。

关于欲望或需要的学说，目前最流行的是美国心理学家亚伯拉罕·马斯洛关于欲望（或需要）层次的解释，提出人的欲望可以分为以下五个层次：

（1）生理需要　即生存的需要，是人类最原始、最迫切也是最基本的需要，包括人们的衣、食、住、行等方面。

（2）安全需要　即生活能够得到保障，包括人身安全、财产安全、职业安全、劳动安全、环境安全、心理安全等。

（3）社交需要　即社会交往中感情上的需要，它与个人的性格、经历、文化以及所属国家、民族、宗教信仰都有关系，如希望得到别人的重视，获得与他人之间的友谊、关爱等。

（4）尊重需要　包括自尊和受人尊重，表现为对名誉和地位的追求等。

（5）自我实现需要　这是最高级的需要，即获得成就的欲望，希望自己的才智潜力能得到最充分的发挥，实现自己的目标与理想。

马斯洛认为，人们的欲望或需要是按以上五个层次由低级向高级逐层发展的。当低层次的需要获得满足以后，人们就开始追求更高一层的需要。驱使人们不断追求更高层次需要的动力就是人们的无限的欲望。在某一时期，人可以同时存在多种需要，但其中总有一种需要处于主导地位，称之为优势需要。只有满足人们的优势需要，才能有效地控制和激发人的行为。不同的人有不同的优势需要，而同一个人在不同时期优势需要也不同。

知识链接:中国古代人对欲望的描述

明朝有个叫朱载的人,是明太祖朱元璋的九世孙,也是个大学问家。他写了一首词,这首词把人的欲望无穷的特征刻画得非常形象生动。

终日奔忙只为饥,才得有食又思衣。置下绫罗身上穿,抬头又嫌房屋低。

盖下高楼并大厦,床前却少美貌妻。娇妻美妾都娶下,又虑门前无马骑。

将钱买下高头马,马前马后少跟随。家人招下数十个,有钱没势被人欺。

一铨铨到知县位,又说官小势位卑。一攀攀到阁老位,每日思想到登基。

一日南面坐天下,又想神仙来下棋。洞宾与他把棋下,又问哪是上天梯。

上天梯子未做下,阎王发牌鬼来催。若非此人大限到,上到天梯还嫌低。

二、偏好

在现实中,消费者的欲望表现为偏好,即喜欢什么。偏好是指消费者对商品的爱好或者喜欢。对于不同的商品,消费者的偏好程度有所不同。偏好是决定消费者行为的重要因素,表现为消费者对几种物品或物品组合的选择排序。因此在研究消费者行为时对消费者偏好提出了三个基本假定:其一,偏好的完备性。它是指消费者总是可以比较和排列所给出的不同商品组合。例如,对于任何两种商品 A 与 B,消费者可以做出三种判断:A 的偏好大于 B 的偏好、A 的偏好小于 B 的偏好或 A 的偏好等于 B 的偏好。消费者可以根据对商品的评价做出选择和判断。其二,偏好的可传递性。它是指对于任何三种商品 A、B、C,如果 A 的偏好大于 B 的偏好,B 的偏好大于 C 的偏好,则可以推出 A 的偏好大于 C 的偏好。其三,偏好的非饱和性。它是指如果两个商品组合的原则仅在于其中一种商品的数量不相同,那么,消费者总是偏好于含有这种商品数量较多的那个商品组合。这意味着消费者对每一种商品的消费都处于非饱和的状态,消费者总是认为数量多比数量少好。

三、效用

效用是指消费者在消费某种物品(或劳务)时所得到的满足程度,或者说商品具有的满足人们欲望的能力,称为效用。物品效用的大小,取决于物品能够在多大程度上满足人们的欲望。例如,食品可以满足人们充饥果腹的欲望,衣物可以满足人们御寒装饰的欲望。理解这一概念需把握以下几点:第一,效用是消费者的主观感受。它不同于物品的使用价值,使用价值是由物品的自然属性所决定的,具有客观性。而效用则是一种心理感觉,是主观感受。第二,效用本身并不包括有关是非的价值判断，即一种物品是否具有效用，只看看它能否满足人们的欲望，而不论这一欲望的好坏。例如，一支香烟对吸烟者来说可以有很大的效用，但对于不吸烟者来说，则可能毫无效用，甚至有负效用。第三，效用有正负之分，产生愉悦、满足感的是正效用，产生痛苦感的为负效用。第四，同一物品对不同的消费者会有不同的效用。例如，在江河边上，一杯水对于人的效用可能很低，而对于沙漠中的旅行者来说，它的效用则可能很大。第五，同一物品对同一消费者也会有不同效用。例如，面包可以充饥，但吃多了会胀肚，前者表现为正效用，后者则为负效用。总之，效用是人的一种主观心理感觉，因人、因时、因地、因情感等而不同，所以消费者行为理论偏重于心理分析。

知识链接：效用价值论

以物品满足人的欲望的能力或人对物品效用的主观心理评价解释价值及其形成过程的经济理论。它同劳动价值论相对立。在19世纪60年代前主要表现为一般效用论，自19世纪70年代后主要表现为边际效用论。

四、效用的衡量

效用是用来表示消费者在商品消费时所感受到的满足程度，那么如何衡量“满足程度”即是效用的衡量，经济学家提出了基数效用论和序数效用论的概念，以下两节分别进行介绍。

第二节 基数效用论

所谓基数效用论是指用绝对数（基数1，2，3，4，5…）来表示、分析效用的理论。19世纪西方经济学家认为，效用的大小如同长度、重量等概念一样，可以具体衡量，其标准就是效用的统一计数单位。人们就是根据这个效用计数单位来衡量不同商品效用的大小。例如，吃一顿晚餐20个效用单位，看一场电影60个效用单位。这样，这个消费者就可以依据基数效用的数量差别进行比较来进行消费选择，如果看电影和晚餐可以同时享受，消费者还可以进行加总计量出总效用为80个效用单位。

在基数效用理论的基础上，形成了研究消费者行为的边际效用分析方法。

一、边际效用与总效用

(一)总效用

总效用(total utility，TU)是指消费者在特定时期内消费一定数量的某种商品所获得效用的总和。在正常情况下，所消费的商品数量越多，其总效用就越大。假定消费者对一种商品的消费数量为 Q，则总效用函数为：

$$\mathrm{TU}=f(Q)$$

上式表示，总效用 TU 是消费量 Q 的函数，它随消费量的变化而变化。

(二)边际效用

边际效用(marginal utility，MU)是指在特定时期内，消费者每增加一单位商品的消费所获得的效用增量。其相应的边际效用函数为：

$$\mathrm{MU}=\frac{\Delta \mathrm{TU}(Q)}{\Delta Q}$$

即边际效用 MU，可表示为总效用增量与消费量增量之比。如果消费量的增量 ΔQ 非常小，趋近零，边际效用就是总效用对消费量的一阶导数，即：

$$\mathrm{MU}=\lim_{\Delta Q\to 0}\frac{\Delta \mathrm{TU}}{\Delta Q}=\frac{\mathrm{dTU}}{\mathrm{d}Q}$$

二、边际效用递减规律

一般人都有这样的经验：当我们消费某种商品的时候，随着数量的增加，起初人们获得的满足程度会不断增加，但是达到一定的数量后，满足程度不增反而减少。这种现象说明了什么理论呢？下面我们就以表 2.1 中提供的消费者甲在一天中消费某种商品的例子予以说明。

从表 2.1 中可以看出，随着商品消费量的增加，TU 先增加后减少，同时增加的幅度也随着数量的增加而不断减少，这是因为所消费的每个商品所产生的效用不同，即边际效用随着消费量的增加而不断减少。这正是微观经济学中重要的边际效用递减规律。

边际效用递减规律的内容是：在其他条件不变的情况下，对一个消费者而言，一种商品的边际效用会随着消费的商品数量的增加而逐渐减少，直至为零和负值。

表 2.1　某种商品的效用表

某一商品的消费数量	总效用	边际效用
0	0	
1	10	10
2	18	8
3	24	6
4	28	4
5	30	2
6	30	0
7	28	−2
8	24	−4

关于边际效用递减的原因有多种解释，这里我们简单介绍有代表性的两种。一种是设想每种商品有多种用途，而消费者将不同的用途按重要性划分为若干等级。消费者总是把第一单位的商品用在最重要的用途上，第二单位的商品用在次重要的位置上，依此类推，商品的边际效用便随着商品用途重要性的下降而递减。另一种解释是，由于商品的效用是消费者的主观感受，因此，当某种商品数量很多时，消费者生理上和心理上对重复的刺激的反应就递减了，从而导致商品增加所带来的效用增量即边际效用呈递减趋势。

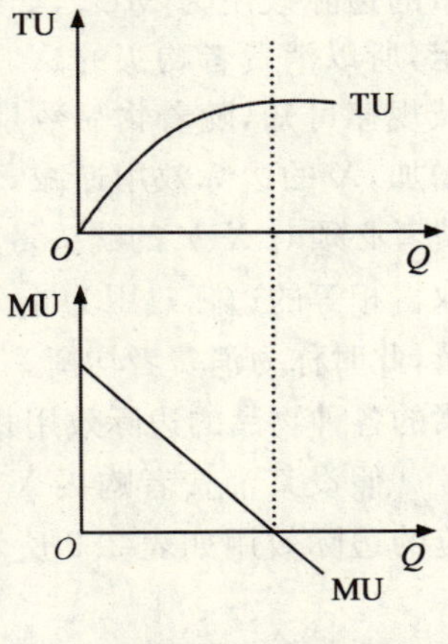

图 2.1　总效用与边际效用曲线

根据表 2.1，我们可以画出总效用和边际效用曲线，如图 2.1 所示。

从该图中可以看出总效用曲线和边际效用曲线有如下关系：

只要边际效用大于零，总效用曲线不断上升，总效用不断增加；总效用曲线上每一点的斜率就是边际效用，它总是随着总效用的不断增加而减少；当边际效用为零时，总效用曲线达到最高点，即总效用最大；当边际效用为负值时，总效用曲线开始下降，即总效用不断减少。

三、消费者均衡

消费者在特定时间内的货币总是有限的，这就决定了他不可能购买他所需要的全部商品，而必须有所取舍。所谓消费者均衡就是指消费者在货币收入和商品价格既定条件下，购买商品而获得最大总效用的消费或购买状态。即为了使花费一定量的货币所获得的总效用最大，消费者应该怎样在各种商品的消费上分配货币？应该买进哪些商品？各种商品的购买数量应为多少？

基数效用论者认为，消费者实现效用最大化的均衡条件是：在消费者收入与市场上商品价格既定的情况下，消费者应该使自己所购买的各种商品的边际效用与价格之比相等。或者说，消费者应该使自己花费在各种商品购买上的单位货币所带来的边际效用都相等。

假定消费者的收入为 M，他用 M 购买 X、Y 两种商品，物品的价格分别为 P_X、P_Y，购买数量分别为 Q_X、Q_Y，X、Y 所带来的边际效用为 MU_X、MU_Y，每一单位货币的边际效用为 MU_m，如何配置 X、Y 才能实现效用最大化？由于 M、P_X、P_Y 既定，所以消费者购买的 X、Y 数量是竞争关系，Q_X 越多，Q_Y 就越少，由边际效用递减规律可知，随着物品数量的增加，其边际效用不断递减，所以，随着 X 购买量的增加，X 的边际效用递减，而 Y 的边际效用递增，为了实现 X、Y 的效用最大化，消费者必须对 X、Y 的购买量进行不断调整，直到单位货币不论用在 X 还是 Y 上都能取得相等的边际效用为止。此时消费者实现了效用最大，他不再调整 X、Y 的购买量，此时称为消费者均衡。由此可见，实现消费者均衡的条件是：单位货币收入所购买的各种物品的边际效用相等。这叫作边际效用均等规律，或效用最大化原则。

假设某消费者购买 X、Y、Z 三种一元商品，各种商品的消费量每增加 1 单位对应的边际效用如表 2.2 所示。

表 2.2 三种商品的边际效用

消费数量	商品		
	X	Y	Z
1	10	9	8
2	9	8	7
3	8	7	6
4	7	6	5
5	5	5	4
6	4	3	2

如果该消费者有 14 元可供消费，他会如何选择商品，即实现效用最大化（达到消费者均衡）？从表 2.2 中可见，消费者拿出他第一个一元钱进行消费时，他会选择一个 X 这种对他效用最大的商品，而 X 的第二个商品的消费效用与 Y 这种第一个商品的消费效用都为 9 个单位，所以他可以任意选择，或者说第二个一元钱和第三个一元钱他会用来增加购买一个 X 和一个 Y，依此类推，该消费者只有在购买 5 个 X、5 个 Y 和 4 个 Z 时，才能获得最大效用。我们可以发现，只有当消费者花费每一单位货币所购买的各种商品的边际效用都相等时（本例中均为 5 个效用单位），消费者才不会再改变既定的消费格局和消费状态，因为任何改变都只能使消费者所获得的总效用减少。

当消费者购买两种以上商品时，则消费者均衡的实现条件可以表示为：

$$\frac{\mathrm{MU}_1}{P_1}=\frac{\mathrm{MU}_2}{P_2}=\frac{\mathrm{MU}_3}{P_3}\cdots=\frac{\mathrm{MU}_n}{P_n}=\mathrm{MU}_m$$

消费者均衡的条件还可以表述为：消费者购买的各种商品的边际效用之比等于它们的价格之比。

四、消费者剩余

消费者购买商品时，他对每一单位商品所愿意支付的最高价格取决于这一单位商品的边际效用，在前面分析过商品的边际效用是随着消费者消费商品的数量的增加而递减的，所以他对商品愿意支付的价格也是逐步下降的。当市场价格低于消费者所愿意支付的最高价格时，这个消费者不仅在购买中得到了满足，而且还得到了额外的福利，这个福利便叫作“消费者剩余”。消费者剩余是指消费者愿意付出的价格与实际付出的价格之间的差额。

例如，某消费者对矿泉水的需求状况见表 2.3，由表 2.3 可得图 2.2。

表 2.3 某消费者对矿泉水的需求状况

矿泉水的消费量/瓶	1	2	3	4	5	6
愿意支付的价格/美元	7	6	5	4	3	2
市场价格/美元	2	2	2	2	2	2
消费者剩余/美元	5	4	3	2	1	0

图 2.2 中 P 为价格，Q 为商品数量。阴影部分为消费者实际支付的价格（即 12 元），空白部分为消费者愿意支付的价格和实际支付的价格之间的差额（共计 15 元），即消费者剩余。

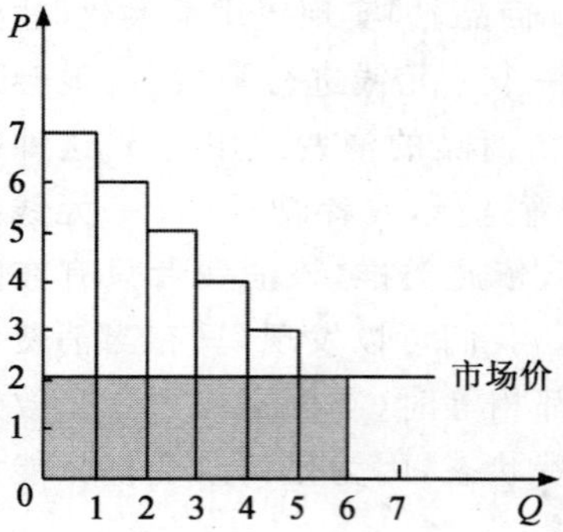

图 2.2 消费者剩余价值

在理解消费者剩余这一概念时,要注意:消费者剩余并不是实际收入的增加,只是消费者的一种主观心理感觉。运用消费者剩余这一理论,主要有两个作用:其一,用于分析说明市场上的购买行为是如何发生的,即消费者总是选择"效用剩余"最大的消费品进行购买和消费。其二,在经济学中,一般采用消费者剩余来衡量和分析社会福利问题,用它反映和说明消费者通过购买和消费商品所感觉到的状态的改善(即满足程度的变化)问题。

第三节 序数效用论

与基数效用论不同,20 世纪的大多数经济学家则认为,效用的大小是无法具体衡量的,效用之间的比较只能通过顺序和等级(即第一、第二、第三等)加以表示。人们可以根据自己的喜好,排出顺序加以比较。也就是说,效用不是数量概念,而是次序概念,是不可以加总、求和的。效用水平的高低只能由消费者选择来表现,消费者选择的基础是偏好。例如,你可以准确地知道一杯茶和一杯咖啡哪一种对你的效用更大,但你无法或没有必要知道它们具体的效用大小。

在序数效用理论分析的基础上,形成了研究消费者行为的无差异曲线分析方法。

一、无差异曲线及其特征

(一)无差异曲线

无差异曲线是指用来表示两种商品的不同数量组合给消费者所带来的效用完全相同的一条曲线。为了简化分析,假定消费者只消费两种商品 X 和 Y,它们有 a、b、c、d、e 五种组合方式,这五种组合方式能给消费者带来同样的效用,见表 2.4。

根据表 2.4 做出图 2.3,连接各点可以得到无差异曲线。无差异曲线表明:曲线上的任何一点所代表的 X 与 Y 不同数量的组合给消费者带来的效用是相同的,也就是说,如果让消费者对曲线上的点作自由选择,那么每一点对于他都是同样可取的。

表 2.4 X 和 Y 两种商品组合的无差异表

组合方式	X 商品	Y 商品
a	5	25
b	10	18
c	15	13
d	20	9
e	25	7

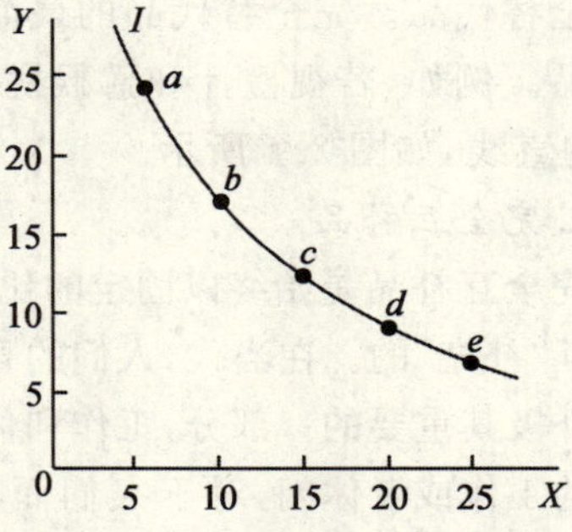

图 2.3 无差异曲线图

(二)无差异曲线的特征

由于无差异曲线代表的是消费者的偏好，所以，它们有某些反映这些偏好的特征：

第一，在同一个平面上可以有无数条无差异曲线。同一条无差异曲线代表相同的效用，不同的无差异曲线代表不同的效用。离原点越远的无差异曲线代表的效用越高；反之，则代表的效用越低。

第二，无差异曲线向右下方倾斜，斜率为负值。无差异曲线的斜率反映消费者愿意用一种商品代替另一种商品的比率，这表明，在收入与价格既定的条件下，消费者为了得到相同的总效用，在增加一种商品的消费时，必须减少对另一种商品的消费，两种商品不能同时增加或减少，这是由商品的边际替代率递减规律所决定的。

第三，在同一平面上，任意两条无差异曲线不能相交。因为在交点上两条无差异曲线代表了相同的效用，与第一个特征相矛盾。

第四，无差异曲线凸向原点。无差异曲线的斜率是商品的边际替代率（消费者愿意用一种商品替代另一种商品的比率）。边际替代率通常取决于消费者目前消费的每一种商品的数量。特别是由于人们愿意放弃他们丰富的商品，而不愿意放弃他们缺乏的商品。因为边际替代率递减，所以无差异曲线凸向原点。

(三)特殊形状的无差异曲线

对于一般的无差异曲线来说，都有凸向原点和边际替代率递减的特性，但是在一些特殊的情况下，这些特性将不一定具备。下面我们将考虑几种特殊情况：

1. 完全替代品

如果消费者愿意按固定的比率用一种商品代替另一种商品，那么这两种商品是完全替代品。完全替代品的最简单的例子是消费者愿意在 1∶1 的基础上用替代商品。例如,若视橙汁和猕猴桃汁可以完全替代,其无差异曲线就是一条斜率为－1 的直线,如图 2.4 所示。

2. 完全互补品

完全互补品是始终以固定的比例同时消费的商品。从某种意义上说,这些商品是相互“补充”的。在当代,人们的日常生活已经不仅仅是工作,休闲已经成为人们工作之外极其重要的一部分,工作和休闲两者成为很好的互补关系,要是日常生活只是纯粹的工作或者休闲,对于人们而言都无法长期坚持下去。如果按照人们在工作 5 d的同时可以有 2 d 的休息日,于是相应的无差异曲线呈“L”形,如图 2.5 所示。

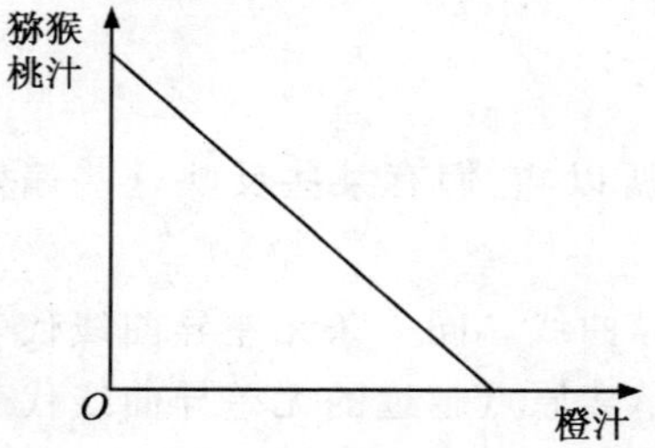

图 2.4 完全替代品的无差异曲线

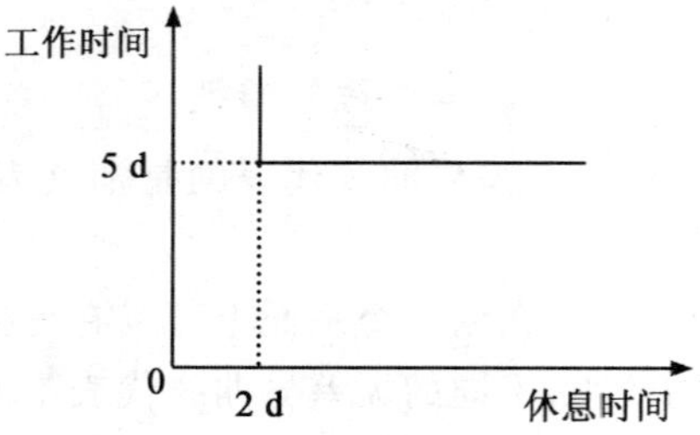

图 2.5 完全互补品的无差异曲线

二、边际替代率

边际替代率是指消费者在保持总效用不变的前提下,减少一种商品的消费量与增加另一种商品的消费量之比,即沿着一条无差异曲线,一种物品替代另一种物品的比率。边际替代率实际上就是无差异曲线的斜率,一般取其绝对值。如果以 ΔX 代表 X 商品的增加量,以 ΔY 代表 Y 商品的减少量,以 MRS_{XY} 代表商品 X 代替商品 Y 的边际替代率,计算公式为:

$$MRS_{XY}=\frac{\Delta Y}{\Delta X}$$

当商品的变化趋向于无穷小时,边际替代率公式还可以表示为:

$$MRS_{XY}=-\lim_{\Delta X\to 0}\frac{\Delta Y}{\Delta X}=-\frac{dY}{dX}$$

这就是说,无差异曲线上某一点的边际替代率就是在该点切线斜率的绝对值。由于切线的斜率为负值,因此在斜率的前面加了负号。

边际替代率还可以用两种商品的边际效用比来表示。由于总效用不变，所以Y商品减少量所引起的总效用的减少正好等于X商品增加量所引起的总效用的增加，两种商品之间的边际替代率等于其边际效用之比。因为：$(-\Delta Y)\cdot MU_Y=\Delta X\cdot MU_X$，于是有$\Delta Y/\Delta X=-MU_X/MU_Y$，所以有：

$$MRS_{XY}=\frac{\Delta Y}{\Delta X}=-\frac{MU_X}{MU_Y}$$

在维持效用水平不变的前提下，随着一种商品消费量的连续增加，消费者为了得到每一单位的这种商品所需放弃的另一种商品的数量是递减的，称之为边际替代率递减规律。商品的边际替代率递减的原因在于边际效用递减规律的作用：当消费者拥有较多的Y商品和较少的X商品时，消费者对Y商品的偏好较X商品低，随着X商品消费的增加，其边际效用在递减；随着Y商品消费量的减少，其边际效用在递增。即随着X商品消费量的增多，消费者对X商品的偏好程度下降，对Y商品的偏好程度上升。因此，为了得到一单位X商品而放弃的Y商品的数量会越来越少，即X以同等数量增加，所减少的Y的数量会越来越少，从而边际替代率是递减的。

三、消费可能线及其变动

(一)消费可能线

消费可能线是指消费者收入和商品价格一定的条件下，消费者所能够购买到的两种商品不同数量的各种最大组合。消费可能线又称为预算约束线或价格线。

假设某位消费者的收入为24元，全部用来购买商品X和商品Y，商品X的销售价格为2元，商品Y的销售价格为4元。那么，该消费者会有很多种两种产品的组合，我们用表2.5举例来说明。根据表2.5可以做出该消费者的可能线，如图2.6所示。

表2.5 某位消费者的商品组合

商品组合	商品X	商品Y	总消费额/元
A	0	6	24
B	2	5	24
C	6	3	24
D	10	1	24
E	12	0	24

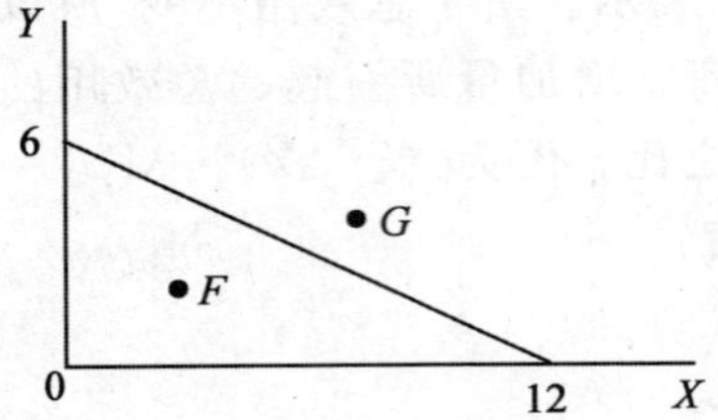

图 2.6 某位消费者的可能线

从图 2.6 可以看出，消费可能线上的每一点均代表商品 X 和商品 Y 的购买量正好把全部收入消费尽。

假设用 M 代表消费者的既定收入，P_X 代表商品 X 的价格，P_Y 代表商品 Y 的价格，以 X 和 Y 代表 X 商品和 Y 商品的数量，那么消费可能线的方程可以表示为：

$$P_X X + P_Y Y = M$$

该式表明，消费者的全部收入等于他购买商品 X 和商品 Y 的支出总和。对于本例，当消费者的全部收入只购买商品 X 时，商品 X 的数量为 $M/P_X=12$，它是消费可能线在横轴上的截距；当消费者的全部收入只购买商品 Y 时，商品 Y 的数量为 $M/P_Y=6$，它是消费可能线在纵轴上的截距。那么，消费可能线方程还可改写为：

$$Y=\frac{P_X}{P_Y}X+\frac{M}{P_Y}$$

从改写后的可能线方程可以看出，其斜率为 P_X/P_Y，即为商品 X 和商品 Y 价格之比。

同时，在可能线左下方 F 点的区域，所代表的购买量的总支出都小于总收入，此时消费者的收入没有全部用于消费，即没有能够实现效用最大化；可能线右上方 G 点的区域，所代表的购买量的总支出大于总收入，虽然效用水平高，但却超出了消费者资金的承受范围。

(二)消费可能线的移动

我们已经看到，消费可能线取决于收入 M 与商品的价格 P_X 和 P_Y。然而价格和收入经常发生变化，这些变化将如何影响消费可能线呢？消费可能线的变动有以下几种情况：

第一种情况，两种物品价格不变，收入变动，则消费可能线发生平移。这是因为当物品的价格不变时，消费可能线的斜率不变，于是收入的变化只能引起消费可能线的截距的变化。收入增加使得消费者购买任何一种物品的数量都会增加，消费可能线 AB 由左向右平移到 A_1B_1，反之，收入减少，消费可能线由 AB 向左平移到 A_2B_2，见图 2.7(a)。

第二种情况，收入不变，两种物品价格同比例同方向变动，则消费可能线发生平移。因为价格同比例同方向变化，可能线的斜率仍然不发生变化，但是如果价格下降会使得既定收入可以购买更多的物品，价格上升使得既定的收入购买的物品数量减少。因而商品价格同比例下降，向右平移；价格同比例上升，向左平移。见图 2.7(a)。

第三种情况，收入不变，一种物品的价格不变化，另一种物品的价格发生变化，这将使得消费可能线发生旋转。假定 P_Y 不变，P_X 上升，则在不改变物品 Y 的购买量的同时，必须减少 X 物品的购买量，消费可能线由 AB 内旋至 BA_1，相反 P_X 下降时，在保持物品 Y 的购买量的同时，物品 X 的购买量会增加，消费可能线由 AB 外旋至 BA_2，见图 2.7(b)，即消费可能线以 B 为轴心内外旋转。同理，当 P_X 不变，P_Y 变化时，消费可能线以 A 为轴心内外旋转。

第四种情况，收入、两种物品价格都以同比例同方向变化，则消费可能线不发生变化。

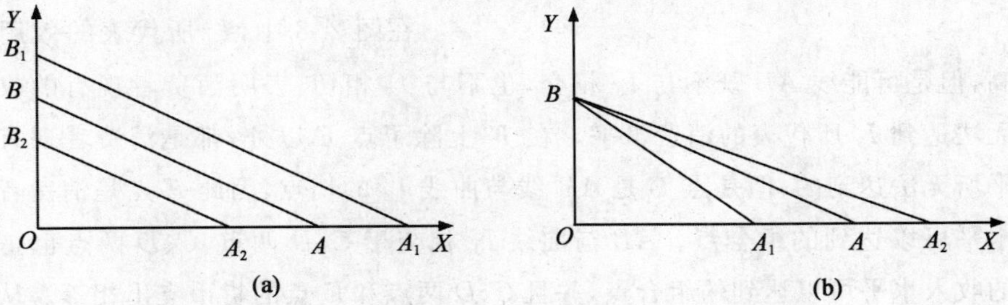

图 2.7 消费可能线的变动

但两种商品的价格变化仍然还有很多其他的情况，包括消费者收入和商品价格同时变化的情况，变化比较复杂，同学们可以结合前面几种情况具体分析，在此不再详细叙述。

四、消费者均衡

以上分析表明，从主观方面讲，消费者可做出各种选择，以求实现满足程度最大化。从客观方面讲，消费者购买商品的数量组合必须受到货币收入和商品价格的限制，这种限制可以由消费可能线表示出来。如何把主观选择与客观限制结合起来以求得满足程度最高，或者说，如何把既定的收入在物品之间做最佳配置以求得最大效用，这正是要解决的如何实现消费者均衡问题。

一个消费者关于任何两种商品的无差异曲线可以有无数条，但消费者的消费可能线只有一条。那么，消费者在面临一条既定的消费可能线和无数条无差异曲线线时应该如何决策才能获得最大的满足程度呢？现在我们把无差异曲线与消费可能线结合在一起来分析消费者均衡实现的条件。

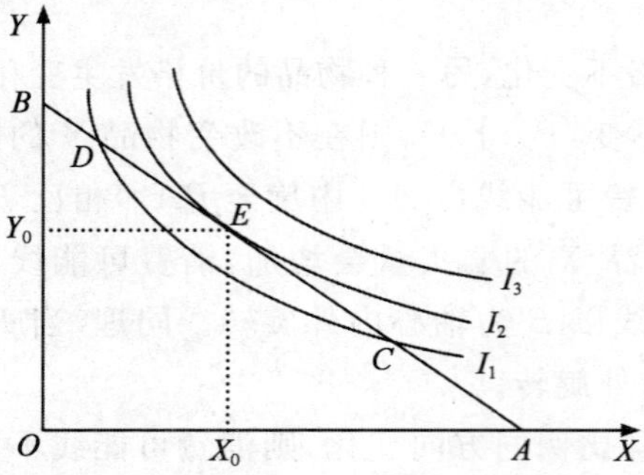

图 2.8　消费者均衡示意图

在此，我们结合消费者均衡的几何图形谈谈序数效用论中消费者均衡的理论。在图 2.8 中，I_1、I_2、I_3 是消费者在消费商品时不同效用水平下各组合的三条无差异曲线，毫无疑问，消费者总是愿意在尽可能高的无差异曲线上选择一种商品组合，以使其效用达到最大，其选择的范围或能力又受制于消费可能线 AB。

在图 2.8 中，I_3 所代表的效用水平很高，但是可能线 AB 既不与 I_3 相交，也不与 I_3 相切，表明消费者现有的收入水平无法达到 I_3 所代表的消费水平。在 I_2 上除了点 E 以外，都是消费者现有收入水平所无法达到的，但是点 E 是 AB 线与曲线 I_2 的切点，因此 E 点是消费者的收入水平可以达到的组合点。AB 与曲线 I_1 相交于 C、D 两点，C、D 两点也是消费者的收入水平可以达到的组合点，并且 C、D 两点和 E 点的货币支出相等。从图中我们可以发现，I_2 的效用水平大于 I_1 的效用水平，因此，E 点的效用水平大于 C、D 两点的效用水平。因此 E 点是消费者在现有收入水平和商品价格的约束下，实现最大效用的商品组合点，也就是说在 E 点消费者实现了均衡。

在 E 点，消费可能线 AB 是无差异曲线的切线，这一点的边际替代率等于 AB 线的斜率，即：

$$\mathrm{MRS}_{XY}=\frac{\Delta Y}{\Delta X}=\frac{\mathrm{d}Y}{\mathrm{d}X}=-\frac{P_X}{P_Y}$$

边际替代率还可以表示为边际效用之比，即 $\mathrm{MRS}_{XY}=-\frac{\mathrm{MU}_X}{\mathrm{MU}_Y}$，所以有 $\frac{\mathrm{MU}_X}{\mathrm{MU}_Y}=\frac{P_X}{P_Y}$，即消费者均衡的条件是：消费者所购买的两种商品的边际效用之比等于两种商品的价格之比，或者说单位货币收入所购买的各种物品的边际效用相等：

$$\frac{\mathrm{MU}_X}{P_X}=-\frac{\mathrm{MU}_Y}{P_Y}$$

这与基数效用论的边际效用分析得到的结论相同。虽然使用了不同的分析方法，但说明了同一问题。

五、消费者均衡的变动

上面所讲的消费者均衡是假设在商品价格和消费者收入既定的情况下消费者偏好不变的基础上探讨的。

在消费者偏好不变的前提下，如果商品的价格和消费者的收入发生了变化，消费者的均衡点会怎样变化呢？

(一)替代效应

消费者的偏好给定，即消费者的无差异曲线图固定不变，如果商品的相对价格发生了变化，消费者的收入保持稳定时，消费者均衡会怎么变化呢？例如，有 X、Y 两种商品供消费者选择，假设 Y 商品的价格不变，X 商品的价格发生变化，或 X、Y 两种商品的价格发生了反方向变化。这种场合，要使消费者仍然维持原有的效用水平，即消费者的购买仍然维持在原来的无差异曲线上，则新的均衡点将是按新的价格做出的可能线与原来的无差异曲线相切之点，如图 2.9 所示。

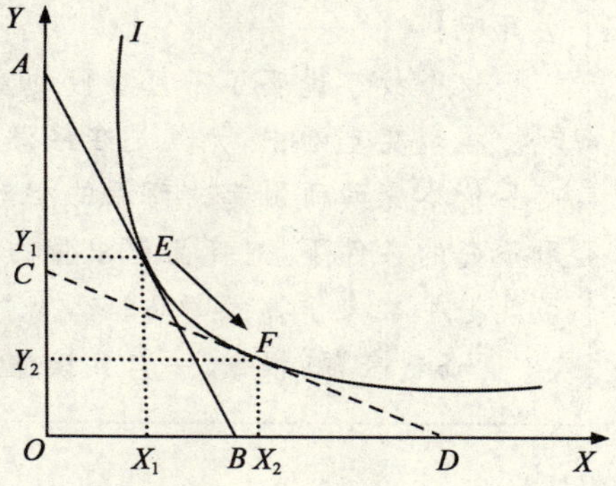

图 2.9 替代效应

如图 2.9 所示，原来的可能线 AB 与无差异曲线 I 相切于 E 点，消费者均衡状态下的商品组合为 $X=OX_1$，$Y=OY_1$。现在 X、Y 两种商品的价格发生了变化，P_X 下降，P_Y 上升，价格的变化引起消费者可能线发生改变，即消费者在其收入和新商品价格的限制下选择新的商品组合来消费，形成了新的消费可能线 CD，但仍然必须维持原有的消费者偏好，即维持原无差异曲线不变，新的可能线与原有的无差异曲线相切于 F 点，使消费者的消费组合发生变化，变为 $X=OX_2$，$Y=OY_2$，即价格下降的商品的消费量增加，价格上升的商品的消费量减少或下降。

这种由于商品的相对价格发生变化，消费者增加跌价商品的购买量以代替价格相对上涨的商品，而效用水平未发生变化的现象，称之为替代效应。

资料卡:替代效应小故事

以色列有一则寓言讲道:一天,克尔姆城里的补鞋匠把一个顾客杀了。于是,他被带上了法庭,法官宣判处以绞刑。判决宣布之后,一个市民站起来大声说:"尊敬的法官,被你宣判死刑的是城里的补鞋匠!我们只有他这么一个补鞋匠,如果你把他绞死,谁来为我们补鞋?"

克尔姆城的其他市民这时也异口同声地呼吁。法官赞同地点了点头,重新进行了判决。"克尔姆的公民们,"他说,"你们说得对,由于我们只有一个补鞋匠,处死他对大家都不利。城里有两个盖房顶的,就让他们其中的一个替他去死吧!"

这个故事说明了不可替代的重要性,当然这样的故事只可能在寓言里出现。在现实生活中,尤其是在经济活动中,替代品的案例随处可见。由于一种商品价格变动而引起的商品的相对价格发生变动,从而导致消费者在保持效用不变的条件下,对商品需求量的改变,称为价格变动的替代效应。猪肉涨价了就把牛羊肉作替代商品。

资料来源:根据《一口气读懂经济学》(董典波、黄晓林,2009)消费篇归纳

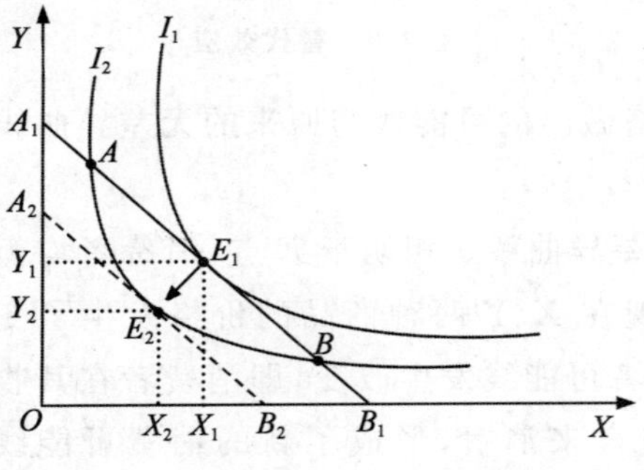

图 2.10 收入效应

(二)收入效应

假设在消费者偏好保持不变的情况下,两种商品的价格不变,而消费者的收入水平发生了变化,那么,消费者的购买行为会如何变化,即消费者的均衡点将怎样移动?在两种商品价格不变的情况下,收入上升或下降使人们的实际购买能力发生变化,此时,可能线迎着原有的可能线发生平行移动,与其他的无差异曲线相切,达到新的均衡,如图 2.10 所示。

从图 2.10 可以看出,原有的可能线 A_1B_1 与无差异曲线 I_1 相切于 E_1 点,形成了消费 X_1 和 Y_1 商品组合的状态。现在,该消费者的收入降低,而商品的价格没变,因此,原有的可能线 A_1B_1 平行移动至 A_2B_2,为保持消费者的偏好不发生改变,与无差异曲线 I_2 相切于 E_2 点,形成了新的消费量 X_2 和 Y_2。我们可以很清晰地看出,由于消费者的收入降低,消费者的购买能力下降,X 和 Y 的消费量减少。

这种由于收入变化而导致的商品购买量变化的现象,称之为收入效应。

(三)总效应

我们将因一种商品的价格变化所引起的该商品需求量变动而分解出来的收入效应和替代效应两者之和称之为总效应,即总效应=收入效应+替代效应。如图2.11所示。

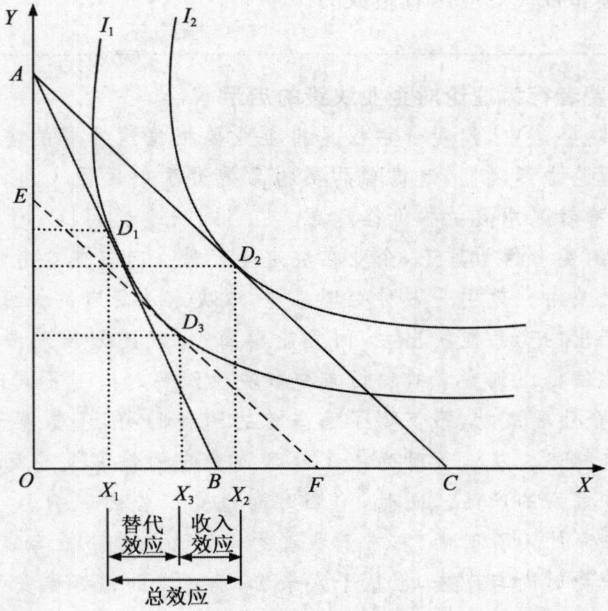

图 2.11 总效应

图 2.11 中消费者购买两种商品 X 和 Y,商品价格变化之前的消费可能线为 AB,均衡点为 D_1,相应的对商品 X 的需求量为 OX_1。当商品 X 的价格下降时,可能线由 AB 转动到 AC,均衡点由 D_1 移到 D_2,相应的商品 X 的需求量从 OX_1 增加到 OX_2,即增加了 X_1X_2,这是由于商品 X 的价格发生变动而产生的需求量的总变化,即总效应。它可以分为替代效应和收入效应两部分。

首先当商品 X 的价格下降时,消费者在保持原有的效用水平的条件下(收入有剩余),而采取了增加减价商品 X 的消费,减小商品 Y 的消费量的措施,原有的均衡点被打破,使 X 商品的消费量由 OX_1 增加到 OX_3,这就是因为商品价格下降而引起的替代效应的反应,即增加了 X_1X_3 这么多的 X 商品的消费量。

同时,商品价格下降的时候,意味着人们的实际收入增加了(原有效用水平下收入有剩余)，此时，由于收入的增加，引起商品的消费量也发生了变化，原有的消费可能线 EF 平移至 AC，消费者会追求更高的效用水平，与新的无差异曲线相切于 D_2 均衡点，X 商品的消费量也增加到 OX_2，即 X 商品的消费量增加了 X_3X_2 这么多，这就是因为商品价格下降引起的收入效应的反应。

综上所述，因一种商品的价格变化所引起的该商品需求量变动而引起的总效应是由收入效应和替代效应两者组成的。

知识链接：消费者行为理论对企业决策的启示

(1)在市场经济中，消费者主权是指企业要根据消费者的需求进行生产。消费者行为理论告诉我们，消费者购买物品是为了效用最大化，而且，物品的效用越大，消费者愿意支付的价格越高。

(2)根据消费者行为理论，企业在决定生产什么时首先要考虑商品能给消费者带来多大效用。效用是一种心理感觉，取决于消费者的偏好。所以，企业要使自己生产出的产品能卖出去，而且能卖高价，就要分析消费者的心理，能满足消费者的偏好。消费者的偏好首先取决于消费时尚。不同时代有不同消费时尚，一个企业要成功，不仅要了解当前的消费时尚，还要善于发现未来的消费时尚。这样才能从消费时尚中了解到消费者的偏好及变动，并及时开发出能满足这种偏好的产品。同时，消费时尚也受广告的影响。一种成功的广告会引导一种新的消费时尚，左右消费者的偏好。从整个社会来看，影响消费者偏好的是消费时尚与广告，但从个人来看，消费者的偏好要受个人立场和伦理道德观的影响。所以，企业在开发产品时要定位于某一群体消费者，根据特定群体的爱好来开发产品。

(3)消费者行为理论还告诉我们，一种产品的边际效用是递减的。如果一种产品仅仅是数量增加，它带给消费者的边际效用就在递减，消费者愿意支付的价格就低了。因此，企业的产品要多样化，即使是同类产品，只要不相同，就不会引起边际效用递减。边际效用递减原理启示企业要进行创新，生产不同的产品。

资料来源：http://baike.baidu.com/view/4254925.htm

本章关键词

欲望；效用；基数效用论；序数效用论；边际效用；可能线；无差异曲线；收入效

应；替代效应；消费者剩余；消费者均衡

本章小结

消费者行为的研究是以效用理论来分析需求函数背后的消费者行为。通过对消费者行为的分析，可以有助于我们对消费者行为的理解，更有利于实现消费者效用最大化。效用理论一般可分为早期的基数效用论和近代的序数效用论。效用是指消费者从消费某种商品或商品组合中得到的欲望的满足程度。效用不分好坏，但可分为正效用或负效用；基数效用是指以数字(如1,2,3…)为计量单位来衡量消费者满足的程度。基数效用论运用边际效用分析方法研究消费者均衡。序数效用论者认为，效用难以用基数测量，而只能排出偏好次序，用序数(如第一、第二等)表示满足程度的高低。序数效用论运用无差异曲线分析方法研究消费者均衡。两种方法可得到同一结论：消费者均衡的条件为单位货币所购买的各种商品的边际效用均等。

消费者剩余是指消费者为了购买某种商品或劳务愿意支付的价格与其实际支付的该商品或劳务的市场价格之间的差额。

收入效应是指假定不考虑由于 X 商品价格的变化而使消费者改变对产品的消费方向(如改为消费 Y 商品)，而仅仅考虑由于 X 商品价格变化而使消费者实际收入发生变动所引起的 X 商品需求量的变化。替代效应是指假定不考虑由于 X 商品价格变化而使消费者实际收入发生变动所引起的 X 商品需求量的变化，而仅仅考虑由于 X 商品价格的变化而使消费者改变对产品的消费方向(如改为消费 Y 商品)，所引起的 X 商品需求量的变化。

案例分析

案例一：世界上什么东西最好吃

兔子和猫无意间争论起一个问题：世界上什么东西最好吃。兔子抢先说：“世界上最好吃的东西就是萝卜，那股清香味儿，特别是秋天的萝卜，吃起来还甜滋滋的。我一说就要流口水。”猫不同意这个意见，他说：“我认为世界上没有比鱼更好吃的东西了。你想想，那鲜嫩的肉、柔软的皮，只有最幸福的动物，才懂得鱼是世界上独一无二的好东西。”他们两个都坚持自己的意见，争论了好久，还是得不到解决。最后只好去找猴子来评理。猴子听了他们的意见，都不同意。他说：“你们都是十足的傻瓜，连世界上最好吃的东西都不知道。我告诉你们吧，世界上最好吃的东西是桃子！”

兔子和猫听了直摇头，说："我以为你要说别的什么，没想到你会说桃子，那玩意儿毛茸茸的，有什么好吃的？"

这个故事说明了什么经济问题？（★理论提示：效用的概念）

案例二：连续吃三个面包的感觉

美国总统罗斯福连任三届后，曾有记者问他有何感想，总统一言不发，只是拿出一块三明治面包让记者吃，这位记者不明白总统的用意，又不便问，只好吃了。接着总统拿出第二块，记者还是勉强吃了。紧接着总统拿出第三块，记者为了不撑破肚皮，赶紧婉言谢绝。这时罗斯福总统微微一笑："现在你知道我连任三届总统的滋味了吧。"

你能运用我们所学的经济原理对这个案例进行分析吗？（★理论提示：边际效用递减规律）

案例三：猫王专辑拍卖

在一场猫王专辑的小型拍卖会上，有小琳、小文、老李、阿俊四个猫王迷同时出现。他们每一个人都想拥有这张专辑，但每个人愿意为此付出的价格都有限。小琳的支付意愿为 100 元，小文为 80 元，老李愿意出 70 元，阿俊只想出 50 元。拍卖会开始了，拍卖者首先将最低价格定为 20 元，开始叫价。由于每个人都非常想要这张专辑，并且每个人愿意出的价格都远远高于 20 元，于是价格很快上升。当价格达到 50 元时，阿俊不再参与竞拍。当专辑价格再次提升为 70 元时，老李退出了竞拍。最后，当小琳愿意出 81 元时，竞拍结束了，因为小文也不愿意出高于 80 元的价格购买这张专辑。

那么，小琳究竟从这张专辑中得到什么利益了呢？实际上，小琳愿意为这张专辑支付 100 元，但最终只为此支付了 81 元，比预期节省了 19 元。

这个故事说明了什么经济问题？（★理论提示：消费者剩余理论）

专项训练

（一）单项选择

1. 经济学家所说的"效用"是指（　　）。

   A. 人们对电子服务的消费　　B. 某种商品对人们的用处

   C. 人们从消费一种商品中得到的满足程度　　D. 人们消费商品的总成本

2. 下列属于边际效用的情况是（　　）。

   A. 面包消费量从一个增加到两个，满足程度从 5 个增加到 8 个效用单位，增加了 3 个效用单位

B. 消费两个面包获得的满足程度为 13 个效用单位

C. 消费两个面包，平均每个面包获得的满足程度为 6.5 个效用单位

D. 消费第 2 个面包给消费者带来的效用为 8 个效用单位

3. 总效用曲线达到最高点时（　　）。

A. 边际效用曲线达到最高点　　B. 边际效用为正

C. 边际效用为负　　D. 边际效用为零

4. 某消费者逐渐增加某种商品的消费量，直至达到了效用最大化，在这个过程中，该商品的（　　）。

A. 总效用和边际效用都不断增加

B. 总效用不断下降，边际效用不断增加

C. 总效用不断增加，边际效用不断下降

D. 总效用不断增加，边际效用先增加后下降

5. 如果在一个商品模型中，收入消费曲线随收入的增加而趋近于 X 轴，则我们可以肯定（　　）。

A. X 是一种正常品　　B. X 是一种劣等品

C. Y 是一种正常品　　D. Y 是吉芬商品

6. 一条无差异曲线表示了消费者用于各种不同组合商品上的总支出（　　）。

A. 费用是相同的　　B. 所得到的满足程度是相同的

C. 商品的价格是相同的　　D. 以上都不对

7. 商品 X 和 Y 的价格按相同比率上升，而收入不变，可能线（　　）。

A. 向左下方平行移动　　B. 向右上方平行移动

C. 向左下方或右上方平行移动　　D. 不变动

8. 若无差异曲线上某一点的边际替代率 MRS_{XY} 为 1/3，这表明消费者愿意放弃一单位的 Y 商品来获得的 X 商品数量是（　　）。

A. 1/3　　B. 3

C. 1　　D. 无法确定

（二）判断题

1. 基数效用论采用的分析方法是无差异曲线分析法。

2. 当消费者从物品消费中所获得的总效用不断增加时，边际效用总是正的。

3. 如果消费者从每一种商品中得到的总效用与它们的价格之比分别相等，他将获得最大效用。

4. 无差异曲线表示不同的消费者消费两种商品的不同数量组合得到的效用是相同的。

5. 如果边际效用递减，则总效用相应下降。
6. 一个消费者对某种商品的数量感到足够了，这说明他对该商品的边际效用已经达到了极大值。
7. 两种商品的价格不相同，但对消费者来说，花在这两种商品上的最后1元钱的边际效用有可能是相同的。
8. 消费可能线的平行移动说明消费者的收入发生变化，价格没有发生变化。

（三）简答题

1. 什么是边际效用递减规律？边际效用递减的原因有哪些？
2. 解释无差异曲线的概念，并说明无差异曲线的特点。
3. 用替代效应和收入效应说明当某种商品价格变化时消费者均衡变动的过程。
4. 什么是消费者均衡？消费者均衡的条件是什么？

（四）计算题

1. 若张先生对商品 X 和 Y 的效用函数如下：$U(X)=20X-X^2$ 和 $U(Y)=40Y-4Y^2$，且 $P_X=2$ 元，$P_Y=4$ 元。现在张先生有货币24元，想全部花完，则他购买 X 和 Y 各多少能实现效用最大化？
2. 假设某消费者的均衡如下图所示，其中横轴和纵轴分别代表 X 和 Y 的商品量，线段为消费可能线，曲线 I 为消费者的无差异曲线，E 点为均衡点。已知 X 的价格为 $P_X=2$ 元，求：

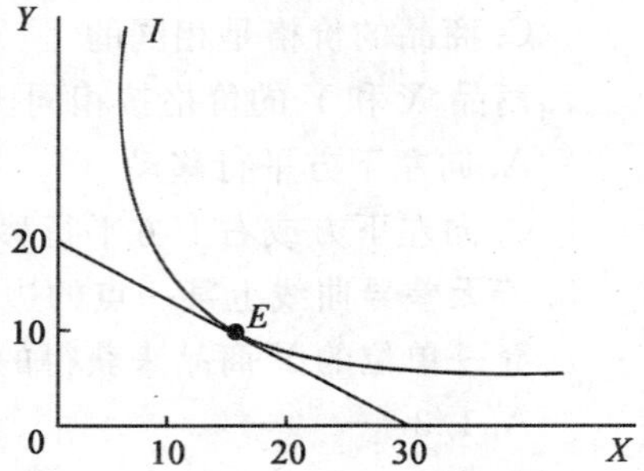

（1）消费者的收入；

（2）商品 Y 的价格；

（3）消费可能线方程；

（4）消费可能线的斜率；

（5）E 点的边际替代率。

（五）分析题

运用边际效用递减规律，对富有的人丢失100元表现的无所谓，贫穷的人丢失50元却表现的焦虑不安加以论述。

第三章　生产者行为理论

引言：很早以前就有人描绘出一幅人类前景的悲惨画面：因为耕地等自然资源有限，要增产粮食最终只能依靠劳动力的增加，但随着劳动力投入的不断增加，带来的粮食产量增量在递减，于是人口不断增长的必然结果是：人类不能养活自己！1994 年莱斯特·布朗发表了一本《谁来养活中国》的小册子，宣称人口众多的中国将面临粮食短缺，进而引发全球粮食危机。但袁隆平的出现让布朗的想法成了杞人忧天！他发明了杂交水稻，使每亩单产突破了 900 kg，用事实证明中国人能养活自己！

难道布朗说的边际产量递减规律错了吗？难道这一规律遇到袁隆平就不起作用了？生产要素到底投入多少才算合理？生产者什么时候才能实现利润最大化？这些问题都将在本章得到解答。

知识点 理解生产要素与生产函数、生产扩展线与边际技术替代率的概念；掌握边际产量递减规律；掌握总产量、平均产量、边际产量的关系；掌握一种资源合理投入确定的方法；掌握生产者均衡确定的基本原则。

能力点 能够确定一种可变资源投入的合理区域；会运用所给资料进行生产者均衡分析；能够确定企业的适度经营规模。

第一节 一种生产要素的最适投入

一、生产要素与生产函数

(一)生产要素

生产是厂商对一定的生产要素进行组合以制成产品的行为过程。在生产过程中,由于厂商的生产方向、利用的生产要素种类及其组合方式不同,生产的产品可以是粮食、机器等物质产品,也可以是歌曲、戏剧等精神产品。诸如粮食、机器等具有物质形态的产品称为有形产品,歌曲、戏剧等不具有物质形态的产品称为无形产品。

生产要素是指厂商在生产过程中所使用的各种生产资源,是从事生产经营活动的必备条件。这些资源可以分为劳动、资本、土地与企业家才能四大类。劳动是指劳动力所提供的服务,可以分为脑力劳动和体力劳动。土地是指生产中所使用的各种自然资源,如土地、水、自然状态的矿藏、森林等。资本是指生产中所使用的资金,如厂房、设备、原料、现金和银行存款等资本品。企业家才能是指企业家对整个生产过程组织和管理的能力。能够把劳动、土地、资本组织起来,生产各种产品的关键正是企业家才能。生产是这四种要素合作发挥作用的过程,产品则是这四种要素共同做出贡献的结果。

(二)生产函数

生产函数是指在一定技术水平条件下,生产要素投入数量与其能生产出来的最大产量之间的对应关系。生产函数的一般形式为:

$$Q=f(L,K,N,E)$$

式中:Q 代表产量;L 代表劳动;K 代表资本;N 代表土地;E 代表企业家才能。在分析生产要素与产量之间的数量关系时,土地一般为固定的要素,而企业家才能又难以估算,为了分析简便,常假设投入的生产要素只有资本(K)和劳动(L)两种,因此,生产函数简化为:

$$Q=f(L,K)$$

二、总产量、平均产量和边际产量

(一)总产量、平均产量和边际产量的定义

假定资本是固定要素,劳动作为可变要素,我们来看看总产量、平均产量、边际产量的计算。

总产量(TP)是指一定的生产要素投入量所提供的全部产量。总产量的生产函数可以写为:

$$TP=f(L)$$

平均产量(AP)是指单位可变生产要素提供的产量,计算公式为:

$$AP=\frac{TP}{L}$$

边际产量(MP)是指增加一个单位可变要素投入量所增加的产量,计算公式为:

$$MP=\frac{\Delta TP}{\Delta L}$$

总产量、平均产量和边际产量三者之间的关系是:

$$TP=AP\times L$$

$$TP=MP_1+MP_2+MP_3$$

(二)总产量、平均产量和边际产量之间的关系

如果在某项生产中,劳动是可变投入,资本是不变投入,产品产量与劳动、资本之间的函数关系可用表 3.1 表示。

表 3.1 总产量、平均产量和边际产量变动关系表

资本量 K	劳动量 L	劳动增量 ΔL	总产量 TP	平均产量 AP	边际产量 MP
10	0	—	0	—	0
10	1	1	6	6	6
10	2	1	17	8.5	11
10	3	1	31	10.3	14
10	4	1	46	11.5	15
10	5	1	60	12	14
10	6	1	72	12	12

续表 3.1

资本量 K	劳动量 L	劳动增量 ΔL	总产量 TP	平均产量 AP	边际产量 MP
10	7	1	81	11.5	9
10	8	1	86	10.8	5
10	9	1	86	9.6	0
10	10	1	80	8	−6

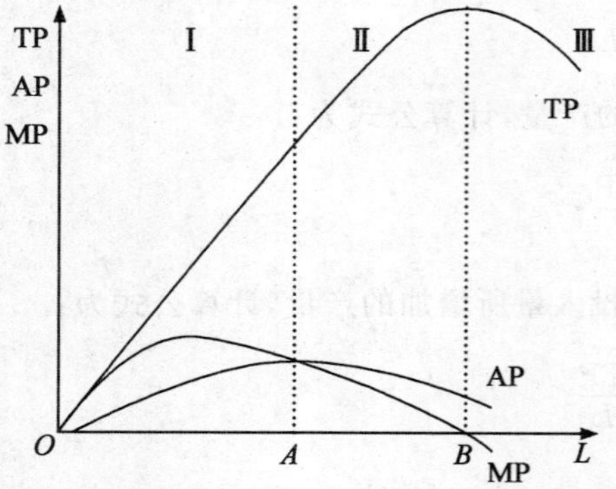

图 3.1 总产量、平均产量和边际产量的关系

根据表 3.1 可做出图 3.1。在图 3.1 中,横轴代表劳动的投入量,纵轴代表总产量(TP)、平均产量(AP)和边际产量(MP)。

据图 3.1,可以归纳出总产量、平均产量和边际产量的变动规律及其相互的数量关系。

第一,在资本投入量不变的情况下,随着劳动投入量的不断增加,最初总产量、平均产量、边际产量都是递增的,但各自增加到一定程度后开始下降。所以总产量曲线、平均产量曲线与边际产量曲线的形状都是先上升而后下降。

第二,边际产量是总产量曲线各点切线的斜率,其数值变动直接影响总产量的变动。在生产的初级阶段,边际产量增加,总产量以递增速度增加,当边际产量减少,但仍大于零时,总产量以递减速度增加,当边际产量为负数时,总产量减少。总产量与边际产量之间的数量关系是:当边际产量大于零时,总产量增加;边际产量为零时,总产量达到最大;边际产量为负数时,总产量减少。

第三,平均产量是图上原点到总产量曲线各点连线的斜率,其变化特征取决于边际产量变动的情况。边际产量曲线与平均产量曲线相交于平均产量曲线的最高点,二者之间的关系是:当边际产量大于平均产量时,平均产量增加;边际产量小于平均产量时,平均产量减少;边际产量等于平均产量时,平均产量最大。

三、边际产量递减规律

边际产量递减规律与边际效用递减规律基本相同。用两种(或两种以上)生产要素相结合生产一种产品时,如果其中一种是可以变动的,那么,在其他条件不变的情况下，随着这一可变要素的连续增加，其边际产量在达到一定数量后，会呈现递减现象。这种产品增量随着资源投入量增加呈现的递减现象，就是经济学中著名的边际产量递减规律，也称边际报酬（收益）递减规律。

在分析和理解边际产量递减规律时，要明确几个问题：

第一，这一规律是以技术不变为前提。

第二，这一规律是以其他生产要素固定，只有一种生产要素变动为前提。

第三，边际产量是在一种可变要素增加到一定程度后才出现递减。

这一规律说明，在一定条件下，高投入未必带来高产出，投入要有合理的限度。

资料卡：身边的经济学

边际报酬递减是一个普遍的规律。如在一块土地上增加化肥的投入，一开始增加化肥的投入粮食递增。但随着化肥投入的不断增加，所增加的粮食呈递减趋势。

设想收益不是递减而是递增，将会是什么样？我们就会放弃其他土地，专耕这一块地，在一块地上仅靠增加的投入就会满足所有人吃的粮食，这显然是荒谬的。

资料来源：《轻松学经济——300个核心经济术语趣解》（郭万超、辛向阳，2005）

四、生产弹性

生产弹性是指产品数量变动的比率与生产要素投入量变动的比率之比，表示生产中产品产量变动对生产要素投入量变动反应的敏感程度，可以用来评价资源投入的转化效果，用 E_P 表示。如果产品总产量用 TP 代表，ΔTP 代表产品增量，L 代表可变资源劳动投入数量，ΔL 代表劳动投入增量，则生产弹性系数的计算公式为：

$$E_P=\frac{\Delta \mathrm{TP}}{\mathrm{TP}}\div\frac{\Delta L}{L}=\frac{\Delta \mathrm{TP}}{\Delta L}\div\frac{\mathrm{TP}}{L}$$

因为

$$\frac{\Delta \mathrm{TP}}{\Delta L}=\mathrm{MP},\quad \frac{\mathrm{TP}}{L}=\mathrm{AP}$$

所以

$$E_P=\frac{\mathrm{MP}}{\mathrm{AP}}$$

根据上面的分析结果可以看出，生产弹性系数可用边际产量与平均产量的比率表示。

五、一种生产要素的合理投入区域

根据生产弹性的大小，我们把可变要素投入划分为三个阶段，如图 3.1 中的三个区间。

第Ⅰ阶段($E_P>1$)：劳动量从零增加到 A。在这一阶段，平均产量始终是上升的，边际产量大于平均产量，总产量是增加的。说明在这一阶段，相对于不变的资本投入量而言，劳动量投入过少，只要增加劳动的投入量，就可以使资本得到充分利用，从而使总产量和平均产量递增。因此，理性的生产者不会在这一阶段停止生产，而是连续增加可变要素劳动的投入量。

第Ⅱ阶段($0<E_P<1$)：劳动量从 A 增加到 B。平均产量开始下降，边际产量递减但仍大于零，总产量还是递增。这一区间，A 点时平均产量最大，B 点处总产量最大。

第Ⅲ阶段($E_P<0$)：劳动量增加到 B 之后的区间。劳动的边际产量降为负值，总产量下降。这表明，相对于不变的资本量而言，劳动量投入过多。

从以上分析可以看出，任何理性的生产者都不会将生产停留在第Ⅰ阶段，也不会在第Ⅲ阶段进行，因此，生产只能在第Ⅱ阶段进行，即该阶段是劳动量的最佳投入区间。

第二节 两种生产要素的最适组合

一、两种可变生产要素投入的生产

如果可变的生产要素不是一种，而是两种，两种生产要素又可相互替代，那么这两种生产要素按什么比例投入最好呢？这就是生产要素最适组合的问题，也就是生产者均衡的问题。

生产者均衡研究的是生产者如何把既定的成本分配于两种不同的生产要素，以实现利润最大化。因此，研究生产者均衡的方法与研究消费者均衡的方法类似，即边际分析法和等产量分析法。

用边际分析法研究生产者均衡：假定生产者所需要的两种可变生产要素是资

本(K)与劳动(L),两种生产要素的价格 P_K 与 P_L 是既定的,生产者的成本 C 是既定的,那么生产者均衡的限制条件可以表示为:

$$P_K \times K + P_L \times L = C$$

上式表示在厂商的成本既定时,它所购买的资本与劳动两种生产要素的总支出应和这一既定成本相等。若支出大于成本,则这种要素组合方式是在既定成本下所不能实现的;若支出小于成本,则这种要素组合方式没有实现产量最大化,因为还可以通过支出来增加产量。

以 MP_K 和 MP_L 分别代表资本和劳动的边际产量,以 MP_M 代表一单位货币的边际产量,则生产者的均衡条件为:

$$\frac{MP_K}{P_K} = \frac{MP_L}{P_L} = MP_M$$

即所购买的两种生产要素的边际产量与各自的价格之比相等。也就是说用最后1元货币无论是购买资本,还是购买劳动,所得到的边际产量都相等。如果某一生产要素组合使得 $MP_K/P_K > MP_L/P_L$,则说明最后1元货币购买资本所增加的产量要大于购买劳动所增加的产量,这时没有实现产量最大化,生产者减少劳动的投入,增加资本的投入,总产量会提高,利润会增加。若 $MP_K/P_K < MP_L/P_L$,则应减少资本的投入而增加劳动的投入。直到最后1元货币无论是购买资本还是购买劳动都能获得相同的产量时,资本与劳动的替换才应该停止,此时生产者获得了最大的产量。

二、等产量曲线

等产量线是表示在技术水平不变的条件下,两种生产要素投入量的不同组合可以生产出相等产量的一条曲线。

假如,资本与劳动这两种生产要素有 A、B、C、D 四种组合方式,这四种组合方式都可以达到相同的产量,如表3.2所示。

表3.2 等产量表

组合方式	产量/kg	资本量 K	劳动量 L
A	100	6	1
B	100	3	2
C	100	2	3
D	100	1	6

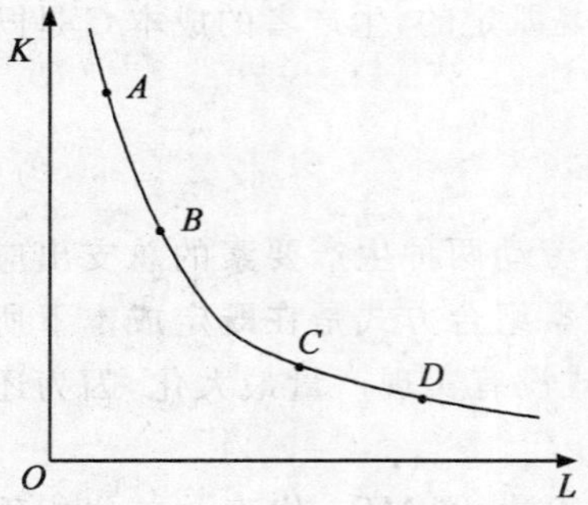

图 3.2 等产量线

根据表 3.2,可做出图 3.2。在图中,横轴 OL 代表劳动的投入量,纵轴 OK 代表资本投入量,在坐标平面上找到两种生产要素的四个不同的组合点 A、B、C、D,将四个点连成一条平滑的曲线,这就是一条等产量线。这条线的含义是:线上任何一点所表示的资本与劳动不同数量的组合,都能生产出相等的产量。

等产量线具有四个方面的特征:

第一,等产量线向右下方倾斜,其斜率为负值。表明生产者为了达到相同的产量,在增加一种生产要素投入时,可以减少另一种生产要素的投入,两种资源之间存在着相互替代的关系。

第二,在同一平面图上,可以有无数条等产量线。不同的等产量线代表不同的产量水平,并且离原点越远的等产量线所代表的产量水平越高,离原点越近的等产量线所代表的产量水平越低。

第三,在同一平面图上,任意两条等产量线不能相交,若相交,在交点上两条等产量线代表了相同的产量,与第二特征相矛盾。

第四,等产量线是一条凸向原点的线。这是由资源边际技术替代率递减所决定的。

三、边际技术替代率

边际技术替代率是指在维持产量水平不变的条件下,减少一种生产要素的数量,与增加的另一种生产要素的数量之比。如果以 ΔL 代表劳动的增加量,ΔK 代表资本的减少量,ΔQ 代表产品产量的增量,Q 代表产品产量,MP_L 代表劳动的边际产量,MP_K 代表资本的边际产量,$MRTS_{LK}$ 是以劳动代替资本的边际技术替代率,则有:

$$MRTS_{LK}=\frac{\Delta K}{\Delta L}$$

在产量不变的前提下,增加一种生产要素投入量,就要减少另一种生产要素的投入量,因此边际技术替代率应该是负值。但为了分析问题方便,一般用其绝对值表示。我们可用表 3.3 来说明生产行为中劳动和资本的边际技术替代率的计算过程及变动情况。

表 3.3 劳动与资本投入的边际技术替代率计算表

变动情况	ΔK	ΔL	$\Delta K/\Delta L$
A—B	−3	1	−3
B—C	−1	1	−1
C—D	−1	3	−0.33

由表 3.3 可知，边际技术替代率是递减的，边际技术替代率其实也就是等产量线上各点切线的斜率。等产量线上各点切线的斜率递减决定了它是一条凸向原点的曲线。

边际技术替代率还可以用边际产量来表示。由于总产量不变，所以 K 减少量所引起的总产量的减少正好等于 L 增加量所引起的总产量的增加：

$$(-\Delta K)\cdot \mathrm{MP}_K=\Delta L\cdot \mathrm{MP}_L$$

于是有

$$\Delta K/\Delta L=-\mathrm{MP}_L/\mathrm{MP}_K$$

所以边际技术替代率的公式又可写为：

$$\mathrm{MRTS}_{LK}=-\frac{\mathrm{MP}_L}{\mathrm{MP}_K}$$

即两种生产要素之间的边际技术替代率等于其边际产量之比。

四、等成本线

(一)等成本线的含义

等成本线又称企业预算线，它是一条表明在企业生产成本与生产要素价格既定的条件下，生产者所能购买到的两种生产要素的最大数量组合的线。

以 M 代表货币成本总额，P_L、P_K、L、K 分别代表劳动与资本的价格与购买量，等成本线的数学表达式为：

$$P_K\times K+P_L\times L=C$$

上式可写为：

$$K=\frac{C}{P_K}-\frac{P_L}{P_K}\times L$$

上式是斜率为 $-P_L/P_K$ 的直线方程式，其中，C、P_L、P_K 为既定常数，那么给出 L 的值，就可以解出 K 的值，同理，给出 K 的值，也可解出 L 的值。这样可做出图

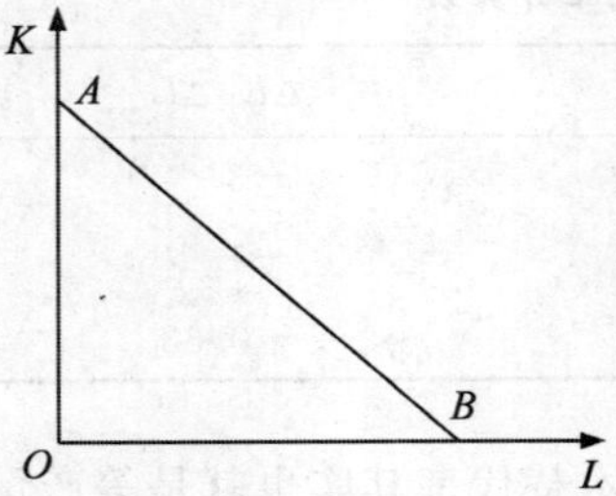

图 3.3 等成本线

3.3，图中 AB 线就是一条等成本线。

等成本线表示：线上任何一点所表示的生产要素的组合方式虽都不同，但它们的成本支出是相同的。该线内的任何一点所表示的要素组合，都不是最大数量的组合，即支出的成本小于生产者的既定成本。该线外的任何一点所表示的组合都是无法实现的，因为所需要的成本超过了生产者既定的成本。

（二）等成本线的移动

做出一条确定的等成本线需要两个条件：生产成本既定和生产要素价格既定。两个条件中任何一个发生变化，等成本线都会发生移动。等成本线的移动分以下几种情况（图 3.4）：

第一，生产成本变化而两种要素价格不变，等成本线平行移动。成本增加，等成本线向右平移，由 AB 移动到 A_1B_1；成本降低，等成本线向左平移，由 A_1B_1 移动到 AB。

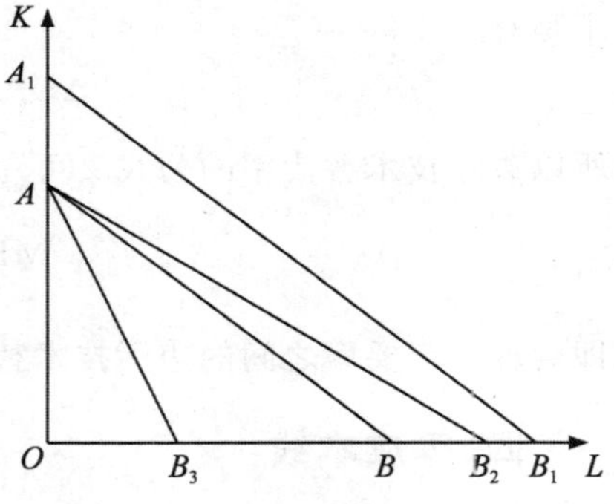

图 3.4 等成本线的移动

第二，生产成本不变而两种生产要素价格同比例增加，则等成本线平行向左移动；同比例降低，则等成本线平行向右移动。

第三，生产成本和两种生产要素价格同方向、同比例变化，则等成本线位置不变。

第四，生产成本不变，两种生产要素价格不规则变化，会引起等成本线转动。例如，资本价格不变，而劳动价格降低，则等成本线会以 A 为中心向外旋转，由 AB 变动到 AB_2；资本价格不变，而劳动价格提高，则等成本线会以 A 为中心向内旋转，由 AB 变动到 AB_3。同样，若劳动价格不变，资本价格变化，等成本线则会以 B 为中心向内、向外转动。

五、生产者均衡

生产者均衡也称生产要素最优组合，是指两种生产要素的配合比例能够实现产量既定条件下的成本最小或成本既定条件下的产量最大。因为实现了最佳组合，也就是实现了利润最大化。如果其他条件不变，生产者就不愿意再改变两种生产要素的配合比例，生产达到一种均衡状态。

把等产量线与等成本线组合在一个图上，可以确定生产要素的最佳组合点，即等成本线与等产量线相切的切点 $E(L_E, K_E)$ 就是生产要素的最佳组合。

(一)成本既定条件下最大产量的生产要素组合

当生产者的成本既定，两种生产要素价格既定的条件下，可以做出一条确定的等成本线。如果将既定的等成本线与无数条等产量线组合在一个坐标图上，这条等成本线必定与某一条等产量线相切。切点所表示的生产要素组合方式就实现了成本既定条件下的产量最大，即利润最大化的生产者均衡。

如图 3.5 所示，AB 为既定的等成本线，Q_1、Q_2、Q_3 是无数条等产量线中的三条。AB 与 Q_2 的切点 E 就是生产者均衡点。

为什么只有 E 点才能实现利润最大化呢？图中 Q_3 代表的产量最高，但既定成本无法生产 Q_3 代表的产量。C、D、E 点都在同一条等成本线 AB 上，就是说，这些点代表的要素组合所需成本是相同的并且是可以实现的。C、D 在 Q_1 上，E 点在 Q_2 上，$Q_2 > Q_1$，所以 E 点的产量水平大于 C、D 点。所以，只有 E 点才是既定成本下产量最大的点，即要素的最佳组合点。

(二)产量既定条件下最小成本的生产要素组合

如图 3.6 所示，产量既定，只有一条等产量线 Q，三条等成本线中 A_1B_1 的成本水平太低，达不到产量 Q 的水平。生产同样的产量，厂商可以选择 Q 与 A_2B_2 的两个交点 C、D 对应的生产要素组合，也可以选择 AB 与 Q 的切点 E 点所对应的两种要素组合。很明显，E 点的成本低于 C、D 点，因此，只有 E 点所代表的劳动与资本的组合，才是既定产量下成本最低的组合点，即厂商的生产均衡点。

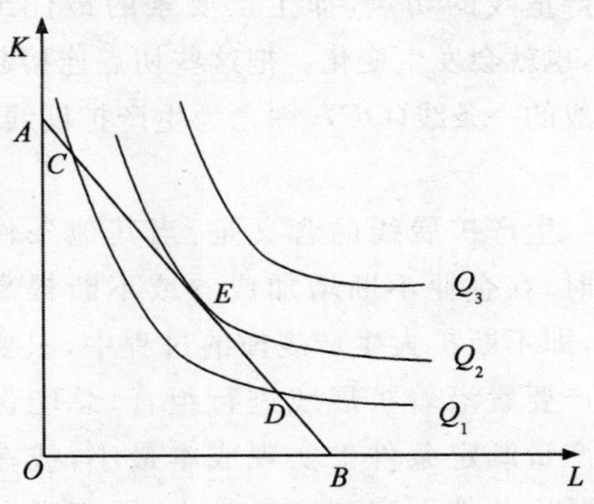

图 3.5 成本既定下的产量最大

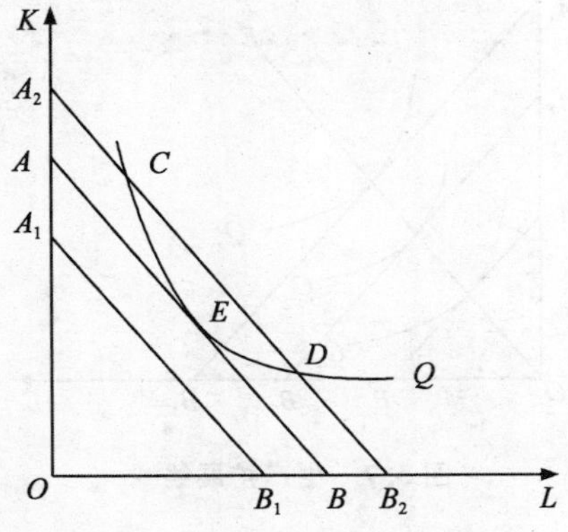

图 3.6 产量既定下的成本最小

在以上两种情况下，E 点满足的条件就是实现生产者均衡的条件。在 E 点，等成本线 AB 是等产量线的切线，这一点的边际技术替代率等于 AB 线的斜率，即：

$$\mathrm{MRTS}_{LK}=\frac{\Delta K}{\Delta L}=\frac{\mathrm{d}K}{\mathrm{d}L}=-\frac{P_L}{P_K}$$

边际替代率还可以表示为边际产量之比，即 $\mathrm{MRTS}_{LK}=-\frac{\mathrm{MP}_L}{\mathrm{MP}_K}$，所以有

$$\frac{\mathrm{MP}_L}{\mathrm{MP}_K}=\frac{P_L}{P_K}$$

这表明，生产者均衡的条件为两种生产要素的边际产量之比等于两种生产要素的价格之比。对上式加以变换得：

$$\frac{\mathrm{MP}_L}{P_L}=\frac{\mathrm{MP}_K}{P_K}$$

这表明，当单位货币成本取得的边际产量相等时，生产者实现了生产者均衡，生产要素达到了最优组合，企业可实现利润最大化。

六、生产扩展线

在投入要素的价格不变、技术不变的条件下，如果企业不断地增加成本，则等成本线逐渐向右上方平行移动；如果企业不断增加产量，则等产量线也会向右上方平行移动。这样不同的等成本线与不同的等产量线的切点，即生产要素的最优组合点，也就会发生变化。把这些切点连接起来形成的一条线（OE），称之为生产扩展线（图3.7）。

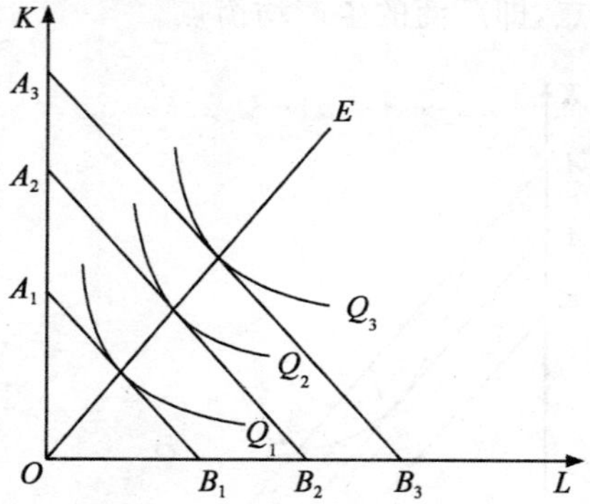

图 3.7 生产扩展线

生产扩展线的含义是：当其他条件不变时，在企业不断增加成本或不断提高产量，即不断扩大生产规模的过程中，只要将生产要素沿着扩展线进行组合，总能保证在产量既定条件下实现成本最小，或在成本既定条件下实现产量最大，即实现利润最大化。

第三节 规模报酬分析

一、规模报酬递增、规模报酬递减与规模报酬不变

(一)规模报酬

规模报酬是指在技术水平不变的情况下,当两种生产要素按同比例增加(或减少),即生产规模扩大(或缩小)时,引起的产品产量或收益的变化。

在生产经营过程中,生产规模的变动引起的产量或收益的变动有三种基本情况:第一种情况是规模报酬递增,是指产量增加的幅度大于规模扩大的幅度。例如,生产规模扩大了1倍,导致产量增加了1.5倍。第二种情况是规模报酬不变,是指产量增加的幅度与规模扩大的幅度相同。例如,生产规模扩大1倍,产量也扩大了1倍。第三种情况是规模报酬递减,是指产量增加的幅度小于规模扩大的幅度。例如,规模扩大了1倍,而产量只增加了0.8倍。

(二)规模经济与规模不经济

规模经济是指上述规模报酬变动的第一种情况,即规模报酬递增。在特定的限度内,企业规模扩大后,产量的增加幅度会大于生产规模扩大的幅度。

规模不经济是当厂商的经营规模小于一定程度,或规模扩大超过一定限度时,会使产量或收益增加的倍数小于生产规模缩小或扩大的倍数,甚至使产量或收益绝对量减少,即上述规模报酬变动的第三种情况。规模不经济出现在两种情况下:一是如果企业规模过小,达不到企业所属行业要求的最低规模时,企业经营会出现规模不经济的现象;二是经营规模扩大超过了一定限度,产品产量的增加幅度小于生产规模扩大的幅度,甚至会出现产品产量或收益的绝对量减少。前者一般出现在新产品刚刚投入市场的初期阶段上,而后者则是企业的规模扩张超过了自身经营或技术条件的荷载能力。

二、适度规模

从以上分析来看,一个生产经营单位和一个行业的生产规模不能过小,也不能过大,也就是要实现适度经营规模。所谓适度经营规模就是在一定的技术水平前提下,生产要素增加的比例,即生产规模的扩大,正好使产量递增达到最大。当产

量达到最大时，企业就应将这一生产规模维持下去，而绝不应将规模扩大或减小到规模报酬递减的阶段。

理论应用：格兰仕与规模报酬理论

数年前，全世界每生产四台微波炉中就有一台是格兰仕，占国内70%、国外35%的市场份额。格兰仕成功的原因有很多，最重要的一个原因就是其应用了规模报酬理论，采用大规模生产实现了自己的名企之路。

在格兰仕人看来，微波炉生产的最小经济规模是100万台，早在1996—1997年间格兰仕就达到了这一规模。之后，生产规模每上一个台阶，其成本便下降一个台阶。它的做法是：当生产规模达到100万台时，把产品出厂价定在规模是80万台企业的成本价之下；当生产规模达到400万台时，把出厂价定到规模是200万台企业的成本价之下；当规模达到了1 000万台以上时，又将出厂价定在规模是500万台企业的成本价之下。

格兰仕利用规模效益降低成本，在此基础上再进行降价。从1993年格兰仕进入行业以来，其价格已从最初的每台3 000元以上，下降到了如今的每台几百元左右。

从格兰仕的价格可以看出，规模报酬理论是真实存在的。

资料来源：《每周一堂经济课》(郑月玲，2009)

对不同的企业而言，适度规模的大小是不同的。企业在确定适度规模时应该考虑的因素主要有：

第一，技术特点是决定经营规模的重要因素。一般地，需要的投资数量大，所用的设备复杂先进的行业，适度经营规模就要大一些，如冶金、机械、汽车制造、造船、化工等重工业生产；相反，需要投资的数量少，所用设备比较简单的行业，适度经营规模应该小一些，如服装、服务这类行业。

第二，市场条件。一般来说，行业市场容量的大小也制约着企业规模。有些行业市场容量大，产品标准化程度高，大规模生产就有利，这也就是重工业行业适度规模大的原因。相反，市场容量小、标准化程度较低的行业，适度经营规模就应该小一些。例如，餐饮业、服装业，由于其产品标准千差万别，每一标准的产品需求量都很小，变化又很快，因而企业只有小规模才能适应这种瞬息万变的市场需求，正所谓“船小好调头”。

第三，技术进步。随着技术进步，生产力水平提高，适度规模的标准也在不断变化。例如,20 世纪 50 年代,汽车行业的适度规模是年产 30 万辆,到 70 年代已扩大到 200 万辆。这种适度规模不断扩大的趋势普遍存在于重工业行业中。

此外,影响厂商确定适度经营规模的因素还有许多,如产品供销物流的通畅程度、能源的供给和政府的政策等。这些也都是在确定适度规模时必须加以考虑的因素。

三、范围经济

企业规模的扩大,除了增加同一产品的生产,实现规模经济以外,还可以进行多元化的经营,实现范围经济。

所谓范围经济是指企业通过扩大经营范围,增加产品种类,生产两种或两种以上的产品而引起的单位成本的降低,即企业扩大经营范围带来的好处。这些好处表现为以下几点:

第一,使企业规模可以无限扩大。一种产品的增加总要受技术或市场条件的限制,生产多种产品则可以打破这种限制。

第二,可以更有效地利用企业的人力与物力资源。

第三,各种不同行业产品可以互相承担风险,增加企业的抗风险能力。

第四,有利于企业的产品结构调整,便于企业从以一个行业为主转向以另一个行业为主。

正因为范围经济有这些好处,现在大型企业、跨国公司都是跨行业经营。但正如规模经济有限度一样,范围经济也并不是跨的行业越多越好。

四、规模经济与范围经济

(1)内部规模经济与内部范围经济　内部规模经济是指随着产量的增加,企业的长期平均成本下降。内部范围经济是指随着产品品种的增加,企业长期平均成本下降。

(2)外部规模经济与外部范围经济　外部规模经济是指在同一个地方同行业企业的增加,多个同行企业共享当地的辅助性生产、共同的基础设施与服务、劳动力供给与培训所带来的成本的节约。外部范围经济是指在同一个地方,单个企业生产活动专业化,多个企业分工协作,组成地方生产系统。外部范围经济是通过企业之间的分工与协作、交流与沟通引起成本的节约。

资料卡:企业做大的趋势

一般来说,企业做大有两条途径:一是扩大一种产品的生产,实现规模经济;二是向相关行业或不相关的行业扩张,实现范围经济。

以一种产品为主营业务的公司称为单一业务公司(其收入有95%来自一种主营业务)或主导业务公司(其收入70%～95%来自主营业务),例如钢铁公司或烟草公司。这些行业通过一种产品的扩大可以实现规模经济。但从目前看,大公司中这两类公司的比例在下降,1949年有70%的公司属于这两种类型,而1969年下降到35%。相反,向相关行业扩张的相关业务公司(主营业务收入低于70%,其他业务与主营业务相关)和向不相关行业扩张的不相关公司(主营业务收入低于70%,其他业务与主营业务无关),在全球公司的比例从1949年的3.4%上升到1969年19.4%,而且现在仍有上升的趋势。

本章关键词

生产要素;生产函数;边际产量;总产量;平均产量;边际产量递减规律;等产量曲线;等成本曲线;边际技术替代率;生产扩展线;规模报酬;范围经济

本章小结

企业是现代社会经济的基本组成单位,也称为厂商。在生产中与可变要素投入相对应的产品产量是总产量、平均产量和边际产量。按照生产弹性系数的变化可以把一种可变要素的投入过程分为三个阶段,在投入的第二个阶段内,资源投入的最适点在边际收益等于边际成本时的那一投入水平上。实现生产者均衡的条件是两种资源的边际替代率等于其价格的反比率。

按照某种固定比例增加资源投入,可能会出现规模报酬递增、规模报酬不变和规模报酬递减三种情况。规模报酬递增现象如果是由内部原因引起的称为内部经济,由外部原因造成的称为外部经济;规模报酬递减如果是由内部原因引起的称为内部不经济,由外部原因造成的称为外部不经济。确定企业适度的经营规模要充分考虑各方面的因素,要根据具体条件确定与之相适应的经营规模。企业规模的扩大,除了增加同一产品的生产,实现规模经济以外,还可以进行多元化的经营,实现范围经济。

案例分析

案例一：三季稻不如两季稻

1958 年的“大跃进”是一个不讲理性的运动，当时时髦的口号是“人有多大胆，地有多高产”。于是一些地方把传统的两季稻改为三季稻，结果是总产量反而减少了。在农业生产仍采用传统生产技术的情况下，土地、设备、水利资源、肥料等都是固定生产要素，两季稻改为三季稻并没有改变这些固定生产要素，只是增加了可变生产要素劳动和种子。改为三季稻之后，土地过度利用引起肥力下降，设备、肥料、水利资源等由两次使用改为三次使用，每次使用的数量都不足。这样，三季稻时的总产量就低于两季稻了。四川省把三季稻改为两季稻之后，全省粮食产量反而增加了。江苏省邗江县 1980 年的试验结果表明，两季稻每亩总产量达 1 007 kg，而三季稻只有 755 kg，更不用说两季稻还节省了生产成本。

试分析三季稻产量不如两季稻产量高的原因。（★理论提示：生产要素合理投入区域）

案例二：生产过程中的分工

亚当·斯密在其名著《国民财富的性质和原因的研究》中根据他对一个扣针厂的参观描述了一个例子。斯密所看到的工人的专业化生产给他留下了深刻的印象。他写道：“一个人抽铁丝，另一个人拉直，第三个人截断，第四个人削尖，第五个人磨光顶端以便安装圆头；做圆头要求有两三道不同的操作；装圆头是一项专门的业务，把针涂白是另一项；甚至将扣针装进纸盒中也是一门职业。”斯密说，由于这种专业化，扣针厂每个工人每天生产几千枚针。他得出的结论是，“如果工人选择分开工作，而不是作为一个专业工作者团队，那他们肯定不能每人每天制造出 20 枚扣针，或许连一枚也造不出来”。换句话说，由于专业化，大扣针厂可以比小扣针厂实现更高人均产量和每枚扣针更低的平均成本。斯密在扣针厂观察到的专业化在现代经济中普遍存在。例如，如果你想盖一个房子，你可以自己努力去做每一件事。但大多数人找建筑商，建筑商又雇用木匠、瓦匠、电工、油漆工和许多其他类型工人。这些工人专门从事某种工作，而且，这使他们比作为通用型工人时做得更好。实际上，运用专业化实现规模经济是现代社会像现在一样繁荣的一个原因。

运用本章的经济理论分析扣针厂提高产量的原因。（★理论提示：规模经济）

案例三：稻田养雁双丰收

沈阳市苏家屯区陈相镇沙河屯村农民杨凤国，继去年尝试搞生态种植后，今年他又在自家稻田里养了 400 只非洲雁，加上水稻效益，预计，今年他的水田亩效益可突破 2 500 元。据杨凤国介绍，去年他听说稻田养雁效益可观。于是，便在自家地里搞起了试养。在杨凤国家的稻田里，从稻苗扎根到即将出穗，非洲雁每天都活动在田间，不仅吃尽了田间的杂草，也吃光了田间的害虫，还将粪便留在田间，加上农家肥，杨凤国的稻田不上化肥，不打农药。尽管水田亩产量比一般的水稻产量要低，仅为 400 多 kg，但每千克却可卖到 5 元左右，是一般稻米的两倍多。去年，老杨在稻田里养的 200 只非洲雁获利 4 000 元，加上水稻的收入，使水田亩效益达到 2 000 多元，成为该区水田生产亩效益最高的农户。

运用本章所学的经济原理分析一下杨凤国能雁稻双丰收的道理所在。（★理论提示：范围经济）

专项训练

（一）单项选择

1. 在其他生产要素投入量不变的条件下，随着一种生产要素的不断增加，该种生产要素的平均产量（　　）。
   A. 一直增加　　B. 一直减少
   C. 先增后减　　D. 先减后增
2. 当边际产量大于平均产量时，平均产量（　　）。
   A. 递减　　B. 不变
   C. 递增　　D. 先增后减
3. 当平均产量曲线与边际产量曲线相交时（　　）。
   A. 总产量最大　　B. 总产量最小
   C. 平均产量最大　　D. 边际产量最大
4. 当总产量达到最大时，边际产量（　　）。
   A. 为正　　B. 为负
   C. 为零　　D. 与平均产量相等
5. 下列说法中错误的是（　　）。
   A. 只要总产量减少，边际产量一定为负数
   B. 只要边际产量减少，总产量一定减少
   C. 边际产量曲线一定在平均产量曲线的最高点与之相交
   D. 只要平均产量增加，边际产量就大于平均产量
6. 在其他条件不变的情况下，理性的厂商一定会把一种可变的生产要素投入到（　　）。

A. 总产量递增的阶段　　B. 边际产量递增的阶段

C. 平均产量递增的阶段　　D. 平均产量最高点至边际产量为零的阶段

7. 在生产技术水平不变的条件下，生产同一产量的两种不同生产要素的不同组合构成的曲线是(　　)。

A. 无差异曲线　　B. 等成本曲线

C. 等产量曲线　　D. 生产可能性曲线

8. 生产要素的最适组合条件是(　　)。

A. $MP_K/P_K<MP_L/P_L$　　B. $MP_K/P_K>MP_L/P_L$

C. $MP_K/P_K=MP_L/P_L$　　D. $MP_K=MP_L$

9. 等产量曲线向右上方移动表明(　　)。

A. 成本增加　　B. 产量增加

C. 产量不变　　D. 技术水平提高

10. 两种生产要素的最适组合是(　　)。

A. 等产量曲线与等成本曲线相交之点

B. 等产量曲线与等成本曲线相切之点

C. 离原点最远的等产量曲线上的任何一点

D. 离原点最近的等成本曲线上的任何一点

(二)判断题

1. 当其他生产要素不变时，一种生产要素投入越多，则产量越高。
2. 平均产量曲线可以和边际产量曲线在任何一点上相交。
3. 只要总产量增加，边际产量一定大于零。
4. 只要边际产量减少，总产量也一定减少。
5. 其他条件不变，一种生产要素投入如果过量，会使边际产量减少，直到等于零时为止。
6. 无论哪个行业，企业的规模都是越大越好。
7. 等产量线上任意一点所表示的生产要素组合都可以生产出同一数量的产品。
8. 两种生产要素的最适组合点就是等产量线和等成本线的交点。

(三)简答题

1. 什么是边际收益递减规律？
2. 生产的三阶段是如何划分的？为什么厂商只会在第Ⅱ阶段生产？
3. 规模报酬的递增、不变和递减这三种情况之间有什么区别？

4. 用图形说明总产量、平均产量和边际产量三者之间的关系。

5. 什么是生产者均衡？生产者均衡的条件是什么？

(四)计算题

某厂商生产商品 X 的劳动(L)与商品 X 的总产量见下表：

劳动投入量 L	总产量 TP	平均产量 AP	边际产量 MP
0	0		
1	12		
2	26		
3	43		
4	60		
5	75		
6	88		
7	99		
8	106		
9	109		
10	109		
11	99		

要求：计算出平均产量和边际产量填入表中；画出总产量、平均产量和边际产量曲线；指出要素投入量的合理区间。

(五)分析题

企业规模是不是越大越好？为什么？举例说明。

第四章　成本与收益

引言：日常生活中，我们经常会被一些问题所困扰。比如上大学需要付出4年的时间还要花好几万元钱，如果不上大学每年还可以赚很多钱，怎样衡量上大学和不上大学哪一个更合算？再比如，为什么有些大商场只在"五一"、"十一"等长假期间才延长营业时间，平时却不这么做？

我们选择做一件事付出的代价绝不是实际支付的成本那么简单，还包括我们为此而放弃的其他机会的潜在收益；要决定一件事是否值得做，要把成本与收益结合起来看，还要看你能否调整你的所有投入。

这就是本章要进行的成本分析与收益分析，通过本章的学习，你再来试着回答上述问题，看看是否也能像经济学家一样思考……

知识点　掌握各种成本的含义；掌握机会成本与会计成本的区别，短期平均成本与边际成本的关系；掌握利润最大化的原则。

能力点　能结合图示说明各种短期成本的变动规律；能说明总收益、平均收益与边际收益的关系；能运用成本与收益的理论分析厂商的盈亏情况。

第一节　成本分析

一、成本的含义与分类

成本又称生产费用，是指企业生产产品或提供劳务所支付的费用，或者是指对生产中使用的各种生产要素的支出，如工资、利息、地租和企业家才能的报酬等。在微观经济学中，依据各种不同的标准可将成本划分为许多种类，如显性成本与隐性成本、机会成本和会计成本、私人成本和社会成本等。

(一)显性成本与隐性成本

显性成本是指在厂商会计账目上作为成本项目记入的各项支出费用，由于这些成本在账目上一目了然，所以称为显性成本，也称会计成本。它包括工人的工资，借入资本的利息，租用土地的地租，购买原材料、燃料、动力以及运输等方面的支出。隐性成本是指厂商使用自有资源所应该支付的费用，或者说厂商使用自有生产要素应得的报酬，如自有资金的利息，所有者自身管理企业应得到的薪金等。这些费用并没有在会计账目上表现出来，因此称为隐性成本。

(二)私人成本与社会成本

私人成本是指厂商投入生产的一切资源的费用总和，包括劳动、资本、土地、企业家才能等生产要素的价格，它等于显性成本加隐性成本。

社会成本是指整个社会为某一种生产活动需要付出的一切成本。一般是私人成本转嫁给社会造成的社会负担或损失。例如，某个化工厂在生产过程中排出来的废气，会造成社会环境的空气污染，排出来的废水也会造成社会环境的水源污染，社会必须支付一笔费用来治理这些污染，以维护人们的身体健康，这笔费用就是社会成本。

(三)机会成本

机会成本是指生产者为了生产一定数量的某种产品所必须放弃的该要素用于其他用途可能取得的最高收益。一种资源可以有多种用途，如果用于某一用途，就失去了投入其他用途的机会。如某人有资金 10 万元，可供选择的用途及可能获得的收入分别为：投资股票获利 3.5 万元、投资期货获利 4 万元、开商店获利 3 万元，所以，在选择开商店获利 3 万元时，机会成本就是进行期货投资的可能收益 4 万元；选择投资期货获利 4 万元，机会成本是投资股票可能收入 3.5 万元。

在理解机会成本的概念时要注意三个问题：

第一，机会成本不同于实际成本，它不是做出某项选择时实际支付的费用或损失。在上例中，某人做出炒股选择时的机会成本是放弃的投资期货可能获得的收益 4 万元，并不意味着必须支出或实际损失了 4 万元。

第二，机会成本是做出一种选择时所放弃的其他若干种可能的选择中最大的收益。例如，上例中 10 万元资金的投资选择中，选择了投资期货所放弃的投资股票、开商店两种用途中最大的收益是投资股票。

第三，机会成本不仅在生产中存在，在消费中、时间的利用上都可以利用机会成本的概念。例如："五一"长假，某人是在家休息，还是外出游玩，或者是进修学习，选择其中一项，所放弃的其他机会就成为这项选择的机会成本。

机会成本概念的提出，有助于人们做出正确决策。如果机会成本大于收益，则这项决策从经济的观点看就是不合理的，即在做出某项决策时，不能只考虑获利的情况，还要考虑机会成本，这样才能使投资最优化。例如，在决定修建一座特大型水电站时，不仅应该考虑这座水电站能发多少电，带来多少其他收益，还应考虑用同样的资金可以建多少中小型水电站，这些中小型水电站能发多少电，带来多少其他收益。后者是前者的机会成本，只有前者的机会成本小于收益，这项投资才有利，否则，这项投资的收益无论多大，从经济的角度看还是不合理的。

概念辨析：会计成本与经济成本

会计成本是企业生产与经营中各项实际费用的支出，这些费用都能反映在会计科目上，就是我们说的显性成本。会计成本与机会成本之和称为经济成本。

二者的区别说明了经济学家与会计师分析经营活动之间的不同。经济学家关心企业如何做出生产和定价决策，因此，当他们衡量成本时就包括了机会成本；而会计师的工作是记录流入和流出企业的货币，这些支出是生产经营后统计出来的，因此，只衡量能显现的成本。

（四）长期成本与短期成本

微观经济学中，根据厂商能否调整全部生产要素的投入量，把生产分为长期与短期。所谓短期是指企业不能调整所有生产要素投入量的时期；而企业能够对一切生产要素做出调整的生产时期就为长期。就是说只要有一种生产要素不变就是短期，如果所有的生产要素都改变了，就是长期。与之相适应，在短期生产中使用的成本即为短期成本，在长期生产中使用的成本即为长期成本。

二、短期成本分析

在短期内，厂商不能对全部生产要素的投入进行调整，产品成本变动特点是，一部分费用可变，一部分费用相对不变。因此，短期成本分析是由费用变动特点所决定的随着产品产量变动而形成的成本变动规律，及其相应变量之间的数量关系对厂商经营规模的影响。

（一）短期成本的类型

短期成本有：总成本、平均成本、边际成本、固定成本、可变成本、平均固定成本和平均可变成本七个函数。

固定成本（FC）是指厂商在短期内必须支付的不能调整的生产要素的费用。这种费用不随产量变动而变动，是固定不变的，主要包括厂房和设备折旧、日常事务管理人员的工资等。因为固定成本在短期内是不变的，所以，FC 为一条与横轴平行的直线，如图 4.1 所示。

可变成本（VC）是指厂商在短期内必须支付的可以调整的生产要素的费用。这种成本随产量变动而变动，是可变的，主要包括原材料、燃料的支出和生产工人的工资等。当产量为零时，可变成本为零；产量越多，可变成本也越多，即可变成本是产量的递增函数。因此，可变成本曲线为一条自左下方向右上方上升的曲线，如图 4.1 所示。

短期总成本（STC）是短期内生产一定量产品所需要的成本总和，等于固定成本与变动成本之和，即：STC＝VC＋FC。

短期平均成本（SAC）是指短期内生产每一单位产品平均需要的成本。短期平均成本分为平均固定成本与平均可变成本。平均固定成本（AFC）是平均每单位产品所消耗的固定成本。平均可变成本（AVC）是平均每单位产品所消耗的可变成本。相互关系可表示为：

$$\mathrm{AFC}=\frac{\mathrm{FC}}{Q} \qquad \mathrm{AVC}=\frac{\mathrm{VC}}{Q} \qquad \mathrm{SAC}=\mathrm{AVC}+\mathrm{AFC}$$

短期边际成本（SMC）是指在短期内厂商每增加一单位产量所增加的总成本量。

$$\mathrm{SMC}=\frac{\Delta \mathrm{STC}}{\Delta Q}$$

（二）各类短期成本的变动规律及其相互关系

假设某项生产的成本资料如表 4.1 所示，根据表中资料，我们可以做出相应的短期各成本曲线并对它们的变动规律及相互关系进行分析。

表 4.1 各类短期成本与其变动规律分析表

Q	VC	FC	STC	AFC	AVC	SAC	SMC
0	0	40	40	—	—	—	0
1	41	40	81	40	41	81	41
2	68	40	108	20	34	54	27
3	87	40	127	13.3	29	42.3	19
4	104	40	144	10	26	36	17
5	125	40	165	8	25	33	21
6	156	40	196	6.7	26	32.7	31
7	196	40	236	5.7	28	33.7	40
8	256	40	296	5	32	37	60
9	342	40	382	4	38	42.4	86

1. 短期总成本、固定成本和可变成本

由表 4.1 中数据可以做出图 4.1。

可见固定成本曲线 FC 是一条水平线，表明固定成本是一个既定的数量（本例为 40），它不随产量的增减而改变。

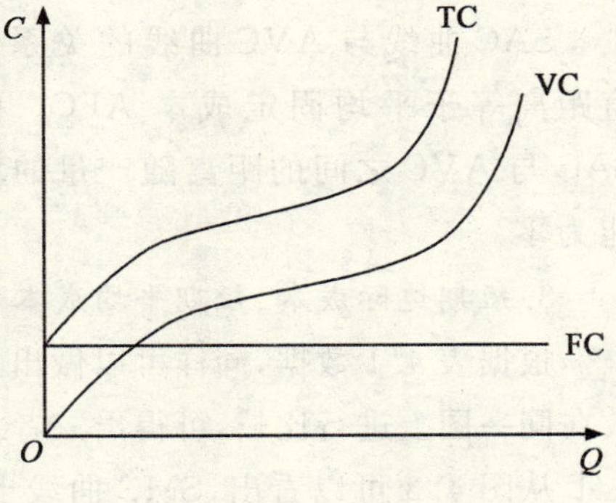

图 4.1 固定成本、可变成本和总成本

可变成本 VC 是产量的函数，它从原点出发，随着产品产量的增加也相应增加。其变动规律是：最初在产量开始增加时，由于固定生产要素与可变生产要素的效率未得到充分发挥，可变成本的增加率要大于产量的增长率；以后随着产量的增加，固定生产要素与可变生产要素的效率得到充分发挥，可变成本的增加率小于产量的增加率；最后由于边际收益递减规律，可变成本的增加率又大于产量增加率。

短期总成本曲线 STC 也是产量的函数，其变动规律与可变成本相同，即随着产量的增加而增加。总成本曲线与可变成本曲线在任一产量水平上的垂直距离等于固定成本 FC，并且因为固定成本不为零，因此，TC 曲线等于 VC 曲线平行上移 FC 的距离。

2. 短期平均成本、平均固定成本和可变成本

根据表 4.1 中数据可以做出 AFC 曲线、AVC 曲线及 SAC 曲线，如图 4.2 所示。

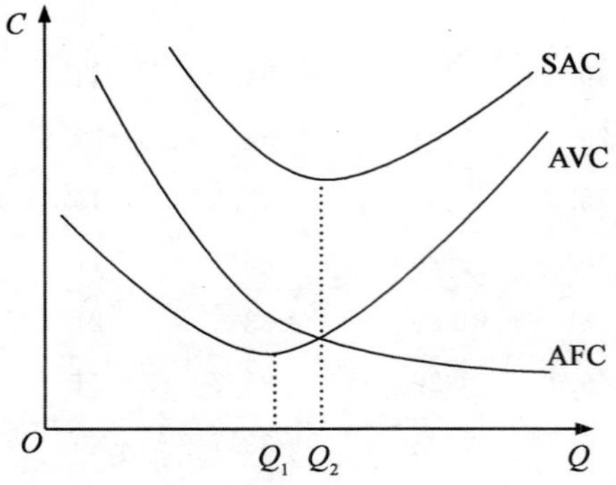

图 4.2 短期三种平均成本的关系

平均固定成本是产量的递减函数，即平均固定成本随产量增加而递减，AFC 曲线随产量不断增加呈一直下降趋势。这是因为固定成本总量不变，产量增加，分摊到每单位产品上的固定成本也就减少了。它变动的规律是起初减少的幅度很大，以后减少的幅度越来越小。

平均可变成本是产量的函数，它随产量的增加呈现先递减，在达到极小值（图中 Q_1 产量）后开始递增，即 AVC 是一条 U 形曲线。

短期平均成本曲线 SAC 也是先下降后上升，在达到极小值（图中 Q_2 产量）后开始递增，图形也呈 U 形变化。

SAC 曲线与 AVC 曲线的关系：SAC 曲线高于 AVC 曲线，二者之间的垂直距离等于平均固定成本 AFC。由于 AFC 随产量增加而持续递减，所以，SAC 与 AVC 之间的距离随产量的增加而逐渐接近，但不能相交，因为 AFC 不能为零。

3. 短期边际成本、短期平均成本和短期可变成本

根据表 4.1 数据，同样可以做出短期边际成本 SMC 曲线，把它与 SAC、AVC 放在同一图上进行比较，可得出三者之间的关系，如图 4.3 所示。

从图 4.3 可以看出，SMC 曲线也是一条先下降后上升的 U 形曲线。它的变动取决于可变成本，因为所增加的成本只是可变成本。SMC 曲线先于 AVC 曲线和 SAC 曲线由递减转为递增，并且先后与 AVC 曲线和 SAC 曲线在其最低点处相交，即图中的 N 点与 M 点。

从图 4.3 可以看出，SMC 曲线与 SAC 曲线的关系：当 SMC 曲线位于 SAC 曲线下方时，即 SMC＜SAC，SAC 曲线处于递减阶段；当 SMC 曲线位于 SAC 曲线上方时，即 SMC＞SAC，SAC 曲线处于递增阶段；SMC 曲线与 SAC 曲线相交时，即 SMC＝SAC，短期平均成本处于最低点。

SMC 与 AVC 曲线的关系：当 SMC 曲线位于 AVC 曲线下方，即 SMC＜AVC

时，AVC 曲线处于递减阶段；当 SMC 曲线位于 AVC 曲线上方，即 SMC＞AVC 时，AVC 曲线处于递增阶段；SMC 曲线与 AVC 曲线相交，即 SMC＝AVC 时，平均可变成本处于最低点。

（三）短期内厂商经营规模的调整

在短期内，可以通过分析产量、成本和利润之间的关系，来确定合理的生产经营规模，制订产量计划。对于这一问题，是通过分析边际成本与平均成本、平均可变成本之间的关系进行解决的。

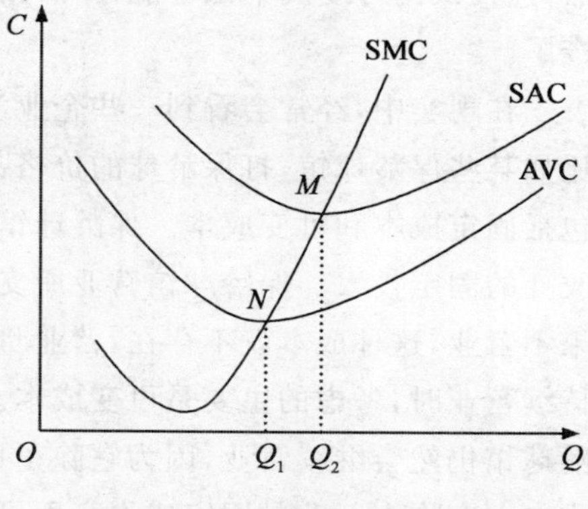

图 4.3　短期边际成本、平均可变成本与平均成本的关系

如图 4.3 表明：短期边际成本曲线 SMC 与平均可变成本曲线 AVC 相交于 AVC 的最低点 N。在 N 点上，SMC ＝ AVC，就是短期边际成本等于平均可变成本。在 N 点左侧，AVC 曲线在 SMC 曲线之上，AVC 一直递减，AVC＞SMC，即短期边际成本小于平均可变成本。在 N 点右侧，AVC 曲线在 SMC 曲线之下，AVC 一直递增，且 AVC＜SMC，也就是短期边际成本大于平均可变成本。

同样，短期边际成本曲线 SMC 与短期平均成本曲线 SAC 相交于 SAC 曲线的最低点 M。在 M 点上，SMC ＝SAC，就是短期边际成本等于平均成本。在 M 点之左，SAC 曲线在 SMC 曲线之上，SAC 一直递减，且 SAC＞SMC，即短期边际成本小于平均成本。在 M 点之右，SAC 曲线在 SMC 曲线之下，SAC 一直递增，且 SAC＜SMC，即短期边际成本大于平均成本。

根据边际分析的基本原理，厂商确定资源投入最适水平时，应该使产品价格不小于其边际成本。因此边际成本可以看作是产品最低价格。在经营计划制订过程中，SMC 曲线与 SAC 曲线的交点 M 称为收支相抵点。在该点，边际成本等于平均成本，也就是产品价格等于平均成本，即：P＝SMC＝SAC，生产者的成本（包括正常利润在内）与收益相等，实现收支相抵。产品产量超过这一生产规模，厂商可以盈利，小于这一生产规模，出现亏损。因此，这一点也称为盈亏临界点。

SMC 曲线与 AVC 曲线的交点，称为停止营业点。即在这一点上，价格只能弥补平均可变成本，这时所损失的是不生产也要支付的平均固定成本。如低于这一点,连投入的可变成本都不能弥补,则厂商不可能再维持生产,企业就要倒闭或转产了。

在现实中,经常会看到一些企业没有利润,甚至是亏损的,但仍然在维持经营。比如某些保龄球馆,打保龄球的价格甚至低于成本。在短期中,保龄球馆经营成本包括固定成本和可变成本。保龄球馆的场地、设备、管理人员的工资是短期中无法改变的固定投入。保龄球馆营业所支出的可变成本,如电费、服务员的工资等,如果不营业,这种成本就不存在,营业量增加,这种成本增加。保龄球馆在决定是否持续营业时,考虑的主要是可变成本。当打保龄球的价格高于平均可变成本时,保龄球馆仍然会继续营业,因为它除了可以收回可变成本外,还可以收回一部分固定成本。有许多行业是固定成本高而可变成本低,如旅游、饭店、游乐场所等,只要服务价格仍然高于平均可变成本,因此继续经营仍然比不经营有利,至少可以弥补部分固定成本,以实现损失最小化。

三、长期成本分析

在长期中,厂商可以根据所要达到的产量调整其全部生产要素,因此一切成本都是可变的,不存在固定成本和可变成本的区别。在长期中,只有可变成本,没有固定成本。我们也只需要分析长期总成本、长期平均成本和长期边际成本及其相互之间的数量关系。

(一)长期总成本

长期总成本(LTC)是指在长期中生产某一数量的产品所支付的成本总和。

如图 4.4 所示,横轴表示产量,纵轴表示成本,LTC 是长期总成本曲线。它是产量的函数,随产量的增加先是以递增的速度增加,接着以递减的速度增加,最后又以递增的速度增加。因为长期中所有要素都可变,所以产量为零时,总成本为零,LTC 曲线从原点出发。在生产开始阶段,即 OQ_1 阶段,要素投入量大,而产量小,生产要素没有得到充分利用,成本增加的变动率大于产量增加的变动率,LTC 曲线比较陡。当产量增加到一定程度后,到 Q_1Q_2 阶段,生产要素开始得到充分利用,这时生产成本增加的变动率小于产量增加

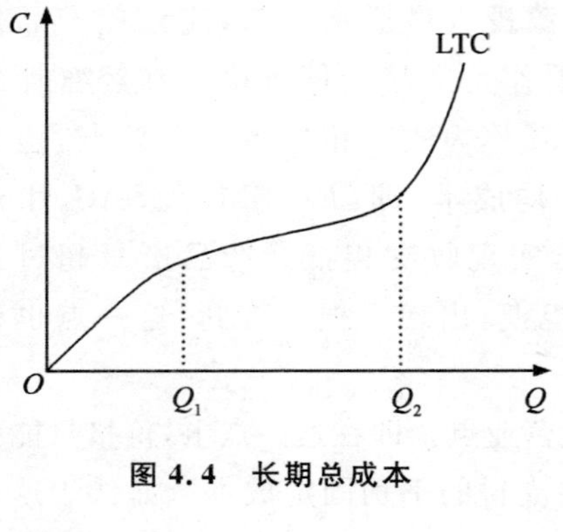

图 4.4 长期总成本

的变动率，这是规模经济的效益，LTC 曲线比较平坦。最后，即 Q_2 以后阶段，由于规模产量递减，成本增加的变动率又大于产量增加的变动率，LTC 曲线又比较陡。

（二）长期平均成本

长期平均成本（LAC）是指长期中每单位产品需要支付的成本。它等于长期总成本 LTC 与产量 Q 之比：

$$LAC=\frac{LTC}{Q}$$

长期平均成本是产量的函数，随着产量的变动而变动。由于长期平均成本曲线表明厂商如何计划在一段相当长的时间内的经营规模、产量以及成本等方面的情况，因此，它又被称为生产者的计划曲线。

长期由无数个短期所构成，长期平均成本曲线是其与各个短期平均成本曲线相切点的包络线。长期平均成本曲线的构成和特点，我们可以通过图 4.5 加以说明。

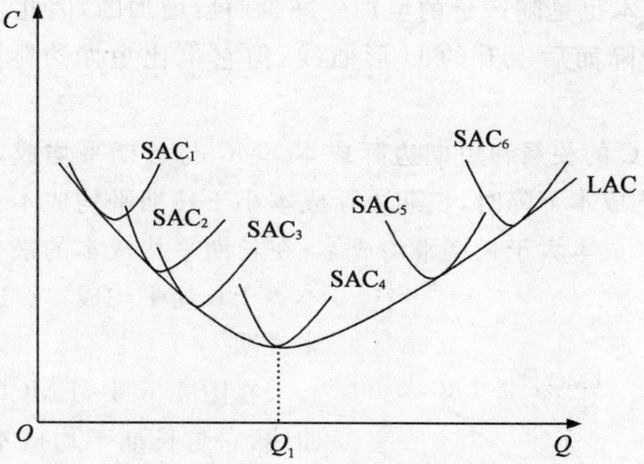

图 4.5 长期平均成本

在图 4.5 中，我们在被长期平均成本曲线所包络的无数条短期平均成本曲线中任选 6 条，分别为 SAC_1、SAC_2、SAC_3、SAC_4、SAC_5 和 SAC_6。LAC 曲线与这些短期平均成本曲线相切，SAC_4 与 LAC 切在最低点。其中每条 SAC 曲线与 LAC 曲线切点所代表的生产规模是对应产量下的最优生产规模。长期平均成本曲线上的每一点都表示厂商生产相应产量水平的最小平均成本。

长期成本曲线呈U形变化，这说明，长期平均成本变动是随着产量的增加，先减少后增加，这也是由于随着产量的增加，规模收益递增，平均成本减少；随后，随着产量的增加，出现规模收益递减，平均成本增加。这与短期平均成本相同。

但长期平均成本曲线与短期平均成本曲线也有区别：长期平均成本曲线无论是在下降时还是上升时都比较平坦。这说明在长期中平均成本无论是减少还是增加都变动较慢。原因在于长期中全部生产要素可以随时调整，从规模收益递增到规模收益递减有一个较长的规模收益不变阶段，而在短期中，规模收益不变阶段很短，甚至没有。

（三）长期边际成本

长期边际成本（LMC）是长期中每增加一单位产量所引起的长期总成本的增量，计算公式为：

$$\mathrm{LMC}=\frac{\Delta \mathrm{LTC}}{\Delta Q}$$

长期边际成本也是随产量的增加先减少而后增加的，因此，长期边际成本曲线也是一条先下降而后上升的U形曲线，但它也比短期边际成本曲线要平坦很多。

LMC与LAC的关系和短期边际成本SMC与短期平均成本SAC的关系一样，即在长期平均成本下降时，长期边际成本小于长期平均成本；在长期平均成本上升时，长期边际成本大于长期平均成本；在长期平均成本的最低点，长期边际成本等于长期平均成本。这一点可用图4.6来说明。

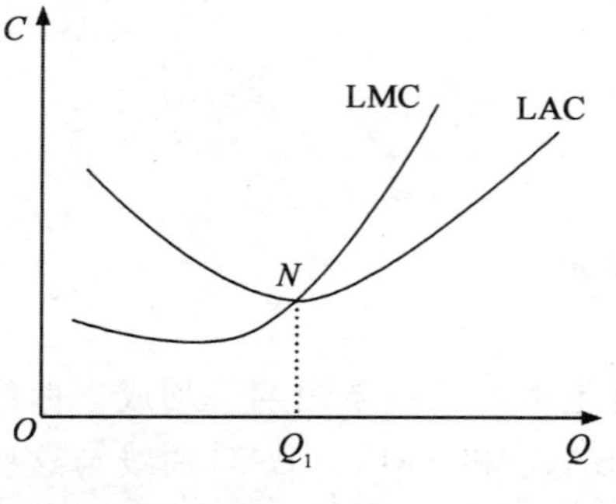

图4.6 长期边际成本与长期平均成本

在图4.6中，LMC为长期边际成本曲线，它与长期平均成本曲线LAC相交于LAC的最低点N。在N点，LMC＝LAC，即长期边际成本等于长期平均成本。在N点的左侧，LAC曲线在LMC曲线之上，即LAC＞LMC，LAC一直递减。在N点右侧，LAC曲线在LMC曲线之下，即LAC＜LMC，LAC一直递增。

第二节 收益分析

一、收益与利润

(一)收益

收益(R)是指厂商出售产品或劳务所获得的货币收入。收益包括总收益、平均收益与边际收益。

总收益(TR)是指厂商销售一定量产品或劳务所得到的货币收入总额。

平均收益(AR)是指厂商销售每一个单位产品或劳务平均所得到的货币收入。

边际收益(MR)是指厂商每增加销售一单位产品或劳务所增加的货币收入。

三者之间的关系为：

$$\mathrm{TR}=P\times Q=\mathrm{AR}\times Q \qquad \mathrm{AR}=\frac{\mathrm{TR}}{Q} \qquad \mathrm{MR}=\frac{\Delta \mathrm{TR}}{\Delta Q}$$

式中：TR 代表总收益；AR 代表平均收益；MR 代表边际收益；P 代表商品的价格；Q 代表销售量；ΔTR 代表增加的总收益；ΔQ 代表增加的销售量。

(二)收益的变动趋势

讨论厂商在销售量变化的条件下，各种收益的变动趋势时，应区分价格不变和价格递减两种市场条件。

1. 价格不变条件下的收益曲线

价格不变的市场条件是指对于某一行业中的单个企业来说，无论它生产并出售多少产量，都不会引起市场价格的变化。我们知道，产品市场价格变化是受该行业产品的供给总量和需求总量的影响。当单个企业规模很小，所占市场份额微不足道时，该企业无论增加产量还是减少产量都不足以引起市场供求关系的变化。对该企业而言，它就面临着价格不变的市场条件。

价格不变市场条件下，某厂商的销售及收益情况如表 4.2 所示。根据表 4.2 资料，我们可以分别做出 TR 曲线(图 4.7)、AR 曲线和 MR 曲线(图 4.8)。图中 TR 曲线是一条从原点出发，向右上方倾斜的直线。AR 曲线和 MR 曲线重叠，且平行于横轴。原因在于：由于价格不变，每增加销售一件产品，就等于在总收益中增加了一件产品的价格，因此，边际收益总是等于平均收益。

表 4.2 价格不变的收益表

销售量 Q	价格 P	总收益 TR	平均收益 AR	边际收益 MR
0	2	0	—	—
100	2	200	2	2
200	2	400	2	2
300	2	600	2	2
400	2	800	2	2
500	2	1 000	2	2

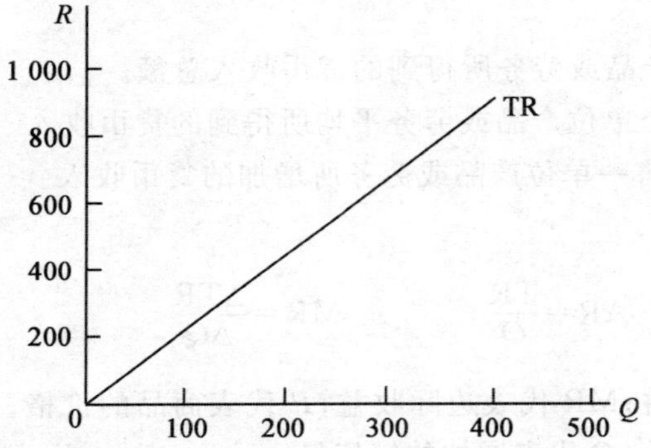

图 4.7 价格不变的总收益曲线

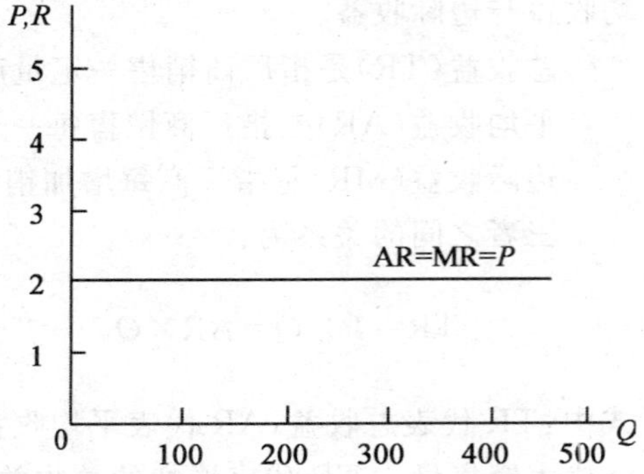

图 4.8 价格不变的平均收益与边际收益

2. 价格递减条件下的收益曲线

价格递减的市场条件是指：随着单个企业产量，也就是销售量的不断增加，产品的市场价格递减。如果一个企业规模较大，在整个行业中占有很大的市场份额，甚至一个行业只有一家企业提供产品，则这家企业的产销量就对整个市场的供求关系产生很大影响。当这个企业的产量增加时，也就意味着整个行业的供给量增加，价格必然下降；反之，若这个企业的产量减少，整个行业的供给量也就减少，价格必然上升。

价格递减的市场条件下，某厂商的销售及收益情况如表 4.3 所示。根据表 4.3，我们可以做出价格递减条件下的 TR 曲线（图 4.9）、AR 曲线和 MR 曲线（图 4.10）。

TR 曲线是一条从原点出发，先随着销售量的增加而递增，当销售量达到一定程度后又递减的曲线。

表 4.3 价格递减的收益表

销售量 Q	价格 P	总收益 TR	平均收益 AR	边际收益 MR
0	10	0	—	—
1	9	9	9	9
2	8	16	8	7
3	7	21	7	5
4	6	24	6	3
5	5	25	5	1
6	4	24	4	−1

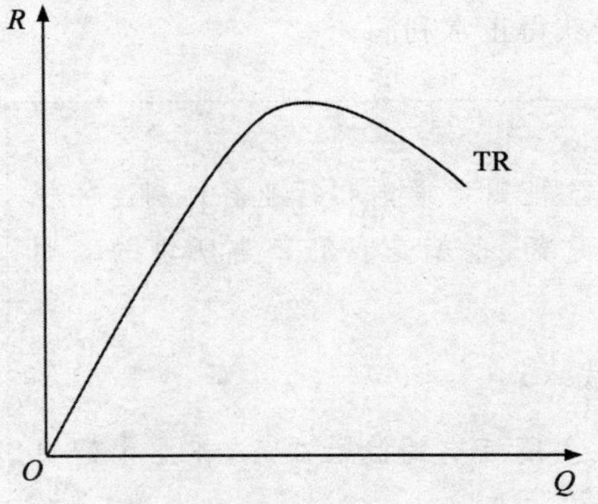

图 4.9 价格递减的总收益曲线

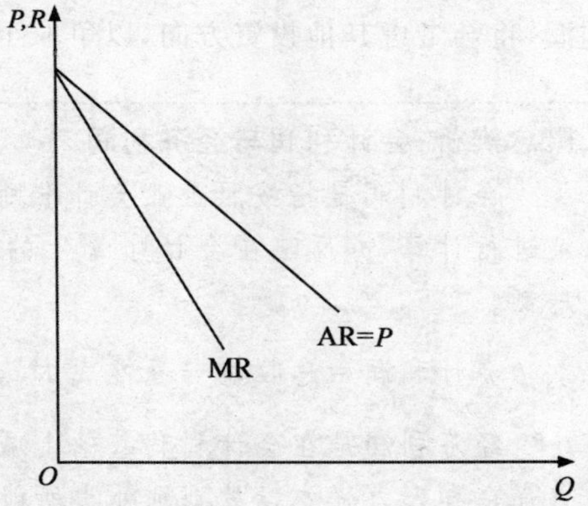

图 4.10 价格递减的平均收益与边际收益

AR 曲线，即是价格线，是一条向右下方倾斜的曲线。MR 曲线也是一条向右下方倾斜的曲线。

AR 曲线和 MR 曲线都向右下方倾斜，但 MR 曲线在 AR 曲线下方，以更快的速度递减，即边际收益小于平均收益。

TR 曲线与 MR 曲线的关系：与总产量和边际产量的关系一样，即 MR 曲线是 TR 曲线各点的斜率。MR＞0 时，TR 曲线上升；MR＝0 时，TR 曲线达到最高点；MR＜0 时，TR 曲线下降。

（三）利润

企业的全部利润分为正常利润和经济利润两部分。正常利润是企业家才能的报酬，属于成本的组成部分。只要企业未能获得全部正常利润，就意味着企业出现了亏损。经济利润也称超额利润、纯利润，是厂商的总收益减去总成本的差额。

经济利润＝总收益－总成本

一般简称的企业利润指的是企业的经济利润。厂商有无经济利润，经济利润的多少，是厂商进行生产经营决策的主要依据，是厂商对生产资源进行配置和重新配置的一项重要指标。厂商的经济利润可能出现三种情况：

第一，总收益大于总成本，经济利润＞0。这种情况下，厂商的现有投资方向和决策是合理的，并优于其他投资方向，他会继续保持原有的选择。

第二，总收益等于总成本，经济利润＝0。这种情况下，厂商正好能够获得正常利润，虽然没有经济利润，但他也不会轻易改变投资方向，除非新的投资方向能有稳定的经济利润。

第三，总收益小于总成本，经济利润＜0。这种情况下，厂商的纯收益低于正常利润，将会考虑其他投资方向，以争取至少能获得正常利润。

概念辨析：会计利润与经济利润

会计利润是指按照企业会计准则以及企业财务通则和行业会计制度的规定进行计算，并反映在会计账簿上的利润总额，也就是我们日常所讲的利润总额。

会计利润＝总收益－显性成本（会计成本）

经济利润是在会计利润基础上减去业主所拥有的隐性成本，即业主的自有资金和人力资本投放到别处去所能得到的收益。

经济利润＝总收益－经济成本（显性成本＋隐性成本）

二、利润最大化原则

企业的目标一般是利润最大化，但也有产值最大化、预算最大化或平均收入最大化的。利润最大化的原则是边际收益等于边际成本，即 MR＝MC。

为什么厂商只有将产量确定在边际收益等于边际成本时才能实现利润的最大化呢？

如果在某一产量条件下，厂商的边际收益大于边际成本，即 MR＞MC，表明厂商每多生产一个单位产品所增加的收益（MR）大于生产这一单位产品所增加的成本（MC）。这时，对该厂商来说，增加产量会使利润增加，他就会继续增加产量，而不会停留在目前的产量。随着产量的增加，由于边际收益递减规律的作用，边际成本越来越大，直到 MR＝MC 时，厂商将全部的利润都得到了，实现了利润最大化。

如果在某一产量条件下，厂商的边际收益小于边际成本，即 MR＜MC，表明厂商每多生产一个单位产品所增加的收益（MR）小于生产这一单位产品所增加的成本（MC）。显然增加产量是不利的，会使厂商的利润减少。如果厂商这时减少生产，由于减少 1 件产品所减少的收益小于减少生产 1 件产品所减少的成本，当然减少生产是有利的，它也能扩大利润，或减少损失。随着产量不断减少，减少的边际成本越来越小，直到 MR＝MC，才能实现利润最大化。

无论是边际收益大于边际成本，还是边际收益小于边际成本，厂商都要调整其产量，这一原则具有普遍意义。无论是在完全竞争市场，还是不竞争市场，它对任何厂商都是适用的。

但要强调的是：利润最大化的含义并不是说厂商一定获得了经济利润，而只是表示厂商在既定生产条件下，按 MR＝MC 确定产量，对厂商一定是最有利的。它有三种可能的结果：经济利润最大、亏损最小或盈亏平衡，具体情况要结合此时的平均成本才能确定。

本章关键词

总成本；固定成本；可变成本；边际成本；平均成本；隐性成本；显性成本；社会成本；私人成本；机会成本；盈亏平衡点；停止营业点

本章小结

经济效率涉及成本与收益的关系。当成本既定，收益最大，或收益既定，成本最小时，就实现了经济效率。

成本分为显性成本与隐性成本，二者之和称为经济成本。总收益减去会计成本为会计利润。总收益减去经济成本为经济利润。短期成本包括固定成本和可变成本。总成本为固定成本和可变成本之和。平均成本为平均固定成本与平均可变成本之和。

短期中平均成本与边际成本之间的关系是：当平均成本大于边际成本时，平均成本递减；当平均成本小于边际成本时，平均成本递增；当平均成本等于边际成本时，平均成本最低。

长期中一切成本都是可变的。成本分为总成本、平均成本与边际成本。长期平均成本先随产量增加而递减，当平均成本达到最低后又随产量的增加而递增。平均成本最低时的产量是企业的适度规模。

收益包括总收益、平均收益与边际收益。当企业产量实现了边际收益等于边际成本时，就实现了利润最大化。利润最大化是指经济利润最大化。

案例分析

案例一:店主是盈是亏

某一店主每年花费 40 000 元钱租赁一小商店进行经营,年终该店主从销售收入中所获毛利为 50 000 元。店主与家人一起核算一年的经营是盈是亏,店主说他赚了 10 000 元,而他妻子却说他实际上没有赚到钱,反而还赔钱。于是两人争论不休。

请你帮助他们分析一下一年的盈利情况。(★理论提示:成本理论)

案例二:法国煤炭业的结构调整

法国煤炭年产量从 1999 年的 122.47 亿 t 减少至 2001 年的 22.96 亿 t。法国采煤业平均采煤成本为每吨 200 欧元,而国际市场每吨煤售价 43 欧元。具有 50 年历史的 GDF 煤炭开采集团最多时拥有职工 30 万人,到 1970 年减少为 12 万人,2001 年只有 8 000 人。目前该公司开采一年亏损 3.25 亿欧元。在这种背景下,法国煤炭产业必然进行结构调整,到 2005 年将关闭所有煤矿采掘业。

请分析法国采煤业进行结构调整的道理所在。(★理论提示:成本与收益的关系)

案例三:酒店客房是否应该出租

某酒店有 1 000 间客房,在目前的旅游淡季,客房出租率只有 30%。该酒店每天每间客房的正常价格为 188 元,每间客房的平均变动成本为每天 30 元,全年总固定成本为 300 万元。现在有某个学术团体开学术年会要租用该酒店 500 间客房 20 d,但他们每个客房每天只愿意出 80 元。

你认为该酒店是否应该接受这个接待任务?为什么?(★理论提示:停止营业点)

案例四:经济学家眼中的成本

在“下海”经商的浪潮中,某服装公司处长小王与夫人用自己的 20 万元资金办了一个服装厂。一年结束时,会计拿来了收支报表。当小王正看报表时,他的一个经济学家朋友小李来了。小李看完报表后说,我的算法和你的会计不同。小李也列出了一份收支报表。这两份报表对照如下:

会计的报表		小李的报表	
销售收益	100 万	销售收益	100 万
设备折旧	3 万	设备折旧	3 万
厂房租金	3 万	厂房租金	3 万
原材料	60 万	原材料	60 万
电力等	3 万	电力等	3 万
工人工资	10 万	工人工资	10 万
贷款利息	15 万	贷款利息	15 万
		小王与夫人应得工资	6 万
		自有资金利息	2 万
总成本	94 万	总成本	102 万
利润	6 万	利 润	−2 万

请分析会计报表中成本与小李报表中成本有什么不同？会计所算出的利润为什么与小李所算出的利润不一样？根据会计报表的结果小王会做出什么样的经营决策？会与根据小李报表做出的经营决策相同吗？(★理论提示：经济成本的构成)

专项训练

(一)单项选择

1. 长期中，下列成本中不存在的是(　　)。
   A. 平均成本　B. 固定成本　C. 机会成本　D. 隐性成本
2. 使用自有资金也应计算利息收入，这种利息从成本角度看是(　　)。
   A. 固定成本　B. 隐性成本　C. 会计成本　D. 生产成本
3. 边际成本小于平均成本时，(　　)。
   A. 平均成本上升　B. 平均可变成本可能上升也可能下降
   C. 总成本下降　D. 平均成本下降
4. 已知产量为 5 单位时，总成本等于 80 元，产量增加到 6 单位时，平均成本等于 15 元，由此可知边际成本为(　　)。
   A. 10 元　B. 5 元　C. 15 元　D. 7.5 元
5. 随着产量的增加，短期平均可变成本(　　)。
   A. 先减少后增加　B. 先增加后减少　C. 按一定的固定比率在增加　D. 不变

6. 短期边际成本曲线与短期平均成本曲线的交点是（　　）。

A. 平均成本曲线的最低点　B. 边际成本曲线的最低点

C. 平均成本曲线下降阶段的任何一点　D. 平均成本曲线上升阶段的任何一点

7. 短期边际成本曲线与短期平均成本曲线相交之后（　　）。

A. 边际成本等于平均成本　B. 边际成本大于平均成本

C. 边际成本小于平均成本

8. 随着产量的增加，短期平均固定成本的变动规律是（　　）。

A. 先减少而后增加　B. 先增加而后减少

C. 按一固定比率减少　D. 逐渐减少

9. 下列有关厂商利润、收益和成本关系中描述正确的是（　　）。

A. 收益多、成本高，则利润就大　B. 收益多、成本低，则利润就大

C. 收益多、成本高，则利润就小　D. 收益多、成本低，则利润就小

10. 如果边际收益大于边际成本，减少产量就会使（　　）。

A. 总利润增加　B. 总利润减少　C. 对利润无影响　D. 使单位利润减少

（二）判断题

1. 厂商增加一单位产量时所增加的可变成本等于边际成本。
2. 如果边际成本曲线上升，则对应的平均成本曲线一定上升。
3. 短期边际成本曲线和短期平均成本曲线一定相交于平均成本曲线的最低点。
4. 当边际成本达到它的最低点时，平均成本也达到最低点。
5. 由于固定成本总额不随产出的变化而变化，因而平均固定成本也为常数。
6. 停止营业点就是短期边际成本曲线与平均可变成本曲线的交点。
7. 利润最大化就是收益最大化。
8. 边际收益等于边际成本时，厂商的利润为零。
9. 在短期内，管理人员的工资属于可变成本。
10. 当边际成本大于平均成本时，平均成本下降。

（三）简答题

1. 短期成本的种类有哪些？
2. 短期边际成本的变动规律是什么？它与短期平均成本的关系如何？
3. 厂商利润最大化的条件是什么？为什么？

（四）计算题

1. 计算并填写下表空格中的数字，并指出该厂商实现盈亏平衡和停止营业

的产量。

产量	固定成本	可变成本	总成本	边际成本	平均可变成本	平均固定成本	平均成本
0	120	0					
1	120		154				
2	120	63					
3	120		210				
4	120	116					
5	120		265				
6	120	180					
7	120		350				
8	120	300					
9	120		510				

2. 甲航空公司在A、B两地之间飞行一次每个乘客的载乘平均成本为1 500元，其中平均固定成本为800元。问：如果每位乘客的票价为1 100元，在两地之间是否应该保留这趟航班？
3. 某出版社将要出版一本售价为10元的书。出版该书的固定成本为5 000元，每本书的可变成本为5元。那么，出版社的收支平衡点在哪里？
4. 一个完全竞争的厂商面临着一条平行于数量轴的需求曲线，他每天利润最大化的收益为5 000美元。此时，厂商的平均成本是8美元，平均变动成本是5美元。求厂商每天的产量和固定成本。

(五)分析题

结合青年人的实际生活情况，分析青年人不接受教育的机会成本。

第五章　厂商均衡理论

引言：如果你关注财经新闻，经常会听到股票市场的波动、黄金市场的涨跌、大蒜市场的变动、小麦市场的起伏等信息，这些市场的商品价格是如何决定的？处于该市场的厂商之间的竞争又是怎样的呢？

在学习了消费和生产理论的基础上，本章将对不同市场结构中厂商的产量、价格和利润最大化问题进行分析，以使对生产者行为的分析更加完善和全面。

知识点 理解完全竞争市场、完全垄断市场、垄断竞争市场和寡头垄断市场的市场特征；理解厂商在不同的市场结构条件下，为达到利润最大化而进行的产量和价格决策；掌握不同市场的厂商的需求曲线、厂商的短期和长期均衡；掌握厂商的收益与利润。

能力点 能够区分不同的市场类型，能够运用市场经济理论分析不同市场类型中的厂商行为；能够根据利润最大化原则确定厂商的产量、价格及计算利润；能从经济学的角度比较分析和评价不同的市场结构。

市场是社会生产和社会分工发展的产物，它是和商品经济同时产生和发展的。市场有广义和狭义之分。狭义的市场是指商品交换的场所，即有形市场，如商店、集市以及其他人们集中进行买卖的地方。广义的市场包括有形市场和无形市场。所谓无形市场，是指没有固定的交易场所，靠广告、中间商以及其他交易形式实现买卖双方的交换，如技术市场、某些房地产市场等。因此，广义的市场是以价格为纽带的一切交换关系的总和。

对于市场类型可以从不同的角度来划分，比如，可以依据买卖双方信息结构特点进行分类，可以依据经济活动是否存在显著外部特征来分类。然而经济学家常从市场的竞争程度着眼，依据市场中存在的厂商数目、产品同质性或差异性程度、个别厂商影响价格能力等变量，把市场分为完全竞争市场、完全垄断市场、垄断竞争市场和寡头垄断市场等几种类型。表 5.1 从市场竞争程度的角度对市场类型进行了划分。

表 5.1 市场类型及其特点

市场结构	厂商数目	产品差异性	厂商控制价格的能力	进入该行业的难易程度	对象实例
完全竞争	很多	同质	完全不能控制	非常容易	某些农产品，如小麦、大米
完全垄断	一个	产品唯一，无替代品	可以在很大程度上控制	不可能	军火、电力、自来水
垄断竞争	较多	较小	能在一定程度上控制	比较容易	香烟、糖果、家具
寡头垄断	很少	较大	能在较大程度上控制	比较困难	汽车、钢铁

在不同的市场类型下，厂商所面临的需求状况是不同的，厂商在追求利润最大化的目标时，必须分清自己所处的市场类型，进而才能确定其最优产量，以取得最大利润。

第一节 完全竞争市场的厂商均衡

一、完全竞争市场的含义及特征

完全竞争，亦称纯粹竞争，它指的是一种不存在丝毫垄断因素，竞争可以充分展开，市场机制在资源配置方面的作用不受任何阻碍和干扰的市场结构。一个完全竞争的市场具备以下四个特征：

(1)市场上有大量的买者和卖者。由于市场上有无数的买者和卖者，相对于整个市场的总需求量和总供给量而言，每一个买者的需求量和每一个卖者的供给量都是微不足道的，任何个人的买卖行为都不会对市场的价格水平产生影响。在这样的市场中，每个人都只能被动地接受既定的市场价格，他们被称为价格接受者。如单个农民减少小麦的种植不会影响小麦市场的价格。

(2)市场上的产品是同质的，即产品都是无差异的。这里所说的产品差别不是指不同产品之间的差别，而是指同种产品在质量、规格、商标上没有任何不同，甚至购物环境、售后服务等方面也完全相同。这样对于消费者来说购买任何厂商的产品都是一样的，买者不会对任何一个卖者产生偏好，卖者也不会有任何垄断的条件。如果有一个厂商单独提价，他的产品就会卖不出去。当然单个厂商也没有必要单独降价，一般情况下单个厂商总能按既定的市场价格出售自己的全部产品。

(3)资源完全流动，厂商进入或退出自由。所有资源可以在各厂商之间和各行业之间完全自由地流动，任何一种资源都可以及时地投向能获得最大利润的生产，并及时地从亏损的生产中退出。

(4)市场上的消费者和厂商拥有完全信息。买卖双方都掌握有关产品的全部信息，可据此确定最佳购买量和销售量，也可以以一个确定的价格来进行交易，不致因信息不通畅造成多个价格并存。

完全竞争市场所要求的条件十分严格，现实生活中这样的市场几乎不存在。一般认为农产品市场，如小麦、大米市场等比较接近完全竞争市场。虽然如此，但在完全竞争市场中，资源配置最为合理，生产效率最高，可以作为衡量其他现实市场的一个标准，而且，完全竞争市场理论是其他各种市场理论的基础，有必要进行认真研究。

二、完全竞争市场的需求曲线和收益曲线

(一)完全竞争市场的价格与需求曲线

在完全竞争市场上，就整个行业来说，需求曲线是一条自左上方向右下方倾斜的曲线，供给曲线是一条自左下方向右上方伸展的曲线，如图 5.1(a)所示。整个行业的价格是由这种需求与供给所决定的均衡价格。由于单个完全竞争厂商是既定市场价格的接受者，所以，完全竞争厂商的需求曲线是一条由既定市场价格水平 P_e 出发的水平线 d，如图 5.1(b)所示。

需要注意的是，如果图 5.1(a)中的市场需求曲线 D 和供给曲线 S 的位置发生变动，就会产生新的市场均衡价格，相应地，在图 5.1(b)中就会有另一条从新的均衡价格水平出发的厂商需求曲线。

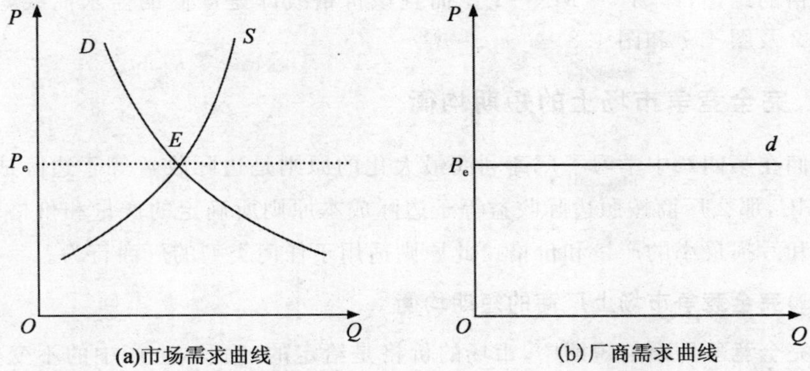

图 5.1 完全竞争厂商的需求曲线

(二)完全竞争市场的收益曲线

厂商按一定的价格出售一定数量的产品以后,所得到的货币额称为收益。厂商的收益分为:总收益、平均收益和边际收益。

总收益(简写成 TR)是厂商销售一定量产品所得到的全部收入。以 P 代表市场价格,以 Q 代表销售量,总收益可以用公式表示为:

$$\mathrm{TR}=P\times Q$$

平均收益(简写成 AR)是厂商销售一定量的产品平均每一单位产品所得到的收入。用公式表示为:

$$\mathrm{AR}=\frac{\mathrm{TR}}{Q}=\frac{P\times Q}{Q}=P$$

边际收益(简写成 MR),是厂商每增加销售一单位产品所带来的总收益的增量。用公式表示为:

$$\mathrm{MR}=\frac{\Delta\mathrm{TR}}{\Delta Q}=\frac{\Delta(P\times Q)}{\Delta Q}=P$$

所以

$$\mathrm{MR}=\mathrm{AR}=P$$

在完全竞争条件下,任何人都不能影响商品的价格,厂商的平均收益和边际收益都不会随着产品量的变化而变化(在本章我们假定厂商的产量等于其销量并等于厂商所面临的需求量),于是必有厂商的平均收益等于边际收益,且等于既定的市场价格的结论，即 AR＝MR＝P。而且该价格线即是厂商的需求曲线，见第四章表 4.2 及图 4.7 和图 4.8。

三、完全竞争市场上的短期均衡

我们在第四章中学习了厂商利润最大化的原则是边际收益等于边际成本，即 MR＝MC，那么厂商按照边际收益等于边际成本原则所确定的产量和价格就是利润最大和亏损最小的产量和价格。此原则适用于任何类型的厂商行为。

(一)完全竞争市场上厂商的短期均衡

在完全竞争厂商的短期中，市场的价格是给定的，而且，生产中的不变要素的投入量是无法变动的，即生产规模也是给定的。因此，在短期内，厂商应该在给定的生产规模下，按照 MR＝SMC 的原则来确定其产量，以获得最大利润，或使亏损最小。当厂商实现 MR＝SMC 时，根据 SMC 和 MR 的交点即均衡点在 SAC 和 AVC 中的对应位置，将厂商的短期均衡分为三种情况。

第一种情况是获得超额利润，即经济利润大于零。这种均衡情况如图 5.2 所示。当一种商品由于各种原因出现供不应求时，价格必定上涨。SMC 与 MR(MR＝AR)的交点在 SMC 与 SAC 交点的上方，此时的均衡产量为 N，AR＞AC。总收益 TR＝AR · N，等于四边形 $OHEN$ 的面积，总成本 TC＝SAC · N，等于四边形 $OGFN$ 的面积，总收益＞总成本，利润等于四边形 $GHEF$ 的面积，相当于阴影部分的面积。此时，新的厂商不能马上加入，原来的厂商不能立即扩大工厂规模，因而，厂商获得超额利润。

第二种情况是获得正常利润，即经济利润等于零。这种均衡情况如图 5.3 所示。当实现供求平衡时，SMC 与 MR(MR＝AR)的交点正好是 SMC 与 SAC 的交点，此时的均衡产量为 N，AR＝SAC。总收益 TR＝AR · N，等于四边形 $OHEN$ 的面积，总成本 TC＝SAC · N，也等于四边形 $OHEN$ 的面积，总收益＝总成本，利润等于零，但实现了正常利润。由于在这一均衡点上，厂商既无利润，也无亏损，所以，该均衡点被称为厂商的收支相抵点。

第三种情况是发生亏损，即经济利润小于零。这种均衡情况如图 5.4 所示。当一种商品由于各种原因出现供过于求时，价格必定下降。SMC 与 MR(MR＝AR)的交点在 SMC 与 SAC 交点的下方，但在 SMC 与 AVC 交点的上方。此时的均衡产量为 N，AR＜SAC。总收益 TR＝AR · N，等于四边形 $OHEN$ 的面积，总成本 TC＝SAC · N，等于四边形 $OGFN$ 的面积，总收益＜总成本，亏损为四边形

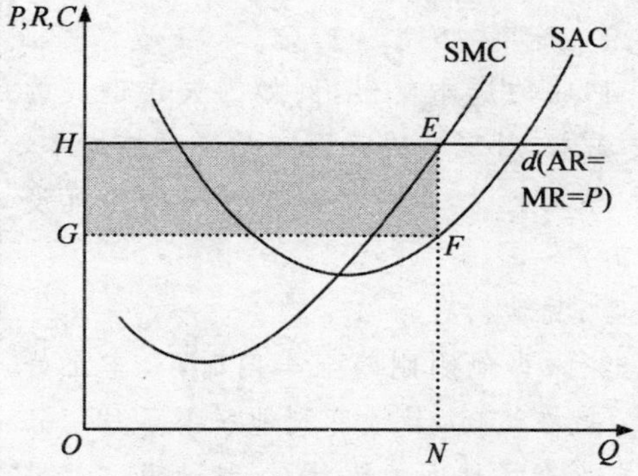

图 5.2 获得超额利润的短期均衡

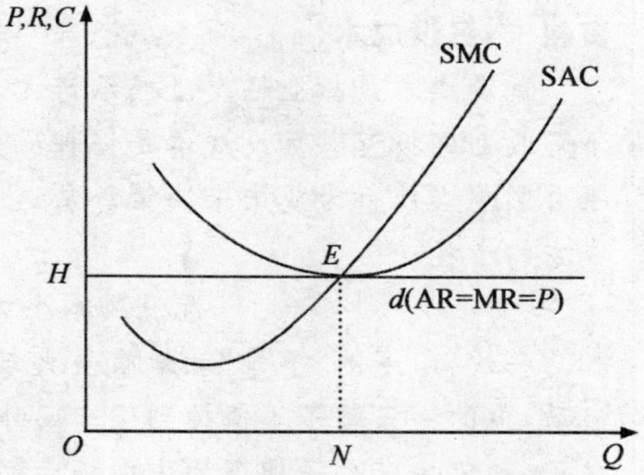

图 5.3 获得正常利润的短期均衡

HGFE 的面积，相当于阴影部分的面积。此时，厂商在用全部收益弥补全部可变成本后还有剩余，以弥补在短期内总是存在的固定成本的一部分。所以，厂商虽然亏损但仍继续生产。

在图 5.5 中，厂商的需求曲线 d 相切于 AVC 曲线的最低点，这一点是 AVC 曲线和 SMC 曲线的交点。这一点恰好也是 MR＝SMC 的利润最大化的均衡点 E。在均衡产量 N 上，厂商是亏损的，其亏损量相当于阴影部分的面积。此时，厂商的平均收益 AR 等于平均可变成本 AVC，厂商生产或不生产的结果都是一样的，收益只能弥补全部可变成本投入，不能弥补固定成本。在这一均衡点上，厂商处于关闭企业的临界点，所以该点称为停止营业点。

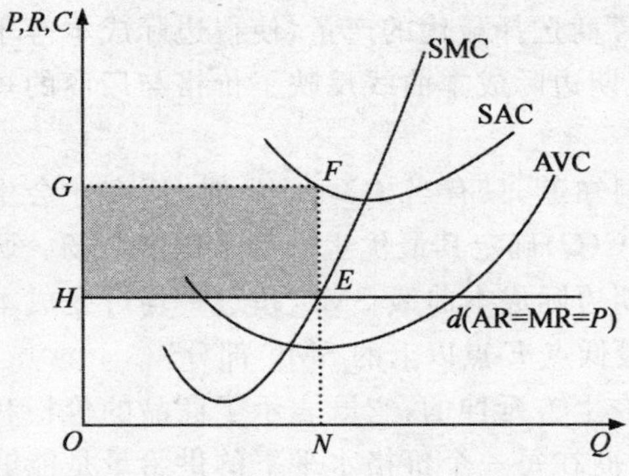

图 5.4 发生亏损的短期均衡

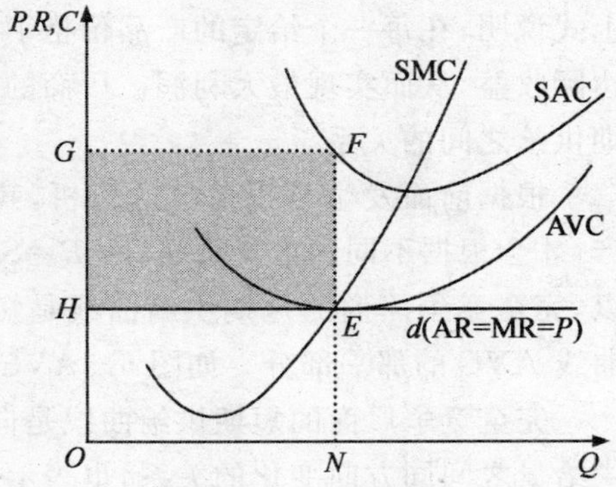

图 5.5 停止营业

资料卡:沉没成本

沉没成本是指业已发生或承诺无法回收的成本支出,例如因失误造成的不可收回的投资。沉没成本是一种历史成本,对现有决策而言是不可控成本,不会影响当前行为或未来决策。从这个意义上说,在投资决策时应排除沉没成本的干扰。

沉没成本小故事:甘地扔鞋

一次,印度的"圣雄"甘地乘坐火车出行,当他刚刚踏上车门时,火车正好启动,他的一只鞋子不慎掉到了车门外。就在这时,甘地麻利地脱下了另一只鞋子,朝第一只鞋子掉下的方向扔去。有人奇怪地问他为什么,甘地说:"如果一个穷人正好从铁路旁经过,他就可以拾到一双鞋,这或许对他是个收获。"

沉没成本小故事的经济学启示:甘地的鞋子对于他而言,如同泼出去的水,但他以博大的胸襟坦然面对自己的"失"。在经济学中我们引入了沉没成本的概念,借指已经付出且不可收回的成本。

(二)完全竞争市场上厂商的短期供给曲线

供给曲线是用来表示在每一个价格水平下厂商愿意而且能够提供的产品数量。完全竞争市场上厂商短期均衡的条件是:MR=SMC,而 MR=P,所以,完全竞争市场上厂商短期均衡的条件可写为 P=SMC,而短期边际成本曲线 SMC 是关于产量 Q 的函数。因此,均衡条件可以写为:

$$P=\mathrm{SMC}(Q)$$

上式说明,在每一个给定的产品价格下,厂商选择最优的产量,使得边际成本等于边际收益,从而实现最大利润。厂商的短期边际成本曲线反映了价格与厂商的短期供给之间的关系。

根据前面发生亏损情况的分析,我们知道,只有当 $P\geqslant$AVC 时,厂商才会生产,才会根据不同的市场价格,由 P=SMC(Q)确定其最优生产量来供给市场。所以,完全竞争厂商的短期供给曲线是短期边际成本曲线 SMC 超过平均可变成本曲线 AVC 的那一部分。如图 5.5AVC 最低点 E 点以上的 SMC 部分。

完全竞争厂商的短期供给曲线是向右上方延伸的,它既表示了商品的价格和供给量之间同方向变化的关系,也表示厂商在每一个价格水平下的供给量是能够给厂商带来最大利润或者最小亏损的最优产量。

四、完全竞争市场上厂商的长期均衡

在长期中,各个厂商都可以根据市场价格来调整全部生产要素和生产,也可以自由进入或退出该行业。这样,整个行业供给的变动就会影响市场价格,从而影响各个厂商的均衡。具体来说,当供给小于需求,价格高时,各厂商会扩大生产,其他厂商也会涌入该行业,从而整个行业供给增加,价格水平下降。当供给大于需求,价格低时,各厂商会减少生产,有些厂商会退出该行业,从而整个行业供给减少,价格水平上升。最终价格水平会达到使各个厂商既无超额利润又无亏损的状态。这时整个行业的供求均衡,各个厂商的产量也不再调整,于是就实现了长期均衡。

在完全竞争市场上,厂商在短期可能获得超额利润,也可能遭受亏损,但在长期,单个厂商只能得到正常利润。由此,完全竞争的短期均衡条件是:$P=\mathrm{MR}=\mathrm{SMC}$,长期均衡的条件是:$P=\mathrm{MR}=\mathrm{SMC}=\mathrm{SAC}=\mathrm{LMC}=\mathrm{LAC}$。它们的区别是,短期均衡时价格不一定等于平均成本,但在长期中二者相等。实现长期均衡时,平均成本与边际成本相等。因为在边际成本与平均成本相等时平均成本最低,由于总成本是平均成本与产量的乘积,所以总成本也最低。这说明,在完全竞争条件下,可以实现成本最小化,从而取得的经济效率最高。但完全竞争是有着严格假设条件的一种极端的市场状态,在现实经济中很难找到满足这些条件的行业或产品。

五、经济学家对完全竞争市场的评价

在现实生活中完全满足完全竞争市场条件的市场是不存在的,但有一些市场比较接近于这个状态。

完全竞争的长期均衡意味着通过市场机制的作用,可以使社会的资源实现最有效率的配置。我们可以通过以下几点来分析。

(1)在完全竞争条件下,行业达到长期均衡时 $P=\mathrm{MR}=\mathrm{AR}=\mathrm{LMC}=\mathrm{SMC}=\mathrm{LAC}=\mathrm{SAC}$,每个厂商提供的产量必然位于其短期平均成本曲线的最低点,且也必然位于长期平均成本曲线的最低点。也就是说,每个厂商所选用的生产规模在当时的技术条件下是效率最高的,而且提供的产量也是该规模下成本最低的产量。每一个厂商都具有最高的经济效率,从而使生产要素的效率得到了最有效的发挥。

(2)价格充分发挥其“看不见的手”的作用,通过调节,在行业达到长期均衡时,社会的需求与供给相等,从而使资源得到了最优配置,生产者的生产不会有不足或过剩,消费者的需求也得到了满足。

(3)由于 $P=\mathrm{LAC}$ 的最低点,从消费者角度看市场价格也就不可能再低,因此消费者为这种商品所花费的消费成本是最低的。由于 P=LMC=SMC，从整个社会的角度来看，如果每种商品的价格都等于其生产的边际成本，那么所有资源在各种用途上的配置就达到最高的效率。

完全竞争市场也有其缺点，这就在于：第一，产品无差别，这样，消费者的多种需求无法得到满足。第二，完全竞争市场上生产者的规模都很小，这样，他们就没有能力去实现重大的科学技术突破，从而不利于技术发展。第三，在实际中完全竞争的情况是很少的，而且，一般来说，竞争最终也必然引起垄断。

第二节　完全垄断市场的厂商均衡

一、完全垄断市场的特征

(一)垄断的含义及条件

完全垄断又称为纯粹垄断，是指整个行业中只有一个生产者的市场结构。

完全垄断市场必须具备三个条件：

第一，单一卖方。即整个行业中只有一个厂商，它提供了整个行业所需要的全部产量。

第二，特殊产品。特殊产品意味着垄断者的产品没有任何相近的替代品，这样厂商就不受任何竞争者的威胁。

第三，不可能进入。其他任何厂商进入该行业都极为困难或不可能。

在这样的市场中，排除了任何竞争因素，独家垄断厂商控制了整个行业的生产和市场的销售，所以，垄断厂商可以控制和操纵市场价格。因此，垄断者又往往被称为价格制定者。

当然，垄断厂商也不可能任意制定价格或产量。这是因为，在给定的价格下，它只能销售出市场所需求的商品数量，而在给定的产量下，它只能选择消费者所能接受的价格来销售完自己的产品。因此，垄断厂商的生产和价格决策必然要受到市场需求曲线的制约，垄断者可以选择在曲线上的任何一点进行生产。实际上垄断者的产出决策决定了该商品的市场价格。这与完全竞争市场正好相反，完全竞争市场里厂商的产出决策不影响商品的市场价格，价格是由市场所决定的。

正如不存在完全竞争市场一样，在现实中也不存在绝对的完全垄断市场，但有一些更接近于完全垄断市场，如水、煤气、电力系统等。

(二)垄断形成的原因

形成垄断的原因主要有以下几个：

第一，重要资源的所有权。对投入的全部供给进行独家控制，是垄断者阻止新来者进入行业的一种方法。这种情况在一些稀缺性矿产资源的经营中比较常见。最典型的例子是第二次世界大战之前的美国制铝公司，该公司从 19 世纪末到 20 世纪 30 年代一直控制着全美铝矾土矿的开采，从而成为美国制铝行业的垄断者。

第二，拥有专利权。独家厂商拥有生产某种产品的专利权，这使其可以在一定时期内垄断产品的生产。

第三，政府特许。政府允许唯一一家厂商提供某种产品，通过法律手段排除了竞争者。如电力、水和铁路运输部门都要获得政府的垄断性特许经营权才能经营。

第四，自然垄断。那些生产的规模效益需要在巨大产量条件下才能呈现或具有明显的规模报酬递增特征的行业，由于大规模生产，产品的长期平均成本下降，垄断就可以自然地产生。当企业变得更大时，单位产量的成本比更小的竞争者的成本更低，长期来看，“最适合生存”的成本优势迫使更小的公司退出行业。在这类产品的生产中，行业内总会有某个厂商凭借雄厚的经济实力和其他优势，最先达到这一生产规模，从而垄断了整个行业的生产和销售。这就是自然垄断。

二、完全垄断市场的需求曲线和收益曲线

(一)垄断厂商的需求曲线

在完全垄断市场上，由于市场中只有一家厂商，所以，垄断者所面临的需求曲线就是整个市场的需求曲线。完全垄断厂商是市场价格的决定者，它可以通过改变销量来决定价格，因此，完全垄断厂商面临的需求曲线是一条向右下方倾斜的需求曲线。

(二)垄断厂商的收益曲线

买者所支付的价格就是厂商的平均收益，因此，厂商的平均收益也是随产品销量的增加而不断减少的，平均收益曲线 AR 与厂商的需求曲线 D 重叠。与此同时，厂商从每增加一个单位产品销售中所得到的边际收益 MR 也是递减的，且在每一个销量下，都小于平均收益 AR，即边际收益曲线 MR 位于平均收益曲线 AR 的下方。这是因为在边际收益 MR 小于平均收益 AR 的条件下，市场价格即平均收益才能不断下降，所以，边际收益总是小于平均收益。MR 与 AR 曲线如图 4.10 所示。

当厂商需求曲线为线性时，MR 与需求曲线之间有着更加显著的特点。假设

厂商线性的反需求曲线可表示为$P=a-bQ$。式中a、b均代表常数。根据总收益、平均收益、边际收益的定义,可以得到

$$\mathrm{TR}=aQ-bQ^2 \qquad \mathrm{AR}=a-bQ \qquad \mathrm{MR}=a-2bQ$$

由此可得以下结论:当垄断厂商的需求曲线为线性时,MR 曲线也为线性曲线,并且和需求曲线在纵轴上的截距相等;MR 曲线的斜率是需求曲线(平均收益曲线)斜率的两倍。即随着销售量的增加,平均收益 AR 在下降,而边际收益 MR 以两倍的速率在下降。

三、完全垄断市场上的厂商均衡

(一)完全垄断市场上厂商的短期均衡

在短期中,厂商会根据 MR=SMC 的原则,通过调整产量来确定价格,使所确定的产量和价格能带来最大利润。根据垄断厂商短期内获得利润的不同,垄断厂商短期均衡有三种情况。

1. 获得超额利润的短期均衡,即经济利润大于零

这种均衡情况如图 5.6 所示。当 MR 曲线与 SMC 曲线相交于E点时,MR=SMC。产量ON是能带来最大利润的产量,OH是垄断者确定的价格,总收益为矩形$OHGN$的面积;产量为ON时的平均成本为NF,总成本是矩形$OKFN$的面积。总收益大于总成本,矩形$KHGF$的面积表示超过正常利润的超额利润。

由产量ON和需求曲线D,根据 MR=SMC 的原则,厂商应把价格定为OH,此价格高于产品的边际成本 SMC。在价格OH下,产量ON可以完全卖出,又可以带来最大利润。价格OH是完全垄断条件下的短期均衡价格,即垄断价格。

2. 获得正常利润的短期均衡,即经济利润等于零

如图 5.7 所示,垄断厂商根据 MR=SMC 的原则,将产量和价格分别调整到

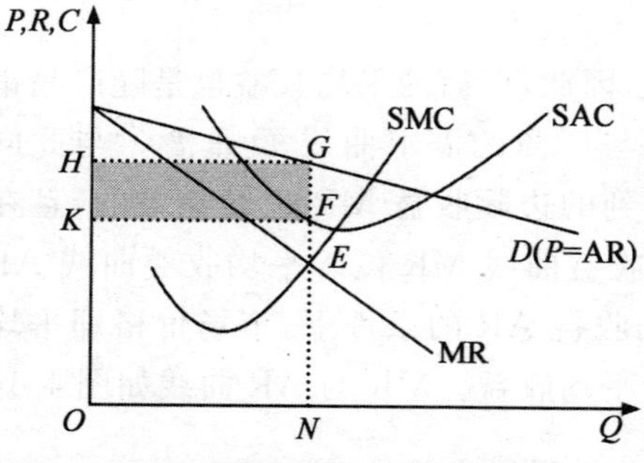

图 5.6 获得超额利润的短期均衡

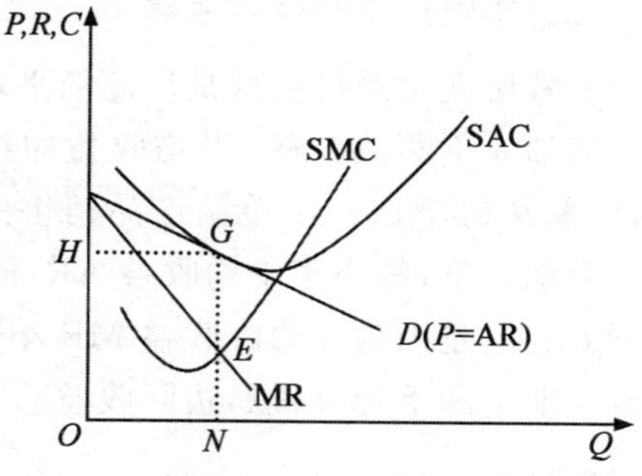

图 5.7 获得正常利润的短期均衡

N 和 H 时，厂商的平均收益等于平均成本，总收益等于总成本，均为矩形 $OHGN$ 的面积。厂商不能获得超额利润，但能得到正常利润。

3. 发生亏损的短期均衡，即经济利润小于零

既然垄断厂商是市场上唯一的产品供给者，可以自己决定产品的产量和价格，那么垄断厂商在短期内是否会出现亏损呢？理论上存在。如图 5.8 所示，根据利润最大化原则，当垄断厂商处于短期均衡时，平均收益为 NG，平均成本为 NF，平均收益小于平均成本，总收益为矩形 $OHGN$ 的面积，总成本是矩形 $OKFN$ 的面积。总收益小于总成本，厂商发生亏损，矩形 $HKFG$ 的面积表示亏损的数量。一旦出现这种情形，厂商会马上调整产量，这是其垄断地位决定的。

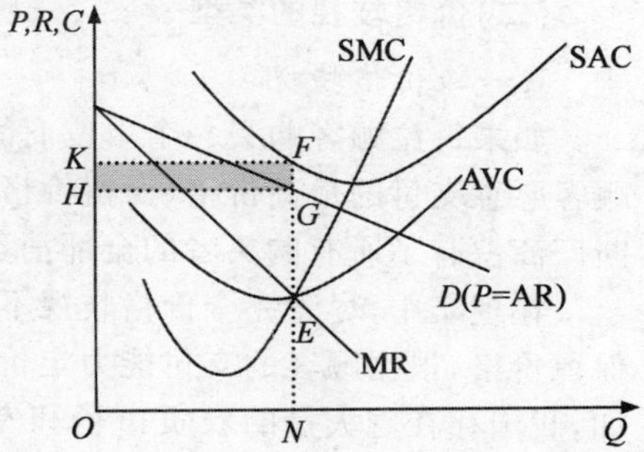

图 5.8 发生亏损的短期均衡

(二)完全垄断市场上厂商的长期均衡

在完全垄断条件下，由于没有新厂商加入该行业，故超额利润不会消失，在长期中厂商的均衡只有获得超额利润一种情况。垄断厂商通过不断调整其生产能力，实现最大的利润。垄断厂商达到长期均衡的条件是边际收益 MR 等于短期边际成本 SMC，等于长期边际成本 LMC，即：MR＝SMC＝LMC。

在完全垄断条件下，无论在长期中还是在短期中，厂商为了获得最大超额利润，总是力图使自己的产品稀缺一些，使价格大大高于边际成本。相对于产品消耗的社会成本和社会应得到的产品量，垄断的产量是不足的，从而影响资源的分配，导致效率的缺乏。

四、完全垄断厂商的定价策略：价格歧视

垄断厂商的特征决定了其获得超额利润的本性。如果厂商实行单一的定价策略很难攫取更多的消费者剩余。对于可以自由定价的垄断厂商，往往会选择差别定价的方法，以获得垄断利润。所谓差别定价也称为价格歧视，是指对购买生产成本相同的同一产品的不同购买者收取不同价格，或对同一购买者的不同购买量收取不同价格的行为。

(一)实行价格歧视的条件

价格歧视是攫取消费者剩余的常用手段，但并非在任何时候都可以实行价格歧视，一般认为需要具备三个条件。一是企业必须拥有一定的“市场垄断力量”，是一个“价格制定者”。二是实行价格歧视的厂商必须能够防止购买者之间转卖行为

的发生。否则，当垄断者对同一商品收取两种不同的价格时，以低价购买商品的消费者就有可能转卖给高价消费者，这样价格歧视就难以实现。三是不同的购买者（或不同购买量）的需求价格弹性不同，垄断者可以对需求弹性小的市场实行较高的价格，以获得垄断利润。

（二）价格歧视的类型

1. 一级价格歧视

如果每位顾客购买一个单位商品，厂商对每个人收取的价格不同，而且都等于顾客愿意支付的最高价格（保留价格），就称为一级价格歧视。一级价格歧视使垄断厂商占有了所有购买者的全部消费者剩余，因此称为"完全价格歧视"。

在现实中，尽管完全价格歧视不可能做到，但厂商仍然千方百计地了解顾客的保留价格，根据顾客的支付能力定价，因此，近似的一级价格歧视仍是存在的。例如，我国存在着大量的农贸市场和专业市场，在这些市场内交易的商品通常不标价，即使标价也是"明码不实价"，交易价格是通过讨价还价方式决定的，而讨价还价过程实际上就成了卖主了解顾客的保留价格并按这一价格成交的过程。卖主的报价通常很高，目的就是试探顾客的购买意愿及保留价格，而顾客就在一轮一轮的还价中逐渐将自己的保留价格暴露给了卖主，最后，顾客的消费者剩余就在不知不觉中转变为卖主的利润。因此，国内不少地方要求专业市场的卖主对商品明码标价，而且"明码实价"，这或多或少能对消费者合法利益起到保护作用。

拍卖定价是近似完全价格歧视的另一个例子。拍卖适用于单一物品有多方竞购的场合，由竞购者中出价最高者购得，该最高出价即为近似的保留价格。因此，中标者的消费者剩余接近或等于零。实际上，拍卖定价方式可以更广泛地适用于大宗商品的交易定价，在欧美国家的农产品交易市场上，鲜活农产品（鲜花、水产品、水果、蔬菜等）普遍运用拍卖定价的方式，从而能近似地实施一级价格歧视策略。

2. 二级价格歧视

所谓二级价格歧视，是指垄断者对某个特定消费者，按其购买数量的不同制定不同的价格，以获得较大收益的一种方法。二级价格歧视在实际生活中比较常见，在水、电、煤气、邮政、电信等社会公用事业中，多采用这种定价方法。比如电信公司根据一天中不同时间，按不同标准收取电话费用，邮政局根据邮件的数量和重量不同所收取的邮资也不同。

3. 三级价格歧视

所谓三级价格歧视，又称市场分割的差别价格，是指垄断者对同样的产品在不同的市场采取不同的销售价格，而所售出的最后一个单位产品所获得的边际收益相同。实行三级价格歧视，垄断厂商把消费者划分为两种或两种以上的类别或阶层，对每一阶层收取不同的价格。这里，每一个阶层就是一个单独的市场。这个所谓的市场，不仅是指不同的地理区域或市场，而且也指由于消费者的偏好不同，收入不同等原因形成的市场部分。只要市场可以区分并有不同的价格弹性，厂商就可以用不同的价格以获得较多的利润。作为垄断者来说，为了追求利润最大化，会对较低需求价格弹性的消费者收取较高的价格，而对较高需求价格弹性的消费者收取比较低的价格。

在三种类型的价格歧视中，三级价格歧视是最常见的一种，如旅游景点的内外宾门票价格不同，大学生买火车票可打对折，剪下报刊广告上的优惠券可享受优惠价，航空公司对商务旅客与普通旅客的机票收取不同的票价等。在国内医院看病，医生通常对公费的病人开高价药，并加上一些不是十分必要却很昂贵的检查，而对自费的病人却开低价药，这就是医院对病人的三级价格歧视。

五、经济学家对完全垄断市场的评价

完全垄断和完全竞争是两个截然相反的市场结构，我们可以通过两者的比较来对完全垄断市场进行分析。

从经济效率上来看，根据前面的讲述我们知道在实现厂商均衡时，垄断企业的均衡产量小于完全竞争企业的均衡产量，而价格却高于完全竞争企业的均衡价格；而且，在完全竞争市场上，长期均衡时产量达到了长期平均成本的最低点，垄断市场上则达不到。从而可以看出，和完全竞争市场上的厂商相比，垄断厂商有较高的成本、较低的产量，表明生产能力没有充分利用，导致社会资源浪费；同时垄断厂商又收到较高的价格，损害了消费者的利益。

从垄断市场与技术进步的关系来看，一些经济学家认为由于垄断厂商利用垄断地位就可以长期获得利润，所以，垄断是不利于技术进步的。又有一些西方经济学家认为，高额的垄断利润所形成的从事科学研究和技术创新的雄厚的经济实力以及垄断地位对垄断利润的保持，又都是有利于技术进步的。

第三节 垄断竞争市场的厂商均衡

一、垄断竞争市场的特征

垄断竞争是指许多厂商生产和销售有差别的同类产品，市场中既有竞争因素

又有垄断因素存在的市场结构，因此，它兼有完全竞争和完全垄断这两种市场结构的特点。

一个垄断竞争市场必须满足下列条件：

第一，市场上有很多的生产者和购买者，每一个生产厂商的生产规模都比较小。每个厂商都认为自己的决策不会对市场产生影响，也不会引起竞争对手的反应。

第二，行业中厂商生产的产品是有差别的，而这些产品彼此之间又存在某种替代性。产品差别是造成垄断竞争市场上垄断因素与竞争因素的决定性原因。产品的差别使每一个厂商所提供的产品都是与众不同的，因而，各厂商就对自己的产品拥有一定程度的垄断权。同时，各差别产品之间又具有一定的替代性，这就使得每一种产品都会受到许多类似产品的竞争，竞争因素的存在使厂商的垄断权受到了限制。可见，产品差别是形成垄断竞争市场的最重要的条件。

第三，进入市场的障碍较少，生产厂商和生产要素都可以比较自由地进出市场。

在现实生活中，垄断竞争是一种广泛存在的市场结构，尤其在日用消费品市场、零售业和服务行业中普遍存在。

二、垄断竞争市场的需求曲线

垄断竞争厂商对产品有一定的垄断势力，对自己的产品价格有一定程度的控制力，不再是市场价格的完全接受者。同时，垄断竞争市场上的竞争因素又限制了厂商的价格决定权，使他们不能像完全垄断厂商那样对产品有很大的控制力，因此，垄断竞争市场上的厂商面对的需求曲线既不像完全竞争厂商那样是水平的，也不像完全垄断厂商那样陡峭，而是比较平坦的向右下方倾斜的曲线。

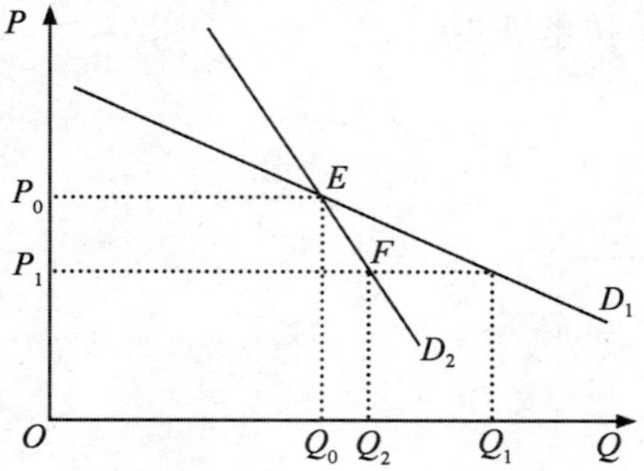

图 5.9 垄断竞争市场的需求曲线

进一步分析，在垄断竞争市场上，存在着两条需求曲线：一条是厂商“想象”的；一条是真实的，如图 5.9 所示。D_1 是厂商想象的需求曲线，是一条较为平坦的曲线。这是因为当厂商降价时，他认为其他厂商是不会降价的(厂商的行为是相互独立的，并不考虑其他厂商的反应)。因此，他认为自己的降价 P_0P_1，会将大量消费者从别的厂商处吸引过来，价格小幅度的下降会带来较大幅度的销售量增加 Q_0Q_1。另一条需求曲线 D_2，是真实的市场需求曲线，较为陡峭。这是因为当厂商降价时，其他厂商也会随之降价。这样，最初降价的厂商并不能像他“想象”的那样从其他厂商那里吸引来新的消费者，即商品降价 P_0P_1，虽然销售量会有所增加，但增加幅度有限，仅为 Q_0Q_2。如果假设市场中所有的厂商都以同样的幅度降价，那么销售量也将以同样的幅度增加，每个厂商占有的市场份额也不会有任何改变，所以 D_2 曲线也被称为“市场份额”需求曲线。

三、垄断竞争市场的均衡

(一)垄断竞争市场上厂商的短期均衡

每一个垄断竞争厂商，都想根据期望的需求曲线 D_1 决定其价格和销售量。但实际上，他们所能做到的还是由实际需求曲线 D_2 来决定价格和销售量。而每一个厂商在制定价格和产量决策时，并不确切地知道自己所面临的实际需求曲线 D_2 的位置，只能依据期望的需求曲线及与它对应的边际收益曲线 MR 曲线来决定产量和价格，然后，经过不断调整使 $D_1=D_2$ 时达到均衡，如图 5.10 所示。

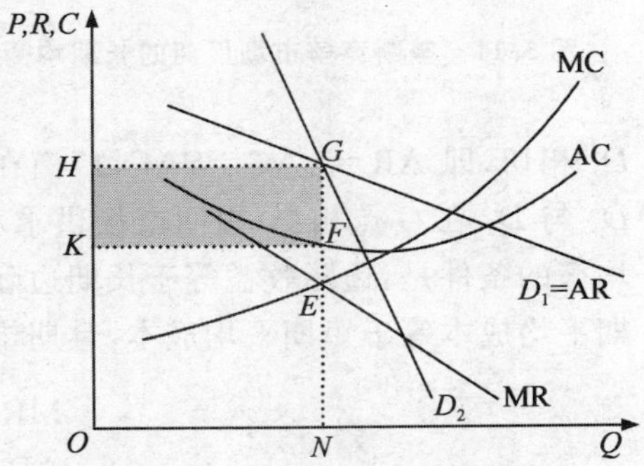

图 5.10 垄断竞争厂商获得超额利润的短期均衡

图 5.10 中，厂商在 E 点达到均衡，阴影部分为厂商的超额利润。与前两种市场结构一样，厂商在实现短期均衡时，可能获得超额利润，获得正常利润，也可能只是实现了最小亏损(这里只列举了获得超额利润的短期均衡，另两种可参见上一节内容)。这要取决于平均收益曲线 AR 与平均成本曲线 AC 的关系。若厂商亏损，那么继续生产与否取决于平均收益曲线与平均可变成本曲线的关系，只有当 AR≥AVC 时，厂商才会继续生产。

由以上分析可知，垄断竞争厂商短期均衡的条件是：边际收益等于短期边际成本，同时，期望需求等于实际需求，用公式表示为：

$$\mathrm{MR}=\mathrm{SMC}, D_1=D_2$$

此时，厂商可能有超额利润、正常利润，甚至亏损。

(二)垄断竞争市场上厂商的长期均衡

长期中，垄断竞争厂商会调整其生产规模，行业中也有厂商的进出，竞争将引起厂商超额利润的减少，直到消失。所以，垄断竞争厂商在长期均衡点的超额利润一定为零，即图 5.10 中的阴影面积消失。因为短期有超额利润，必然有新厂商进入，如图 5.11 所示，厂商的实际需求曲线 D_2、期望需求曲线 D_1、平均收益曲线 AR 和边际收益曲线 MR 都将下移，直到超额利润为零为止，即期望需求曲线 D_1 在 G 点与长期平均成本曲线 LAC 相切为止。同时，短期边际成本曲线 SMC 在 E 点与边际收益曲线 MR 相交，SAC 在 G 点与期望需求曲线 D_1 相切。这时实现了 MR＝LMC＝SMC，厂商在长期中实现了利润最大；同时，LAC 曲线与期望需求曲线 D_1 相切，即 AR＝LAC＝SAC，厂商在长期中不盈不亏，只获得了正常利润；并且 D_1 与 D_2 在 G 点相交，表明市场供求相等。由以上分析可知，垄断竞争厂商长期均衡的条件是：边际收益等于长期边际成本等于短期边际成本，且平均收益等于长期平均成本等于短期平均成本，且期望需求等于实际需求，即：

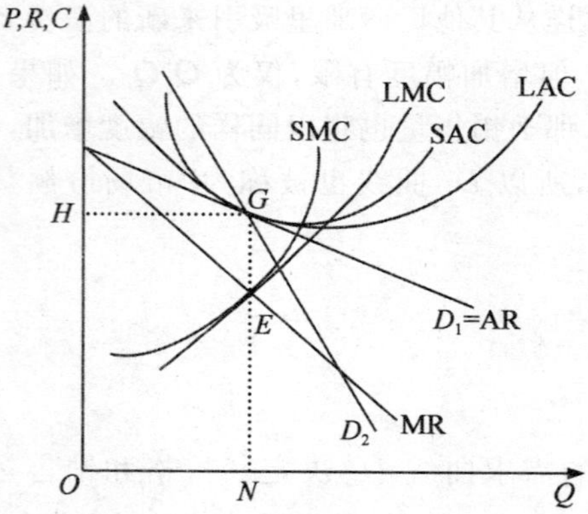

图 5.11　垄断竞争市场厂商的长期均衡

$$MR = SMC = LMC$$
$$AR = LAC = SAC$$
$$D_1 = D_2$$

四、垄断竞争市场上的非价格竞争

在完全竞争市场上同行业厂商提供的是完全相同的产品，所以，要实现利润最大化只有一个办法，就是通过产量调整使边际成本与产品价格相等。而垄断竞争企业与之不同的是，为了实现利润最大化，除可以调整产品价格以改变其销售量外，还可以通过改变产品特征以及销售费用来调整销售量，这些手段就是非价格竞争。非价格竞争的主要手段有产品差别、产品变异和广告。

（一）产品差别

在垄断竞争市场上，厂商在一定程度上能够控制价格，可以根据顾客的购买量来调整产品价格，因而可以具有向右下方倾斜的需求曲线。这种控制能力或者说是市场支配能力，主要是通过产品差别来实现的。这些差别可能是产品本身的差别，如产品的品质、性能、设计、颜色、商标不同，也可能与销售条件有关，如销售地点、经营方式等。这种产品的差别，导致了生产差别产品的厂商在一定程度上的垄断力量。这种垄断力量的大小，取决于产品差别的程度。产品差别越大，垄断力量就越强；产品差别越小，垄断力量就越弱。因此，垄断竞争厂商为了在竞争中取胜，增强产品差别就成了增强垄断能力的重要手段。差别就是特色，努力增强并保持自己产品的特色，这有助于提高竞争能力。有了产品特色差别且难以模仿，厂商就有可能在不降低价格的情况下，吸引更多的消费者，以获取更高的利润。

(二)产品变异

由于产品之间存在可替代性，垄断竞争市场上的厂商之间仍存在竞争，这种竞争的存在，又成为厂商强化产品差别的动力。产品差别可以获得一定程度的垄断力量，但它不可能实现完全垄断。为了使这种垄断地位能够长久保持，厂商必须创新。厂商可以像变动价格一样，改变其产品特征，来增加销售量、增加利润。这就是所谓的产品变异。产品变异实际上是厂商之间产品差别的进一步强化。这种变异包括两个方面：一是产品本身的改变，可能是进行一些质的改进，如原料、设计、技术性能、式样、型号、颜色等的改变，也可能是一些非质性的改变，如包装、品牌、商标等方面的改变。二是销售条件的改变，既然本身完全相同的产品会由于销售条件不同而被消费者看成不同的产品，那么，厂商完全可以通过销售条件的改变来扩大这种差异，比如采取改变经营方式、提高服务质量等措施来强化顾客对本企业产品的认同感。

(三)广告

对于已经生产出来的、具有差别的产品要增加其销售量，厂商还能采取的措施就是增加销售费用影响消费者的需求，从而实现扩大销售量、增加利润的目的。厂商的销售费用，主要包括各种推销活动的成本，比如推销人员的工资、对零售商店的陈列商品样品给予的补贴等。然而这其中所占比例最大的应该是广告费用支出。

产生广告这种推销形式的直接原因在于产品存在差别。我们不能想象在完全竞争市场上能够用广告扩大产品的销售量。因为在完全竞争市场上各个同行业厂商提供的是完全同质的产品，它们之间没有丝毫的不同之处，而垄断竞争则不然，企业处心积虑生产出有差别的产品，同时又希望有着不同偏好的消费者了解并购买这些产品，沟通双方的媒介之一就是广告。

厂商做广告必须支付费用，但是，他们一般认为因为广告而增加的收益一定会大于为此而投入的成本。他们希望通过广告增加消费者对其产品的认同与需求，使消费者在每一价格水平下都能购买更多的商品，或者通过消费者的认同而使之支付更高一些的价格。作为消费者，广告可以帮助他们做出比较理性的选择，面对众多的产品，识别它们是很困难的，广告则在某种程度减少了消费者的这种困惑。从消费者效用增加的角度以及由此而引致的生产者利润的增加角度看，在垄断竞争市场，广告是不可缺少的，尤其是信息性的广告，对于广大消费者来说，它是了解市场，增强购买过程理性化处理能力的重要工具。

第四节 寡头垄断市场的厂商均衡

一、寡头垄断市场形成的原因及其特征

寡头垄断是指少数几个厂商控制整个市场中的生产和销售的市场结构。每个厂商在该行业的总产销量中都占有相当大的份额，以致其中每个厂商的产量或价格的变动，都会影响该种商品价格和其他几个厂商的销售量。寡头市场是介于完全垄断和垄断竞争之间的一种比较现实的市场结构。许多制造业，比如钢铁业、铝业、药业和烟草业都被看作是寡头垄断。

一般寡头垄断市场形成的原因主要有以下几个方面：该行业产品的生产经营是建立在规模经济基础上的；该行业产品生产的技术不容易为一般中小厂商所掌握和模仿；寡头厂商采取种种排他性措施；政府对寡头厂商的扶植和支持。

寡头垄断市场的基本特征是：

第一，少数卖方。寡头垄断是“少数人之间的”竞争，市场上生产者的数量较少，因而每一个厂商在市场中都有相当大的份额，当他改变自己的产量和价格时，会对市场的均衡价格和销售量产生影响，并且会影响竞争对手的利润。

第二，同质或差别产品。厂商生产的产品可以是同质的，也可以有差别。

第三，市场进入困难。进入寡头垄断市场存在比较大的障碍，这种障碍表现在现有厂商比试图进入该市场的厂商在规模经济性、技术装备、获得政府特许、对投入要素的控制等方面中的任何一方面都占据优势。

二、寡头垄断市场的分类

寡头垄断市场主要有无差别寡头与有差别寡头两种类型。无差别寡头又称纯粹寡头，是指厂商所生产的产品是无差别的，如钢铁、制铝等行业的寡头。有差别寡头指厂商生产的产品有差别，如汽车、家电等行业的寡头。

三、寡头垄断市场产量和价格的决定

寡头市场具有其他市场结构所没有的一个重要特征就是几家寡头之间的相互依存性。在寡头市场上，企业数量很少，每家企业都占有举足轻重的地位，他们各自在价格或产量方面决策的变化都会影响整个市场和其他竞争者的行为。每家企业在做出价格与产量的决策时，不仅要考虑到本身的成本与收益情况，而且还要考虑到这一决策对市场的影响，以及其他企业可能做出的反应。因此，在寡头市场上，很难对产量与价格问题做出像前三种市场那样确切而肯定的答案。这是因为，各个寡头在做出价格和产量决策时，都要考虑到竞争对手的反应，而竞争对手的反应可能是多种多样的。在各寡头都保守自己的“商业秘密”的情况下，这种反应很难捉摸。各个寡头由于难以捉摸对手的行为，一般不会轻易变动已确定的价格与产量水平。下面介绍两种常用的寡头垄断市场上厂商进行市场瓜分的分析模型——古诺模型和斯威齐模型(这两个模型属于非勾结性寡头模型)。

(一)古诺模型

古诺模型是法国经济学家奥古斯汀·古诺于 1838 年提出的一个简单的双寡头模型。古诺模型有如下几个假设：①市场上只有 A、B 两个厂商生产完全相同的产品；②厂商的生产成本为零；③两个厂商面临相同的线性需求曲线，且都准确了解市场需求，采用相同的市场价格；④寡头双方无勾结行为，每个厂商都把对方的产出水平视为既定，并依此确定自己的产量。如图 5.12 所示。

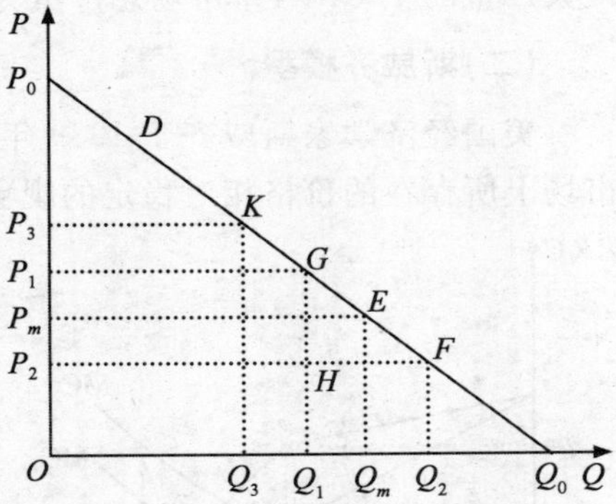

图 5.12 古诺模型

图 5.12 中，P_0Q_0 是两个厂商共同面临的市场需求曲线，开始时，假定第一家厂商 A 首先进入市场，为了利润最大化按市场容量的半数提供产量，此时的数量 OQ_1 是全部市场容量的 1/2，即 $OQ_1=1/2OQ_0$，市场价格为 P_1，这样就可以获得最大利润。(因为，此时代表总收益即利润的矩形 OQ_1GP_1 是三角形 OP_0Q_0 的最大内接矩形。)现在市场上出现第二家厂商 B，他认为第一家厂商不会改变销售量 Q_1，为了最大化利润，他按照这剩下的市场容量的半数提供产量，数量为 $Q_1Q_2=1/2OQ_1=1/4OM$，即这个产量占市场产量的 1/4。这时，价格下降到 P_2。厂商 B 的利润为矩形 Q_1Q_2FH 的面积，厂商 A 的利润为矩

形 OQ_1HP_2 的面积。

在这种情况下，厂商 A 会采取行动，它认为厂商 B 会保持其 $1/4OQ_0$ 产量不变，由此认为自己的市场容量为全部市场容量的 3/4，并按此市场容量的半数提供产量，即它生产总市场容量的 3/8，即 $OQ_3=1/2(OQ_0-Q_1Q_2)=3/8OQ_0$，比原产量减少 1/8。第一家厂商的产量下降，则价格有所回升。这时第二家厂商也采取行动，它也认为第一家厂商的销售不会变动，因而认为自己的市场容量为总市场容量的 5/8，并按这一容量的半数来提供产量，即它生产总市场容量的 5/16，比原来增加 1/16。第二家厂商的产量增加导致价格下降。

这样，第一家厂商的产量逐渐减少，第二家厂商的产量逐渐增加，如此循环往复几次之后，直到最后两家厂商的产量相等为止，这时 A、B 两厂商的均衡产量分别为市场容量的 1/3，即：厂商 A 的最后产量为 $(1/2-1/8-1/32-\cdots)OQ_0=1/3OQ_0$，厂商 B 最后的产量为 $(1/4+1/6+1/64+\cdots)OQ_0=1/3OQ_0$。市场总供给量为 $2/3OQ_0$，市场价格为 P_m，两个厂商平分了总利润 OQ_mEP_m。最后两家厂商的产量就是双头垄断的古诺解。

古诺模型的结论也可以推广到 n 个寡头的情况：每个寡头厂商的产量为市场最大产量的 $1/(n+1)$，市场总产量为市场最大产量的 $n/(n+1)$。

（二）斯威齐模型

美国经济学家斯威齐于 1939 年提出弯折的需求曲线模型，用以解释寡头垄断市场上所存在的价格相对稳定的现象。

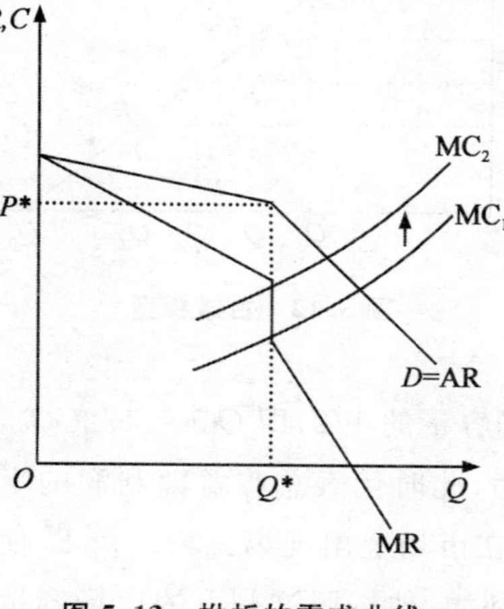

图 5.13 拗折的需求曲线

斯威齐模型的基本假定条件是：寡头厂商会意识到相互依赖关系的存在，因此，当一个寡头厂商提价时，其竞争对手不会提价，而是保持价格不变，乘机夺取市场；但是如果该寡头厂商降价时，其竞争对手将会同时降价，以避免市场份额的减少。

根据这个模型，各个厂商面临一条在市场价格 P^* 处拗折的需求曲线，如图 5.13 所示。若价格高于 P^*，需求曲线会非常有弹性，因为该厂商相信如果他提高价格，其他厂商不会跟着提价，他就会大幅度降低市场份额和销量；可是若价格低于 P^*，则需求曲线弹性较小，因为该厂商相信，如果他降价，其他厂商会跟着降价，以免丧失市场份额，所以该厂商的销量只会有小幅度的增加。

由于该厂商的需求曲线在 P^* 处是拗折的，因此他的边际收益曲线 MR 在 P^* 处是不连续的。结果该厂商的边际成本变化不引起价格的变化，如图 5.13 所示，边际成本从 MC_1 增加到 MC_2，却仍然与边际收益相等，产量和价格保持不变。

四、有勾结行为的寡头市场——卡特尔协议

卡特尔是一种企业的联合体。它们一般是市场中的寡头厂商，通过正式的协议来协调各自的产量、价格等，以获取超额利润。因为，若是各个厂商单独行动，为了占领市场，各厂商不是扩大产量就是降低价格，造成整个行业产量膨胀，价格低落，最后受损失的还是厂商自己，若是组成了卡特尔，就可采取共同行动，限制产量，提高价格，每个卡特尔成员都可分享共同获得的最大利润。

卡特尔协议达成后，要确定统一的价格，进行产量分配。在分配产量时，最理想的办法是按各厂商的边际成本进行分配，即使每一厂商在所分配产量下的边际成本都相等，并且等于整个卡特尔的与边际收益相等的边际成本，这样卡特尔就变成了一个单一的垄断组织，可以实现利润最大。

卡特尔组织虽然形成了操纵市场、分享利润的协议，但是这一协议并没有法律约束力，各卡特尔成员出于各自的利益，往往违背协议。为了追求自己的最大利润，各成员会突破产量限额，或暗地里增加回扣以降低实际价格，或提高产品品质以争取更多的购买者。在其他厂商都遵守卡特尔协议的情况下，一个厂商这样做是会大大增加自己的利润的。当大家都这样做时，卡特尔组织就瓦解了。

本章关键词

完全竞争；完全垄断；价格歧视；垄断竞争；寡头垄断；自然垄断；古诺模型；斯威齐模型；卡特尔

本章小结

本章介绍了不同的市场结构，同时介绍了不同市场结构的效率。

完全竞争市场能以最低的成本进行生产，以最低的价格来使消费者得到最大的满足。完全竞争市场是最有效率的、最完美的市场结构。完全竞争市场所具备的四个条件：许多买者和卖者、产品同质、厂商进出行业自由、信息完全。完全竞争厂商的需求曲线为一条水平线，厂商是价格的接受者。厂商生产所遵守的利润最大化原则是边际收益等于边际成本。完全竞争厂商的短期均衡条件是 $P=MR=AR=SMC$。长期均衡条件是 $P=MR=LMC=SMC=LAC=SAC$，单个厂商的利

润为零。

完全垄断条件下，厂商实现利润最大化的条件仍然是边际收益等于边际成本，但由于其是该市场上产品的唯一供给者，垄断企业在长期内可以获得超额利润。为了获得更多利润，垄断者对消费者实行不同的价格歧视。通常垄断会带来低效率。

在垄断竞争市场中，各厂商的垄断势力并不强。在长期中，随着新厂商的加入或老厂商的退出，经济利润为零。此时厂商的产量水平小于平均成本最低时的产量，厂商存在过剩的生产力。

寡头垄断市场中，少量的几个厂商占有大部分或全部产量。由于存在进入障碍，某些厂商即使在长期中也能赚到利润。

案例分析

案例一：机床销售决策的失误

某机床生产公司以每台 3 500 元的价格将生产的 KX-10 型机床出售给某电器集团公司。经试用一段时期后，电器集团公司提出订货 100 台，但只肯出价 2 900 元。机床公司销售部经向生产管理部和财务部了解后，得知这种机床每台的平均成本为 3 150 元，认为售价低于平均成本，将是明显的得不偿失。因此，在取得公司总裁同意后，在谈判中采取了强硬态度，要求每台售价不得低于 3 250 元。这样，谈判未能使双方达成销售协议。

事过半年后，机床公司的控股公司来进行财务核查，得到有关这种机床生产的几个成本指标数据，即每台的平均成本为 3 150 元，其中，每台的平均固定成本为 1 520 元，平均可变成本为 1 630 元，在了解到前述的谈判内容后，认为机床公司是明显的决策失误。

请分析机床公司的决策错在哪里？（★理论提示：厂商均衡的几种情况）

案例二：价格相差如此悬殊

北大同学可以花费 10 元钱看成龙的最新电影“神话”，但在校外的电影院看同样的电影却要花 30～50 元。海淀图书城附近的餐馆，如果下午 3 点以后来就餐就能以 6～8 折的价格享用到中午要付原价的同样一餐饭。许多大商场为了促销，常常打出买 100 送 50 元现金（或购物券）或买 200 送 100 元现金（或购物券）的广告。在广州很容易以 750 元左右的价格买到从广州到济南的经济舱飞机票，但是在济南只能买到 1 420 元的从济南到广州的经济舱飞机票，乘的是同一航空公司的飞机，甚至是同一架飞机，同样的机组，时间里程也一样，价格竟然相差如此悬殊。

这是怎么一回事呢？（★理论提示：价格歧视）

专项训练

(一)单项选择

1. 在 MR＝MC 的均衡产量上，企业(　　)。

A. 必然得到最大利润　　B. 不可能亏损

C. 必然得到最小亏损　　D. 若获利润，则利润最大，若亏损，则亏损最小

2. 完全竞争厂商的短期供给曲线应该是(　　)。

A. 曲线上超过停止营业点的部分

B. 曲线上超过收支相抵点的部分

C. 曲线上的停止营业点和超过停止营业点以上的部分

D. 曲线上的收支相抵点和超过收支相抵点以上的部分

3. 在完全竞争市场厂商的长期均衡产量上必然有(　　)。

A. MR＝LMC≠SMC，式中 MR＝AR＝P

B. MR＝LMC＝SMC≠LAC，式中 MR＝AR＝P

C. MR＝LMC＝SMC＝LAC≠SAC，式中 MR＝AR＝P

D. MR＝LMC＝SMC＝LAC＝SAC，式中 MR＝AR＝P

4. 当一个完全竞争行业实现长期均衡时，每个企业(　　)。

A. 显性成本和隐性成本都得到补偿　　B. 经济利润都为零

C. 行业中没有任何厂商再进出　　D. 以上说法都对

5. 在完全竞争市场，厂商短期内继续生产的最低条件是(　　)。

A. AC＝AR　　B. MC＝MR

C. AR＝AC 最低点　　D. AR＝AVC 最低点

6. 如果在竞争市场的厂商面临边际收益大于边际成本的局面，那么厂商(　　)。

A. 增加产量便会增加利润　　B. 增加产量便会减少利润

C. 减少产量便会增加利润　　D. 增加产量利润不变

7. 在完全垄断市场上，对于任何产量，厂商的平均收益总等于(　　)。

A. 边际收益　　B. 边际成本　　C. 平均成本　　D. 市场价格

8. 在完全垄断市场上，厂商的需求曲线(　　)。

A. 与厂商的边际收益曲线重合

B. 与平行于数量轴的价格线重合

C. 位于边际收益曲线的下方

D. 向右下方倾斜

9. 在垄断市场上，厂商为追求最大利润，愿意扩大产量的可能情况是(　　)。

A. 价格大于边际成本　　B. 边际收益低于边际成本

C. 边际收益大于边际成本　　D. 边际成本大于边际收益

10. 在完全竞争市场上，超额利润存在的条件是(　　)。

A. 市场价格高于厂商的平均可变成本

B. 市场价格高于厂商的平均固定成本

C. 市场价格高于厂商的平均成本

D. 市场价格等于厂商的平均成本

(二)判断题

1. 完全竞争厂商与垄断厂商的基本差别是后者可以影响产品的价格。
2. 自然垄断产生的原因之一是规模经济。
3. 对于单一价格垄断者来说，平均收益总等于价格。
4. 为了取得最大的利润，厂商应该使得边际收益大于边际成本。
5. 垄断厂商的供给曲线是其边际成本曲线。
6. 对垄断厂商来说，在利润最大化的产量时价格低于边际收益。
7. 垄断竞争厂商可以通过非价格竞争获取超额利润。
8. 当一个厂商对同一种物品向一个消费者集团收取的价格高于另一个消费者集团，或者实行"数量折扣"(即大量购买收取低价格)时，就存在价格歧视。
9. 如果垄断者实行完全的价格歧视，它就可以获得所有的消费者剩余。
10. 垄断总可以获得经济利润。

(三)简答题

1. 完全竞争市场有哪些基本特征？
2. 为什么完全竞争厂商的需求曲线、平均收益曲线和边际收益曲线是重叠的？
3. 为什么完全竞争厂商的短期供给曲线是 SMC 曲线上等于和高于 AVC 曲线最低点的部分？
4. 比较完全竞争与完全垄断的市场效率。

(四)计算题

1. 某完全竞争企业的短期总成本函数为 $STC=20+2Q+Q^2$，产品价格 $P=6$，求解：

(1)利润极大化时的 TC、VC、FC、AC、AVC、AFC 和 MC；

(2)当 $P=8$ 时，该企业是否应该继续生产？

2. 某完全竞争行业中单个厂商的短期总成本函数为 $STC=0.1Q^3-2Q^2+$

15Q＋10。试求：

(1)当市场上产品价格为 $P=55$ 时，厂商的短期均衡产量和利润；

(2)当市场价格下降为多少时，厂商必须停产；

(3)厂商的短期供给函数。

3. 某垄断企业的需求函数为 $D=150-3Q$，成本函数为 $TC=15Q+0.5Q^2$，计算厂商利润极大化的价格和产量。但如果企业追求收益的极大化，其价格和产出又将如何？

(五)分析题

分别作图说明完全竞争厂商和完全垄断厂商短期均衡和长期均衡的形成及其条件。

第六章　生产要素市场与收入分配

引言：今天，人们的每一个生活环节几乎都离不开别人的生产与服务，每个人都是产品和服务的需求者，同时又是生产要素的所有者。为谁生产，其实就是生产要素价格如何决定的问题，也就是收入如何分配的问题。收入分配的基本原则是什么？衡量收入状态的标准是什么？究竟是哪些因素导致了分配的不公？我们又如何在提倡效率的同时兼顾公平？

看看经济学是如何研究这些问题的，对你而言将会带来一种新的视角，学到新的技巧去分析存在的某些社会问题。

知识点 了解生产要素主要包含哪些；了解生产要素形成特点；掌握生产要素的需求和供给；理解收入与分配的基本原则；掌握洛伦茨曲线和基尼系数的经济含义。

能力点 掌握生产要素需求和供给，掌握生产要素价格的决定；掌握社会收入分配理论中的四大理论；明确实现社会收入分配相对公平的途径。

厂商为了生产产品必须购买各种生产要素。在要素市场上，劳动、资本、土地等生产要素的所有者要以不同的形式获得各自的收入：工人获得工资，资本所有者获得利息，土地所者获得地租，企业家获得正常利润。而工资、利息、地租、利润的多少，即生产要素的价格是由这些要素的供给与需求关系决定的。各类生产要素的价格和使用量是决定各类要素所有者收入水平的重要因素，因此生产要素价格理论也被称为“分配理论”。

第一节 生产要素市场的一般分析

一、生产要素价格的形成特点

生产要素，按照现代经济学的术语又叫作“投入”，通常也被称为生产资源，它是人或物的某种力量，能够在生产过程中发挥作用从而创造出产品或服务。一般分为劳动、资本、土地、企业家才能。他们的价格与一般产品一样，由其需求和供给的均衡状态决定。在完全竞争条件下，由市场供求来自发调节。但生产要素价格的形成与一般产品价格的形成又有所不同，主要表现在：

第一，在产品市场上，需求来自个人，供给来自厂商；而生产要素市场却相反，需求来自厂商，供给来自个人，即资本由资本所有者供给，劳动由工人供给，土地由土地所有者供给，而企业家才能则由经营者供给。

第二，对已经形成的价格，就一般产品而言，是指人们对它一次性的购买价格；就生产要素而言，则是指厂商按约定期间对他们的使用价格，而不是指一次性的购买价格。例如，劳动的价格，是指购买一定时间内使用劳动力的价格，即工资，而不是指一次性购买工人的全部劳动力的价格；资本的价格，是指用一定期间的资本利息，而不是指资本本身的全部价值；土地价格，是指一定期间的地租，而不是土地本身的全部价格。

二、生产要素的需求

（一）生产要素需求的性质

第一，生产要素的需求是一种派生需求或是引致需求。产品的价格是由产品的需求和供给共同决定的。同样，生产要素的价格（和使用量）是由生产要素的需求和供给共同决定的。但是同产品的需求和供给相比，生产要素的需求和供给又具有不同的性质。就要素的需求来说，生产要素的需求来自厂商。厂商对要素的需求不同于一般消费者对消费品的需求。消费者对消费品的需求是一种直接需求，也就是为了直接满足自己的欲望。厂商购买要素不像消费者购买商品那样是为了直接满足消费的需要，而是为了用要素来生产产品以供应市场。经济学把厂商对生产要素的需求称为派生需求，意指厂商对要素的需求是由人们对要素生产出的产品的需求派生出来的。

第二，生产要素的需求是一种联合需求或相互依存的需求。任何生产行为所需要的都不是一种生产要素，而是多种生产要素，并且具有替代性或互补性，在一定范围内，生产要素替代变动会受到边际收益递减规律的影响。如果只增加一种生产要素而不增加另一种，就会出现边际收益递减现象。生产要素相互之间的这种关系说明其需求之间是相关的。

(二)影响生产要素需求变动的因素

由以上生产要素需求的性质可以看出，影响生产要素需求的，主要有这样几个因素：

第一，由市场对产品的需求以及产品价格的变动所引起的生产要素需求的变动。也就是说，市场对某种产品的需求越大，该产品的价格就越高，则对这种生产要素的需求就越大，反之结果相反。

第二，生产技术状况的影响。生产技术的状况决定着生产的方式和手段。如果生产技术是资本密集型的，则对资本要素的需求越大，如果生产技术是劳动密集型的，则对劳动要素的需求越大。

第三，生产要素的价格。在产品的需求中，产品自身的价格是影响其需求的主要因素。由于生产要素需求具有联合性，并且通常具有替代性，厂商为了降低成本，一般是用价格低的生产要素代替价格高的生产要素，选择一个最佳的生产要素配合比例。

第四，产品市场结构和生产要素市场结构的影响。即是完全竞争性质的市场结构，还是不完全竞争性质的。

三、生产要素的供给

早期生产要素主要分为三类：第一类是自然资源。在经济分析中假定这类资源的供给是固定的，这类生产资源的供给曲线如图 6.1(a)所示。第二类是资本。资本是利用其他资源生产出来的，这种生产要素的供给与一般产品的供给一样，其供给曲线如图 6.1(b)所示，在经济中，这一行业的产品往往就是另一行业的生产要素。第三类是劳动。一个劳动者一天不可能提供超过 24 h 的劳动；在一定时间内，消费者所拥有的土地或资本要素的数量也基本固定。由于消费者资源的确定性，只能选择将全部既定资源或一部分作为生产要素提供给要素市场。对于消费者而言，这就涉及资源的分配问题：全部既定的资源（比如 24 h）是提供给要素市场以换取收入，还是作为其他用途（如娱乐、闲暇等）。这种生产要素的供给有其特殊性，其供给曲线是一条向后弯曲的线，见图 6.1(c)。在 19 世纪末，随着资本的所有权与使用权的分离，专业管理阶层的出现，经济学家提出了第四种生产要素——企业家才能。于是,正常利润被看成是企业家才能的收益,而资本所有者的收益被局限为“利息”。从生产的角度来看,生产者向生产要素供给者支付的这些报酬构成生产成本。

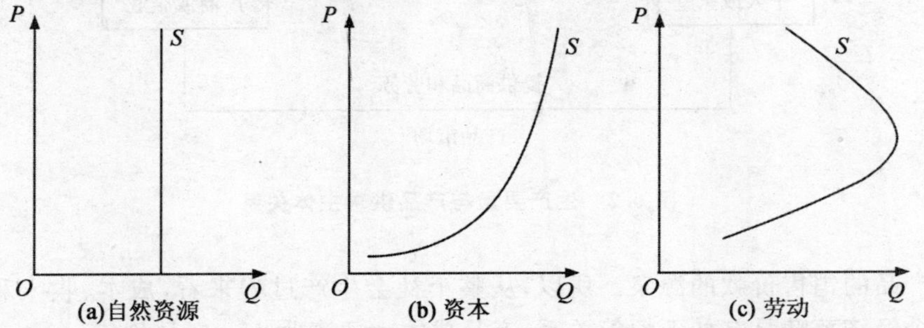

图 6.1 各类生产要素供给曲线图

由于一定时间内存量的既定,即人们拥有的生产要素数量在一定时期内是相对固定的,要素供给者只能将其所拥有资源全部或部分提供给市场。究竟提供多少资源给要素市场,取决于供给生产要素所获得的收入,即生产要素的价格。与此同时,消费者作为生产要素供给者的一个特征就是在一定时间内其所拥有资源(即要素)的确定性。因此,要素的供给问题也可以看作是消费者在一定的要素价格水平下,对其所拥有的既定资源在提供给要素市场和其他用途之间进行分配以获得最大效用的问题。

第二节 社会收入分配理论

收入分配理论又称生产要素价格理论,是价格理论在分配问题上的具体应用。

生产要素市场有别于产品市场。在产品市场上,需求来自个人或家庭,供给来自厂商;在生产要素市场上,需求来自厂商,供给来自个人或家庭。二者之间的区别与联系可以通过图 6.2 表示。

在商品经济条件下,产品市场与生产要素市场是相互依存和相互制约的:厂商作为产品生产者需求要素而供给产品。与此相对应,生产要素的所有者则供给要素而需求产品。厂商在生产要素市场上买进要素时付出的价款形成要素所有者的收入,同时也构成产品的成本;生产要素的所有者出卖要素取得的收入成为厂商出

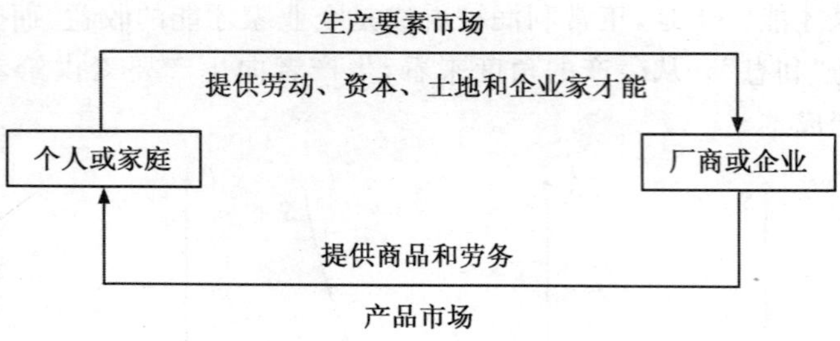

图 6.2 生产要素与产品供求主体关系

卖其产品的销售价款的源泉。所以,从整个社会生产过程来看,成本、收入和价值这三个经济范畴具有如下恒等关系:产品成本≡要素收入≡产品价值。

一、工资理论

(一)工资的含义与种类

(1)工资的含义　工资是一定时期内,给予提供劳动的劳动者的报酬,也是劳动这一生产要素的价格。这里的工资一般指工资率,即单位时间的工资。劳动者提供了劳动,获得了作为收入的工资。

(2)工资的种类　根据报酬的性质,工资可以分为狭义的工资和广义的工资。狭义的工资,仅指雇佣劳动者的报酬。广义的工资,包括雇佣劳动者和独立劳动者的一切劳心、劳力的报酬,以及除货币工资以外所享受到的一切货币和非货币利益。根据计算的方法,工资可以分为计时工资和计件工资。计时工资是按照劳动时间计算的,有日薪、周薪、月薪、年薪等。计件工资则是按照完成工作的数量计算的。根据工资的支付形式,可以分为货币工资和实物工资。从购买力来分,工资可分为名义工资和实际工资。货币工资是以货币形式表示的货币数量,又称为名义工资;实际工资则是工资能够购买的物品和劳务的数量,也称为货币工资的实际购买力。工资理论所分析的工资是货币工资。

(二)劳动的需求

在完全竞争市场上,劳动的需求取决于多种因素,包括市场对产品的需求、劳动的价格、劳动在生产中的重要性等。但劳动的需求主要还是取决于劳动的边际生产力。劳动的边际生产力是指在其他条件不变的情况下,增加一单位劳动所增加的产量。一般来说,工资率越低,产品中劳动成本就越低,企业从生产每单位产品中得到的利润就越多,劳动的需求量也就会越大;反之越小。由于劳动的边际生产力是递减的，所以劳动的需求曲线是一条向右下方倾斜的曲线，表明劳动的需求量与工资呈反方向变动关系。

(三)劳动的供给

劳动的供给一般与下述四个方面因素有关：

第一，人口函数；

第二，劳动者在人口中所占比例；

第三，每周或每年的平均工作小时；

第四，劳动者所提供的工作和技能的质量。

其中，第三点，亦即平均工作时间对劳动供给起决定作用。从事劳动，就要放弃闲暇和休息，因此劳动的供给本身是闲暇的让渡。因此，劳动的供给情况便取决于劳动者对于闲暇和收入(放弃闲暇从事劳动)的偏好程度。一般认为，劳动的供给与工资率(收入)之间具有一种二重性的关系，这就是收入效应和替代效应。

收入效应指的是，更高的工资将使劳动者更加富裕，从而增加他们对闲暇的需求，因而较高的工资将导致劳动供给的减少。

替代效应指的是，随着工资的提高，每一小时的闲暇将变得更加昂贵，从而劳动者将减少对闲暇的需求，而增加对于收入的需求，结果是用更多的劳动来代替闲暇。

上述两种效应是相反的。哪一种力量更大？在美国关于这个问题的统计研究表明，对于低工资工人来说，替代效应是主要的；对于高工资工人来说，收入效应是主要的；而对于大多数人来说，劳动供给对工资变化则没有明显的反应。因此，劳动的供给曲线形状一般如图 6.1(c)所示。从图中可见，在低工资阶段，劳动的供给与工资率按正比例变化。在中等工资阶段，随着工资提高劳动供给几乎没有多大变化。而当工资较高时，随着工资的增加，劳动的供给将会减少。

(四)完全竞争市场上工资的决定

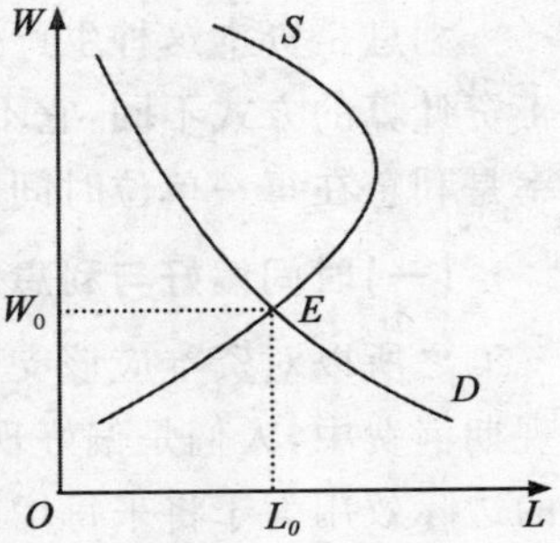

图 6.3 完全竞争劳动市场工资的决定

在完全竞争市场上，劳动的需求取决于劳动的边际生产力，由于劳动的边际生产力是递减的，所以劳动的需求曲线是向右下方倾斜的，表明劳动的需求量 L 与工资水平 W 呈反方向变动。而劳动的供给曲线是向后弯曲的。将劳动的需求曲线和劳动的供给曲线结合起来，即可得到均衡的工资水平及均衡的劳动数量。如图 6.3 所示：劳动的需求曲线 D 和劳动的供给曲线 S 相交于 E 点，决定了均衡的工资水平为 W_0，

均衡的劳动数量为 L_0。劳动的需求或供给任何一个变化都会使均衡工资水平发生变化，同时工资水平的升降也可以调节劳动市场的供求，使劳动的供求均衡数量发生变化。

（五）完全竞争下工资的差别

在完全竞争条件下，不同类型的职业中劳动的供给与需求曲线并不相交于同一的工资水平，从而在不同的职业或行业之间存在着工资水平的差别，这通常叫作“竞争的工资差别”。

产生工资差别的主要原因有三个：

第一，各种职业的劳动令人厌烦的程度是不同的，因而它们对于劳动者的吸引力不同，这主要指的是各种职业在非金钱方面的差异。

第二，各个劳动者由于先天或后天的差别，所具有的知识和技能不同，从而他们的劳动生产率或工作能力是不相同的。这意味着，各个劳动者之间在质的方面存在着重要差别。由于这种质的差别，使得不同类型劳动的供给和需求曲线互不相同，因而它们的工资水平也各异。这种工资差别叫作非均等化的工资差别。

第三，由于不同的劳动者集团之间存在着差别，也导致了工资的差别。这是英国经济学家凯恩斯在 19 世纪提出的一种观点，广为现代经济学家所采用。其要点是：劳动者整体可以分为不同的集团，像熟练工人与非熟练工人，管理人员与专业人员，甚至白人与黑人，男人与妇女，等等。这些集团被称为非竞争性集团或群体，其含义是，在每一集团内部，劳动者的流动性较强，而在各个集团之间劳动者的流动性则较弱。因而，只要劳动是同质的，集团内部的工资便趋于一致，而在集团之间，由于劳动的流动性较低，则导致工资水平的较大差别。

二、利息率理论

利息是资本这种生产要素的价格。资本家提供了资本，得到了利息。利息与工资计算的方式不同，它不是用货币的绝对量来表示，而是用利息率来表示，利息率是利息在每一单位时间内（例如一年内）在货币资本中所占的比率。

（一）时间偏好与利息

之所以对资本应该支付利息，是因为人们具有一种时间偏好，即在未来消费与现期消费中，人们是偏好现期消费的。换句话来说，现在多增加一单位消费所带来的边际效用大于将来每增加这一单位消费所带来的边际效用。这是因为未来是难以预期的，人们对物品未来效用的评价总要小于现在的效用。因此，放弃现期消费把货币作为资本，就应该得到利息作为报酬。

(二)迂回生产与资本净生产力

为什么资本能够带来利息呢？经济学家用迂回生产理论来解释这一点。

所谓迂回生产，就是先生产生产资料(或称资本品)，然后用这些生产资料去生产消费品，迂回生产提高了生产效率，而且迂回生产的过程越长，生产效率越高。例如，原始人赤手空拳去打猎是直接生产；当原始人先制造弓箭，而后用弓箭去打猎时就是迂回生产。用弓箭打猎比直接打猎的效率要高。如果延长迂回生产的过程，先采矿、炼铁、造机器，然后制造出猎枪，用猎枪打猎，那么效率就会更高。

现代生产的特点就在于迂回生产。但迂回生产如何能实现呢？这就必须有资本。所以说，资本使迂回生产成为可能，从而提高了生产效率。这种由于资本而提高的生产效率就是资本的净生产力。资本具有净生产力是资本能带来利息的根源。

(三)利息率的决定

利息率取决于对资本的需求与供给。资本的需求主要是企业投资的需求。因此，可以用投资来代表资本的需求。资本的供给主要是储蓄。因此，可以用储蓄来代表资本的供给。这样就可以用投资与储蓄来说明利息率的决定。

企业借入资本进行投资，是为了实现利润最大化，这样，投资就取决于利润率与利息率之间的差额。利润率与利息率的差额越大，即利润率越是高于利息率，纯利润就越大，企业也就越愿意投资。反之，利润率与利息率的差额越小，即利润率越接近于利息率，纯利润就越小，企业也就不愿意投资。这样，在利润率既定时，利息率就与投资呈反方向变动，从而资本的需求线是一条向右下方倾斜的曲线。

而人们进行储蓄，放弃现期消费是为了获得利息。利息率越高，人们越愿意增加储蓄；利息率越低，人们就越要减少储蓄。这样，利息率与储蓄呈同方向变动，从而资本的供给曲线是一条向右上方倾斜的曲线。利息率是由资本的需求与供给双方共同决定的，可用图 6.4 来说明利息率的决定。

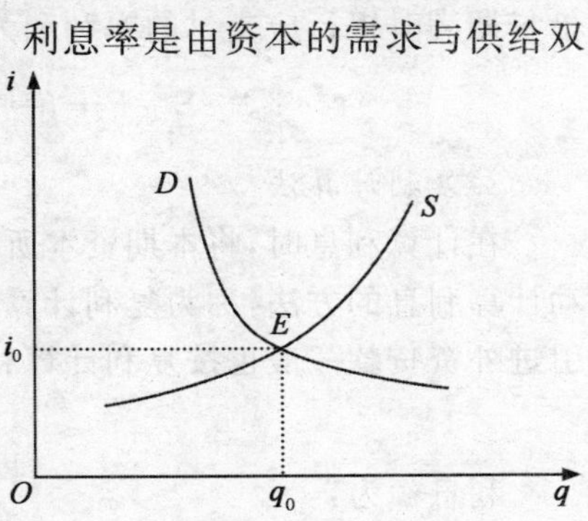

图 6.4 利息率的决定

在图 6.4 中，横轴 Oq 代表资本量，纵轴 Oi 代表利息率，D 为资本的需求曲线，S 为资本的供给曲线，这两条曲线相交于 E，决定了利息率水平为 i_0，资本量为 q_0。

还可以用可贷资金的需求与供给来说明利息率的决定。可贷资金的需求包括企业的投资需求、个人的消费需求与政府支出的需求，可贷资金的供给包括个人与企业的储蓄，以及中央银行发行的货币。可贷资金的需求与利息率呈反方向变动，可贷资金的供给与利息率呈同方向变动。可贷资金的需求与供给决定利息率的原理，与投资和储蓄决定利息率相同。这里所说的由资本供求关系所决定的利息一般称为“纯利息”，它反映了资本的净生产力。但在资本市场上债权人对债务人所收取的利息中还包括贷款时风险的收入，例如：不能偿还的风险，或者通货膨胀使货币贬值的风险等。对这些风险，债权人要收取一定的费用。这种包括风险收入在内的实际收取的利息称为借贷利息。这两种利息在量上是有差别的。

（四）利息的计算方法

利息的计算有单利计算法和复利计算法两种方法。

1. 单利计算法

在计算利息时，不管期限长短只按本金乘以利息率，所生利息不再加入下期本金重复计算利息的方法就称为单利计算法。它一般多用于短期借贷。目前我国国有银行存贷款实行单利计算利息的制度。

采用单利计算法计算利息的公式为：

$$I=P\times i\times n \qquad (6.1)$$

$$S=P+I=P(1+i\times n) \qquad (6.2)$$

式中：I 代表利息；P 代表本金；i 代表利息率；n 代表期限；S 代表本利和。

例如：某人存入银行三年定期储蓄 100 元，月息 6‰，存款到期时银行应支付的利息为：

$$I=P\times i\times n=100\times 6‰\times 3\times 12=21.60(\text{元})$$

借贷期满时银行应支付的本利和为：

$$S=P+I=100+21.60=121.60(\text{元})$$

2. 复利计算法

在计算利息时，将本期资本所生利息加入下期本金重复计算利息，这种逐期滚动计算利息的方法，称为复利计算法。目前国外长期投资均实行复利制度。我国引进外资贷款一般也按复利计算利息。其计算本利和的公式为：

$$S=P(1+i)^{n} \qquad (6.3)$$

利息额为：

$$I=S-P=P[(1+i)^{n-1}] \qquad (6.4)$$

例如，我国某企业借入外资 10 万元，年息 8%，三年后归还，到期时企业应付本利和为：

$$S=P(1+i)^n=100\ 000\times(1+8\%)^3=125\ 971.20(\text{元})$$

利息额为：

$$I=S-P=125\ 971.20-100\ 000=25\ 971.20(\text{元})$$

三、地租理论

(一)地租的性质

地租是土地这种生产要素的价格，地主提供了土地，得到了地租。如前所述，土地可以泛指生产中使用的自然资源，地租也可以理解为使用这些自然资源的租金。地租的产生首先在于土地本身具有生产力，也就是说，地租是利用“土壤的原始的、不可毁灭的力量”的报酬。

其次，土地作为一种自然资源具有数量有限、位置不变以及不能再生的特点。这些特点与资本和劳动不同，因此，地租的决定就有自己的特点。

地租的产生与归属是两个不同的问题。地租产生于以上两个原因，这就是说，无论在什么社会里，实际上都存在地租。但在不同社会里，地租的归属不同。在私有制的社会里，地租归土地的所有者；在国有制社会里，地租归国家所有；在社会团体所有制的社会里，地租归某一拥有土地的社会团体所有。正因为土地有地租，所以，土地不能无偿使用。有偿使用土地，正是地租存在的表现。

(二)土地的需求

土地的需求是指土地租用者在一定的地租水平下所愿意租用的土地数量。土地的需求价格是指租用一定量的土地所愿支付的价格，这个价格决定于土地的边际生产力，也就是土地的边际收益产量。随着土地投入量的增加，在其他要素投入不变的情况下，土地的边际生产力会不断下降，从而土地的边际收益也会不断递减，所以土地的需求曲线是向右下方倾斜的。

(三)土地的供给

土地的特点被描述为“原始的和不可毁灭的”。说它是原始的，因为它一般不能生产出来，说它不可毁灭，因为它在数量上不会减少。因而，一般都认为土地的自然供给量是固定不变的，供给曲线是一条垂直的直线，如图 6.1(a)所示。

(四)地租的决定

地租是由土地的需求与供给共同决定的。土地的需求曲线是一条向右下方

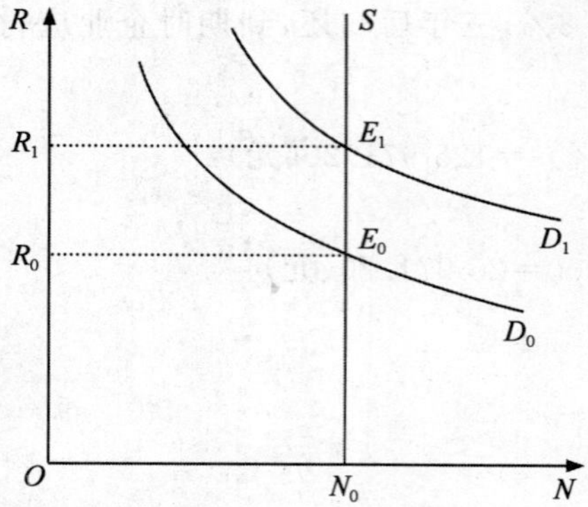

图 6.5 地租水平的决定

倾斜的曲线，而土地的供给曲线则是一条垂直于横轴的线，把土地的需求曲线与土地的供给曲线结合在一起，就可以得出均衡的地租水平。在图 6.5 中，横轴 ON 代表土地的数量，纵轴 OR 代表地租水平，土地的需求曲线 D_0 与供给曲线 S 的交点 E_0 决定了地租水平为 R_0。由于土地的供给是固定的，而随着经济的发展，对土地的需求量不断增加，这就导致了地租的不断攀升。如图 6.5 所示，由于对土地需求的增加，使土地的需求曲线从 D_0 向上移到 D_1，则地租也就随之从 R_0 上涨到 R_1。

（五）级差地租

以上关于地租决定的讨论实际上假设所有的土地都是同质的，即不考虑不同土地在肥沃程度、地理位置等方面的差别。但实际上，土地肥沃程度和地理位置的差别是相当大的，而且，这种差别对地租的形成也有相当重要的影响。由于土地在肥沃程度和地理位置等方面的差别而引起的地租在经济学上称为级差地租。如在很多大城市的中心地段，地租极其昂贵，形成了级差地租现象。从土地市场均衡地租的决定中我们可以看出，级差地租产生的原因，一方面是由于中心地段土地的边际生产力较高（如建造高级写字楼）；另一方面则是和其他地段相比（如市郊），中心地段的土地数量极其有限有关。

（六）土地租金和土地的价值

我们已经看到：地租取决于土地的潜在使用者愿意为它支付的代价。土地最终会被愿意为它支付最多代价的那个人所使用。但什么因素决定支付意愿呢？土地使用者对土地报价的高低取决于利用土地取得利润的潜在数量。位于繁华商业区的土地，因为在它上面生产的产品而变得昂贵；坐落在有名的景点里的一家餐馆可以索要高价，因为它具有相对稳定的顾客。很显然，它仍然必须生产高质量的产品，但位置提供了相当大的机会赚取利润。因此，一个既定的地方或一块既定的土地在竞争性用途之间的配置，取决于在同一块土地上生产出来的竞争性产品之间的替换关系（事实上，很大程度上取决于同类要素的垄断程度）。所以，当农业土地在生产住房或制造品方面，或在提供购物中心的场地方面的价值超过它在生产农作物方面的价值时，农业用地就会逐步转变成为民用或商用的土地。这就是目前所经历的城市化的过程，也是中国目前正在发生的重要变化之一。

有关土地问题，所要说的还有一点：因为土地不能物理移动，所以，任何一小块土地的价值在很大程度上取决于它邻近土地被置于何种用途。一个垃圾填埋厂有可能降低邻近土地的价值，而一条新公路的开通则可能提高它的价值。所以，房地产业的一句流行语就是："地段，地段，还是地段。"

知识链接：准地租与经济租

(1)准地租 又称准租金，是英国经济学家马歇尔提出的一个概念。所谓准地租，是指固定资产在短期内所得到的收入，因其性质类似地租，而被马歇尔称为"准地租"。在短期内，固定资产是不变的，与土地的供给相似。不论这种固定资产是否取得收入，都不会影响其供给。只要产品的销售价格能够补偿平均可变成本，就可以利用这些固定资产进行生产。在这种情况下，产品价格超过其平均可变成本的余额，代表了固定资产的收入。这种收入是由于产品价格超过弥补其可变平均成本的余额而产生的，其性质类似地租。准地租只在短期内存在。在长期内固定资产也是可变的，固定资产的收入就是折旧费及其利息收入。这样，也就不存在准地租了。

(2)经济租 如果生产要素的所有者所得到的实际收入高于他们所希望得到的收入，则超过的这部分收入就被称为经济租。这种经济租类似消费者剩余，所以也称为生产者剩余。例如：劳动市场上有A、B两类工人各100人。A类工人技能高，所要求的工资为200元，B类工人技能低，所要求的工资为150元。假设某厂商需要工人200人，但用一类工人不够生产，他就必须雇用A、B两类工人。在这种情况下，厂商必须按A类工人的要求支付200元的工资。这样，B类工人所得到的收入就超过了他们的要求。B类工人所得到的高于150元的50元收入就是经济租。所以准地租仅在短期内存在，而经济租在长期中也存在。

四、利润理论

(一)正常利润

正常利润是企业家才能的价格，也是企业家才能这种生产要素所得到的收入。它包括在成本之中，其性质与工资相类似，也是由企业家才能的需求与供给所决定的。

如前所述,企业家才能至关重要,使劳动、资本与土地结合在一起生产出更多产品的决定性因素就是企业家才能。而企业家才能的供给又是很小的。并不是每个人都具有企业家的天赋。只有那些有胆识、有能力、又受过良好教育的人,才具有企业家才能。所以,培养企业家的才能所耗费的成本也是高的。企业家才能的需求与供给的特点,决定了企业家才能的收入——正常利润。可以说,正常利润是一种特殊的工资,其特殊性就在于其数额远远高于一般劳动所得到的工资。

资料卡:温州的企业家才能

企业家才能不是一种能够被生产出来的人力资本,是符合某种概率分布的、稀缺程度很高的生产要素。在企业家才能的问题上,温州用事实给予了证明。如果把上海和温州两座城市改革开放以来,各生产要素在当地经济发展中的贡献作一个比较的话,可以肯定的得出这样的结论:资本在上海的贡献列第一位,企业家才能在温州的贡献列第一位。

(二)超额利润

超额利润是指超过正常利润的那部分利润,又称纯粹利润或经济利润。在完全竞争的条件下,在静态社会里,不会有这种利润产生。只有在动态的社会中和不完全竞争条件下才会产生这种利润。动态社会涉及创新和风险。不完全竞争就是存在垄断。因此,我们就从这三个角度来分析超额利润的产生与性质。

(1)创新与超额利润　创新是指企业家对生产要素实行新的组合。它包括五种情况:第一,引入一种新产品;第二,采用一种新的生产方法;第三,开辟一个新市场;第四,获得一种原料的新来源;第五,采用一种新的企业组织形式。这五种形式的创新都可以产生超额利润。引进一种新产品可以使这种产品的价格高于其成本,从而产生超额利润。采用一种新的生产方法和新的企业组织形式,都可以提高生产效率、降低成本,获得一种原料的新来源也可以降低成本。这样,产品在按市场价格出售时,由于成本低于同类产品的成本,就获得了超额利润。开辟一个新市场同样也可以通过提高价格而获得超额利润。创新是社会进步的动力,因此,由创新所获得的超额利润是合理的,是社会进步必须付出的代价,也是社会对创新者的奖励。

(2)风险与超额利润　风险是从事某项事业时失败的可能性。由于未来具有不确定性,人们对未来的预测有可能发生错误,风险的存在就是普遍的。在生产中,由于供求关系难以预料的变动,由于自然灾害、政治动乱,以及其他偶然事件的影响,也存在着风险,而且并不是所有的风险都可以用保险的方法加以弥补。这样,从事具有风险的生产就应该以超额利润的形式得到补偿。

(3)垄断与超额利润　垄断可以分为专买和专卖。专买即买方垄断,指对某种生产要素购买的垄断,垄断者可以压低购买生产要素的价格,获得超额利润。专卖即卖方垄断,指垄断者可以抬高产品的销售价格而获取超额利润。这种超额利润伴随着资源配置的无效率。所以,经济学家们一般认为垄断利润是不可取的。如果有垄断利润存在,则主张通过税收将其部分或大部分收归国有,或转移给那些利益被剥夺者。

(三)利润杠杆及其作用

(1)提高社会资源的利用率　利润是厂商进行创新的目的,而创新则带来投资、产量和就业的增加,使社会资源的利用率得到提高。利用利润杠杆刺激厂商改善经营管理,开拓市场,研发新产品,可以促进社会生产率水平提高,于国于民都有利。

(2)实现资源配置的合理化　若一个行业中全部厂商都得到了超额利润,生产要素所有者就会把资源投入这个行业,如果这个行业发生了亏损,那么这个行业的一部分生产要素所有者就会把资源转移到别的用途。因此,盈利或者亏损是促使资源流动的信号。通过利润的作用,可以把社会资源配置到各种用途,以适应社会的需要。

第三节　社会收入分配结果的衡量

一、衡量收入分配状态的标准:洛伦茨曲线和基尼系数

(一)衡量社会收入分配平均程度的洛伦茨曲线

洛伦茨曲线是反映社会收入分配平均程度的曲线。它的发明者是统计学家洛伦茨,因而得名。他把社会居民按照收入多少分成若干等级,再分别在横坐标和纵坐标上标明,连接每个等级的人口占总数的百分比和每个等级人口的收入占社会总收入的百分比,连接各个等级的这两个百分比率之坐标点,所形成的一条曲线,就叫洛伦茨曲线。

现代西方经济学家在测定社会收入分配平均程度时,一般习惯把整个社会人口按收入的多少从低到高平均分为五档,每档人口均占全部人口的20%,然后再看每20%的人口的收入占总收入的多少,即可比较出社会收入的差别。如表6.1

所示,分别列出收入分配绝对平均和收入分配不平均的情况。

表 6.1　收入分配绝对平均和收入分配不平均

收入分组		占人口的百分比		绝对平均的情况		不平均的情况(某国某年实际收入)	
		百分比	累计	占收入的百分比	累计	占收入的百分比	累计
最低	1	20%	20%	20%	20%	4%	4%
↓	2	20%	40%	20%	40%	10%	14%
	3	20%	60%	20%	60%	20%	34%
	4	20%	80%	20%	80%	26%	60%
最高	5	20%	100%	20%	100%	40%	100%

根据表 6.1 所给出的某一国家某一年份实际收入分配资料绘制图 6.6。在图 6.6 中,*OI* 代表国民收入百分比,*OP* 代表人口百分比,连接两对角的直线,是绝对平均曲线(*OY*),因为该线上的任何一点到纵坐标和横坐标的距离都是相等的。图中 *OY* 为 45°线。对角线上的任何一点都表示:总人口中每一定百分比的人口所拥有的收入,在总收入中也占相同的百分比。如果社会收入是按这种情况分配,那就说明社会收入分配是绝对平均的。

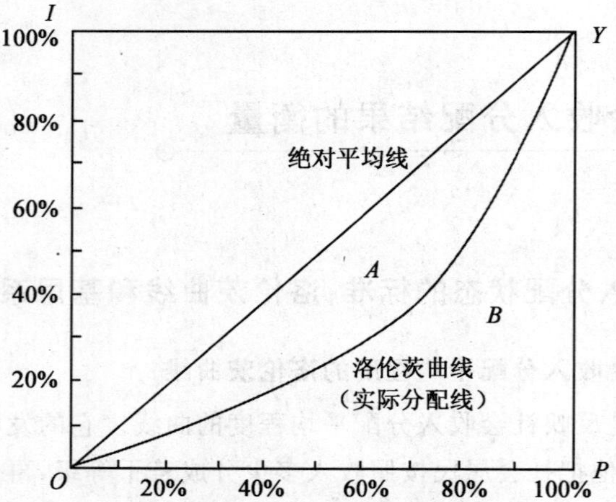

图 6.6　洛伦茨曲线

在图 6.6 中,*OPY* 线是绝对不平均曲线。这条线表示:社会的全部收入都被一人所占有,其余人的收入都是零。

在图 6.6 中介于上述两个极端之间的曲线则是实际收入分配线,即洛伦茨曲线。在这条曲线上,除了起点(*O* 点)与终点(*Y* 点)以外,任何一点至两坐标轴间的距离都不相等,每一点都表明占总人口一定百分比的人口拥有的收入在总收入中所占的百分比。

从洛伦茨曲线的形状可以看出,实际收入分配线越靠近对角线,则表示社会收入的分配越接近平均;反之,则表示社会收入分配越不平均。

资料卡:马太效应

《新约·马太福音》里说,一个国王远行前,交给三个仆人每人一锭银子,吩咐他们:"你们去做生意,等我回来时,再来见我。"国王回来时,第一个仆人说:"主人,你交给我的一锭银子,我已赚了10锭。"于是国王奖励他10座城邑。第二个仆人报告说:"主人,你给我的一锭银子,我已赚了5锭。"于是国王奖励了他5座城邑。第三个仆人报告说:"主人,你给我的一锭银子,我包在手巾里存着,我怕丢失,一直没有拿出来。"于是国王命令将第三个仆人的一锭银子也赏给第一个仆人,并且说:"凡是少的,就连他所有的也要夺过来。凡是多的,还要给他,让他更多。"

科学社会学家罗伯特·金·默顿即借用这段话,类比社会中存在的上述现象,并称其为"马太效应"。让富有的人更富有,让贫穷的人更贫穷。这就是经济学中著名的"马太效应",用来形容正向回馈,即"富者越来越富,穷者越来越穷"。《新约·马太福音》中发出这样的感叹:"对已经富有的人还要给予,使之锦上添花;而对一文不名的人,即使有了一文,也要强行夺走。"弱肉强食、优胜劣汰是自然法则,贫困的一个重要来源是穷人自身素质的相对低下,包括知识水平、努力程度等。而自身的贫困反过来又让穷人缺少提高自身素质的能力,这其中的潜在逻辑就是穷人因为穷所以穷。经济学的灵魂是自由和公平,这也是市场经济蓬勃发展的内在动力。因此,还穷人以"起点公平"是经济学努力的方向。

(二)衡量社会收入分配平均程度的基尼系数

基尼是20世纪的意大利经济学家,他根据洛伦茨曲线图找到了判断收入分配平均程度的指标,这个指标就是基尼系数。

在图6.6中,A代表实际收入分配曲线与绝对平均曲线之间的面积,B代表实际收入分配曲线与绝对不平均曲线之间的面积,则:

$$基尼系数=\frac{A}{A+B}$$

如果 $A=0$，基尼系数$=0$，表示收入绝对平均；如果 $B=0$，基尼系数$=1$，则收入绝对不平均。可见，基尼系数在 0 和 1 之间。基尼系数数值越小，就越接近于收入平均；基尼系数数值越大，则收入越不平均。

基尼系数被西方经济学家普遍公认为一种反映收入分配平等程度的方法，也被现代国际组织（如联合国）作为衡量各国收入分配的一个尺度。基尼系数小于 0.2 表示绝对平均，0.2～0.3 表示比较平均，0.3～0.4 表示基本合理，0.4～0.5 表示差距较大，0.5 以上表示收入差距悬殊。改革后，我国的收入不平等程度加大，呈不断攀升之势。依据全国城市住户调查收入分组资料，计算出的基尼系数 1978 年为 0.16，2006 年为 0.46。目前已接近 0.5，说明我国的收入分配差距已经到了需要认真关注的时刻。

二、引起收入分配不平等的原因

各国收入分配不平等状况差别很大，但没有一个国家收入分配是绝对平等的。

首先，收入分配不平等在各国都是一个客观存在，各国的差别无非是不平等程度的差别。所以，这一问题有其共性。其次，一般来说，发展中国家的收入分配不平等程度高于发达国家。再次，说明收入分配不平等程度的主要是依据货币收入，所以，实际不平等程度也许大于或小于货币收入的情况。此外，各国都存在贫穷现象，即收入在贫困线以下的人口。这些人被称为最贫困者。也就是说任何一个社会都存在不同程度的收入分配的不平等。各个社会引起收入分配不平等的原因既有共同之处，又有不同之处。

1.社会收入不平等的状况与一个社会的经济发展状况有关

发展经济学家西蒙·库兹涅茨根据英、德、美等国家近百年经济增长的统计资料，分析得出了一个收入分配变化的规律，即在经济进入增长阶段之前，收入分配较为平等；而在经济增长的初始阶段，收入分配的不平等程度加剧；随着经济继续增长，收入分配不均的状况逐步缓解；当经济增长和收入水平达到一定程度、部门间劳动生产率和收益差别缩小后，收入分配将逐渐趋于平等。继库兹涅茨之后，阿得尔曼和莫里斯等对一些发展中国家经济发展不同阶段的收入分配状况进行了分析，他们的研究也证实了发展中国家在工业化初期阶段，收入分配表现出显著不平等的社会经济现象。此外，发展中国家在经济发展过程中，还呈现出现代工业部门和传统农业部门并存的二元结构特征。在这种经济结构下，由于农业生产率低下，规模庞大的农业剩余劳动力一时难以被有限的工业部门所吸纳，因此在一段时期内，农业部门的平均收入与高速增长的城市工业部门相比处于较低的水平，特别是在社会急剧变迁阶段，城乡收入差距呈不断扩大的趋势。

2. 各国收入分配不平等也与制度上存在的问题相关

比如，一些国家存在户籍制度，受教育权利的不平等。由于制度或社会习俗，一部分人对另一部分人的歧视。例如，许多国家普遍存在的对妇女的歧视等。

3. 引起收入分配不平等的还有个人原因

这就是说，收入分配不平等与人的个体差异是相关的。每个人的能力、勤奋程度、机遇并不相同。就能力而言，既有先天的才能，也有后天受教育程度的不同。经济学家认为，人的受教育程度与个人收入之间有强烈的相关性。受教育越多，能力越强，收入水平越高。

总之，收入分配差距拉大，既有社会原因，又有个人原因，对不同社会不同阶层人的收入差别及原因要具体分析。

三、公平与效率

(一)公平与效率的概念

公平是指人与人的利益关系及利益关系的原则、制度、做法、行为等都合乎社会发展的需要。公平是一个历史范畴，不存在永恒的公平。不同的社会，人们对公平的观念是不同的。公平观念是社会的产物，按其所产生社会历史条件和社会性质的不同而有所不同。公平又是一个客观的范畴，尽管在不同的社会形态中，公平的内涵不同，不同的社会、不同的阶级对公平的理解不同，但公平具有客观的内容。公平是社会存在的反映，具有客观性。

效率指资源投入和生产产出的比率。人类任何活动都离不开效率问题，人作为智慧动物，其一切活动都是有目的的，是为了实现既定的目标。在实现目标的过程中，有的人投入少，但实现的目的多，即我们所说的事半功倍，而有的人投入很大，但实现的目的少，或者实现不了其目标，即我们所说的事倍功半，前者是高效率，后者是低效率。

(二)公平与效率的关系

公平与效率有人认为是对立的，有人认为是一致的。总的说来，公平是指社会成员收入的均等化，也就是社会收入的平均分配；效率是指资源的有效配置，就是按照市场竞争原则，依照各种生产资料的所有者或使用者对经济发展做出的贡献来分配社会收入。

公平与效率之间存在着不可避免的替代关系，即两者之间存在着此消彼长的关系，是对永恒的矛盾。这些矛盾主要表现在：从政治和社会制度上看，市场经济条件下社会根据经济效率向生产要素供给者提供报酬，这些报酬构成人们的收入。

市场经济的自由竞争原则,要求优胜劣汰,要促使经济效率增长就必须使得人们在收入上有差别,也就是社会收入不能平均分配。这种收入分配上的不均等,实质是市场经济制度下人们通过竞争追求效率的结果。公平与效率之间的替代关系可以概述为:要完全实现收入分配均等化,就不能使社会发展保持较高的效率,也难以实现收入分配的均等化。实现公平要以降低效率为代价,提高效率要以牺牲公平为代价,二者不可兼得。

(三)公平与效率关系的处理方式

公平与效率的排列次序问题涉及意识形态中更为深刻和重要的一个问题,即价值判断问题。对这一问题的分析和解决有两种相互对立的观点和做法。

(1)效率优先的方式　这种分配方式主张把效率放在优先的地位,其理由是:效率是同市场经济联系在一起的,市场经济必须以自由竞争为前提,没有自由竞争就没有市场和效率。把效率放在优先地位,就是把自由竞争放在优先地位。同时,效率本身就意味着公平。效率来自于个人的努力程度,效率反映了勤奋。如果不重视效率,就是对勤奋的挫伤,对懒惰的鼓励。

(2)公平优先的方式　这种分配方式主张把公平放在优先的地位,其理由是:公平被认为是对人的一种“天赋特权”,市场上自由竞争所引起的收入差别是对这种“天赋特权”的侵犯。效率本身不仅不意味着公平,而且它来自于不公平,这是因为:一方面,市场中各人拥有的生产工具和资源存在差异,导致各人在效率上的差异;另一方面,各人生活史不一样。此外,市场机制本身并不完善,由于经济因素和非经济因素的影响,市场并不完全按个人的“勤奋”和“懒惰”给予适当的报酬。

(四)关于收入分配问题的两种公平论

1.过程公平论

根据分配的机制或手段来判断是否公平。换言之,无论结果如何,只要机制是公平的,就实现了公平。在收入分配问题上,这种观点强调的是决定收入的机制是否公平。这个观点的主要代表是美国哲学家罗伯特·诺齐克,代表作是《无政府、国家与乌托邦》。这种观点认为,收入分配是否公平,关键在于决定分配的机制。在市场经济中,重要的是制度上的公平,而这种公平要以私有产权和自愿交易为基础。人们通过交易来实现私有财产的转移。只要交易是公平的,产生的结果就是公平的。在生产中,私有产权制度保证了每个人的要素由个人所拥有,各自交换自己的要素,这种交易的自愿性与平等性决定了分配的公平性。根据这种观点,只要分配机制保证了私有权,保证了自愿交易,每个人都以平等的权利参与市场交易,无论分配的结果如何,分配都是公平的。

2.结果公平论

根据分配的结果来判断收入分配是否公平。换言之，只有结果平等才实现了公平。这个观点的主要代表是美国哲学家罗尔斯，代表著作是《正义论》。这种观点认为，如果最穷的人可以通过从任何一个其他人那里得到收入而增加福利，那么，公平就是要求进行这种分配。按这个标准，最公平的分配应该是完全平等的分配。但实际上并非如此，因为这种分配引起效率损失，会使所有人的福利减少。所以，结果公平论并不是主张完全平等的分配，而是关注最穷的人的状况，通过收入再分配来增加他们的收入。

这两种观点反映了人们对收入分配的不同看法。在现实中，无论持什么观点，都认为需要某种形式的收入再分配政策来保证社会的某种程度的公平与社会稳定。

（五）实现相对公平的途径

世界上没有绝对公平的事情。在市场经济中，是按效率优先的原则来进行收入分配的。但每个人进入市场时拥有生产要素的质量与数量不同，在竞争中的机遇不同，所以不可避免地产生贫富分化。但这种分配不利于社会的安定，因此，就要通过政府的政策来缓和收入分配不公的现象。

1.收入再分配政策

收入再分配政策主要有两个目的，一是缩小各阶层之间的收入差别，二是援助最贫困者。这种政策的最高目的是实现社会公正与正义，最低目标是实现社会稳定。从广义上说，收入分配政策包括三类：

第一，干预收入分配不公平原因的政策。这种政策是要消除收入不公平的根本原因。这种原因主要是个人拥有的生产要素的数量与质量不同，以及使用自己所拥有要素的机会不同。所以，这一类政策就是要让人们拥有的要素更为平等，使用要素的机会更加平等。例如，增加政府的人力资本投资，使每个人的劳动质量提高，就是提高要素质量。再如限制并消除种族与性别歧视，就是为了使每个人都有同样的机会使用自己拥有生产要素等。

第二，干预收入分配机制的政策。如前所述，收入分配由市场机制决定，这一机制正常运行的前提是完全竞争。但现实中由于垄断的存在及其他原因，市场机制无法充分发挥作用，这样就要用政策来干预分配机制，例如，扶植对抗垄断的力量，建立对抗企业买方垄断的工会或对抗卖方垄断的雇主联合会，建立劳资协商制度，或者调节要素的供求等。这类政策是对分配过程的干预。

第三，干预既定分配状态的再分配政策。这也就是狭义的收入分配政策。本节所论述的就是这类政策。

资料卡:黑洞效应

在宇宙中,一些大质量的物体在发生坍塌之后,会形成一个致密的点,由于它的质量非常大,所以产生的引力也非常大,大到光线进去之后也无法逃出来,于是就形成了一个黑洞。而且不断被吞噬进去的物质和能量又反过来成为黑洞的一部分,使得黑洞产生更大的吸引力。经济学中,当一个企业达到一定的规模之后,也会像一个黑洞一样,产生非常强的吞噬和自我复制能力,把它势力所及的大量资源吸引过去,而这些资源使得企业更加强大,形成一个正向加速循环的旋涡。黑洞效应使得资源和资本聚集,是产生社会贫富差距的原因之一。

2.收入再分配的主要工具

现在政府进行收入再分配的主要工具有以下三种:

第一,通过所得税所达到的收入再分配。

第二,收入保障计划。有三种主要类型:社会保险计划、失业补助与福利计划,它们都是直接支付给低收入家庭。

第三,提供低于成本的物品与劳动。这项政策适用于整个社会。再分配是通过政府提供物品与劳务实现的。这些劳务中最重要的是教育,尤其是大学教育。

本章关键词

生产要素;边际生产力;工资;利息率;地租;级差地租;正常利润;超额利润;洛伦茨曲线;基尼系数;收入再分配

本章小结

微观经济学从根本上讲,是由价格理论和分配理论两大部分组成的。现代微观经济学把生产要素分为土地、劳动、资本和企业家才能 4 种。他们的价格与一般产品一样,是由其需求和供给的均衡状态决定的;生产要素的需求是一种派生的需求,或间接的需求,受生产技术变化的影响,在技术不变的情况下,厂商对生产要素的需求,取决于生产要素本身的价格——价格高,需求量少;价格低,需求量多。对生产要素的需求价格,则取决于它的边际生产力。经济学上的土地泛指一切自然资源。假定土地资源固定不变、土地只有一种用途——生产性用途,而没有其他用途(如自用),则土地的供给曲线是垂直的。土地的需求曲线是向右下方倾斜的曲线。把土地的供给曲线与需求曲线结合起来,即可决定使用土地的均衡价格。均衡点决定的均衡价格即为地租。资本是由经济社会生产出来并用作投入要素以便生产更多商品和劳务的物品，资本的报酬表现为利息，利息是由资本的供求关系决定的。对企业家才能的需求是很大的，而企业家才能的供给又是很小的，这就决定了企业家才能的收入——正常利润要高于一般劳动所得到的工资。

洛伦茨曲线表示人口累计百分比与该百分比所占有的国民收入比重之间的关系。洛伦茨曲线弯曲程度越大，收入分配程度就越不平均。基尼系数是一个反映收入分配平等程度的指标，也被现代国际组织作为衡量各国收入分配的一个尺度。基尼系数越小，收入分配就越平均；基尼系数越大，收入分配就越不平均。

案例分析

案例一：我很喜欢看踢桶

一个退休的老人回到老家，在小城买了房住下来，想在那儿安静地度过自己的晚年，写些回忆录。刚开始的几个星期，一切都很好，安静的环境对老人的精神和写作很有益，但有一天，三个男孩子放学后开始来这里玩，他们把几只破垃圾桶踢来踢去，玩得不亦乐乎。老人受不了这些噪音，于是出去跟年轻人谈判。

"你们玩得真开心，"他说，"我很喜欢看你们踢桶玩，如果你们每天来玩，我给你们三人每天每人一块钱。"三个年轻人很高兴，更加起劲地表演他们的足下功夫。过了三天，老人忧愁地说："通货膨胀使我的收入减少了一半，从明天起，我只能给你们五毛钱。"年轻人很不开心，但还是答应了这个条件。每天下午放学后，继续去进行表演。一个星期后，老人愁眉苦脸地对他们说："最近没有收到养老金汇款，对不起，每天只能给两毛钱了。""两毛钱？"一个男孩子脸色发青，"我们才不会为了区区两毛钱浪费宝贵时间为你表演呢，不干了。"

从此以后，老人又过上了安静的日子。

这个故事说明了什么？（★理论提示：工资理论）

案例二：疯涨的房价

国际上公认"房价收入比"为3～6，而在我国许多大中城市却高达十几到几十倍，对此，著名学者何新的理论也许能让我们对疯涨的房价有一个更具高度的认识。

何新强调，拉动房价日高的，并不是房屋造价，而是地价——土地使用的价格，即地租。这个价格目前埋在房价里，表面上看不出来，所以大家都以为只是"房价"在节节高攀，而且认为是房地产商人在和穷百姓过不去，甚至是在对抗国家宏观调控的恶意捣乱。真实的情况是：由于土地资源的稀缺（不可再生的天然资源），以及由于城市经济快速发展，城市中心区位的级差地租必然大幅度上升，必然导致区域地价快速上升,这就是古典经济学家李嘉图所谓“级差地租”理论。由此,何新认为,房价的上涨不是经济泡沫。

思考材料中的区域地价和土地使用的价格(地租)的含义。材料中体现了哪些“级差地租”的现象?(★理论提示:地租理论)

案例三:真的是不可调和的矛盾?

有7个人组成了一个小团体共同生活,其中每个人都是平凡而平等的,没有什么凶险祸害之心,但不免自私自利。他们想用非暴力的方式,通过制定制度来解决每天的吃饭问题:要分食一锅粥,但并没有称量用具和有刻度的容器。

你能用多少种方法来分粥公平?这个故事说明了什么经济问题?(★理论提示:公平与效率)

专项训练

(一)单项选择

1. 随着工资水平的提高,劳动的供给量(　　)。
   A. 一直增加　B. 一直减少　C. 先增加后减少　D. 先减少后增加
2. 如果技术工人的工资相对非技术工人的工资有所增加,我们预测会出现(　　)。
   A. 更少的工人拥有技术,使熟练工人的工资进一步上升
   B. 更多的工人拥有技术,使技术工人的工资进一步上升
   C. 更多的工人拥有技术,使熟练工人的工资回落一些
   D. 更少的工人拥有技术,使熟练工人的工资回落一些
3. 地租不断上升的原因可能是(　　)。
   A. 土地的供给、需求共同增加　　B. 土地供给不断减少,而需求不变
   C. 土地的需求日益增加,而供给不变　　D. 以上全不对
4. 在完全竞争市场中,土地的需求曲线与供给曲线分别是(　　)状。
   A. 水平,垂直　　B. 向左下方倾斜,向右下方倾斜
   C. 向右下方倾斜,向左下方倾斜　　D. 向右下方倾斜,垂直于数量轴
5. 洛伦茨曲线代表(　　)。
   A. 税收体制的效率　　B. 税收体制的透明度
   C. 贫困程度　　D. 收入不均衡程度
6. 如果收入是平均分配的,则洛伦茨曲线将会(　　)。
   A. 与纵轴重合　　B. 与横轴重合
   C. 与45°线重合　　D. 无法判断其位置

7. 甲、乙、丙三国的基尼系数分别为 0.1、0.15、0.2，则分配最为平均的国家是（　　）。

A. 甲国　　B. 乙国　　C. 丙国

8. 收入分配绝对平均时，基尼系数（　　）。

A. 等于 0　　B. 等于 1　　C. 大于 0　　D. 小于 1

（二）判断题

1. 分配理论实际上是价格理论在分配问题上的应用。
2. 生产要素的需求是一种自生的需求和联合的需求。
3. 假如厂商使用机器设备以取代劳动，劳动的需求曲线将向右方移动。
4. 生产要素的价格是由其供给与需求决定的。
5. 在短期内，资本的需求曲线向右下方倾斜，供给曲线向右上方倾斜。
6. 实际的基尼系数总是大于零而小于 1。
7. 甲、乙两国的基尼系数分别为 0.1 和 0.2，那么甲国的收入分配要比乙国平等。
8. 某项政策实施前，基尼系数为 0.68，该政策实施后，基尼系数为 0.72，所以说该政策的实施有助于实现收入分配平等化。

（三）简答题

1. 生产要素需求的性质是什么？影响生产要素需求变动的因素主要有哪些？
2. 地租包括哪些？
3. 什么是洛伦茨曲线和基尼系数？基尼系数的计算公式是什么？
4. 实现收入分配平等化的政策有哪些？试分析其利弊。

（四）计算题

某厂商以劳动作为唯一的可变要素，其生产函数为 $Q=-0.01L^3+1.25L^2+52L$。已知产品市场与生产要素市场都是完全竞争的，且产品价格为 2 元，工资率为 4 元。试计算：

（1）厂商使用的劳动量是多少？

（2）如果固定成本为 10 000 元，厂商的利润是多少？

（五）分析题

运用工资理论，分析为何最近几年沿海企业出现用工荒而改革开放初期农民工却抢着找工作。依此分析，你认为政府应采取怎样的方法或实施怎样的政策？

第七章　市场失灵与微观经济政策

引言：经济学的主旨是实现社会资源的有效配置，进而实现社会效率最大。经典的微观经济理论告诉我们，在完全竞争条件下，市场经济能够在自发运行的过程中，依靠市场机制这只“看不见的手”，使资源配置达到最优状态。但是，市场经济并不是万能的。随着市场从古典自由竞争向现代市场经济的发展，自由放任基础之上的市场竞争机制，并非在任何领域、任何状态下都能够充分展开；而在另外一些领域或场合，市场机制即使能够充分发挥，也无法达到符合整个社会要求的正确的资源配置结果。现实中在许多情况下，市场不能很好地运作，即存在单纯依靠市场机制难以实现资源有效配置的情形，这就是市场失灵。

知识点　掌握市场失灵、外部效应、公共物品和信息不对称的含义；掌握外部效应对社会的影响及矫正措施；了解市场失灵的主要原因及表现；了解公共物品与私人物品的特征；理解公共选择理论、逆向选择、道德风险、委托-代理问题等内容。

能力点　能用所学知识对市场失灵问题进行分析，并运用微观经济政策解决实际问题。

第一节　市场失灵

一、市场失灵的含义

市场失灵又称为市场障碍、市场失效、市场失败等。市场失灵有狭义和广义之分。狭义的市场失灵是指完全竞争市场所假定的条件得不到满足而导致的市场配置资源的能力不足从而缺乏效率的表现。广义的市场失灵则还包括市场机制在配置资源过程中所出现的经济波动以及按市场分配原则而导致的收入分配不公平现象。

二、市场失灵的原因

1. 市场机制的功能和作用有局限性

局限性的含义是在具备所有理想条件和市场机制能够充分发挥作用的情况下,市场对某些经济活动无能为力。由于市场作用极限的存在,起作用范围在客观上受到限制,这就决定了市场失灵的存在。在现实经济生活中,市场万能论早已被多次的经济大危机所粉碎了,市场失灵现实被人们所公认。市场局限性使得仅仅依靠市场解决一切问题成为不可能。所以由市场局限性而产生的市场失灵,已成为市场自身无法克服的固有的属性和现实。

2. 现实经济生活中的市场具有不完全性

现实经济生活中的市场不是完全竞争市场,即市场具有不完全性。在经济学的论述中,假定市场是完全竞争市场,市场调整资源配置终将达到帕累托最优状态。市场的不完全性破坏了市场充分发挥作用的必要前提,资源配置偏离帕累托最优状态,出现市场失灵。由不完全性产生的市场失灵也称为市场缺陷。

市场不完全性是由两方面原因造成的:一是完全竞争市场是一种抽象的理想模型,条件苛刻,现实市场根本不能具备和达到要求条件;二是社会化商品经济的不断发展,使现实市场更加远离完全竞争市场,破坏完全竞争市场所要求的条件,这就必然造成市场的不完全性。由于市场失灵不可避免,应该把市场机制与完全竞争市场分开。这就是说,市场机制有效发挥作用,并不意味着要达到完全竞争市场的作用程度。

知识链接:帕累托最优和帕累托改进

帕累托最优,也称为帕累托效率,是博弈论中的重要概念,并且在经济学、工程学和社会科学中有着广泛的应用。帕累托最优是指资源分配的一种理想状态,即假定固有的一群人和可分配的资源,从一种分配状态到另一种状态的变化中,在没有使任何人境况变坏的前提下,也不可能再使某些人的处境变好。换句话说,就是不可能再改善某些人的境况,而不使任何其他人受损。

帕累托改进,是指一种变化,在没有使任何人境况变坏的情况下,使得至少一个人变得更好。

一方面,帕累托最优是指没有进行帕累托改进余地的状态;另一方面,帕累托改进是达到帕累托最优的路径和方法。帕累托最优是公平与效率的"理想王国"。

3.市场本身的不完善

市场本身的不完善主要有两种情况:一是市场还不够发达;二是市场在运行中出现功能障碍。这是由于市场功能不健全,或遭受破坏而出现的市场失灵。市场不发达的原因主要是经济发展水平低,社会化、商品化、货币化不发达,市场不能有效发挥作用,许多发展中国家就存在这种情况。市场在运行中出现功能障碍的情况如:相互竞争的企业勾结形成垄断;为牟取暴利,企业运用不正当手段破坏秩序。

三、市场失灵的主要表现

1.收入与财富分配不公

这是因为市场机制遵循的是资本与效率的原则。资本与效率的原则又存在着"马太效应"。从市场机制自身作用看,这属于正常的经济现象,资本拥有越多在竞争中越有利,效率提高的可能性也越大,收入与财富也越集中;另一方面,资本家对其雇员的剥夺,使一些人更趋于贫困,造成了收入与财富分配的进一步拉大。这种拉大又会由于影响到消费水平而使市场相对缩小,进而影响到生产,制约社会经济资源的充分利用,使社会经济资源不能实现最大效用。

2.外部负效应问题

外部负效应是指某一主体在生产和消费活动的过程中,对其他主体造成的损害。外部负效应实际上是生产和消费过程中的成本外部化,但生产或消费单位为追求更多利润,会放任外部负效应的产生与蔓延。如化工厂为了赚钱让工厂排出的废水不加处理而进入下水道、河流、江湖等,这样就可减少治污成本,增加企业利润,但是给环境保护、其他企业的生产和居民的生活带来危害。社会若要治理,就会增加负担。

3.竞争失败和市场垄断的形成

竞争是市场经济中的动力机制。竞争是有条件的,一般来说竞争是在同一市场中的同类产品或可替代产品之间展开的。但一方面,由于分工的发展使产品之间的差异不断拉大,资本规模扩大和交易成本的增加,阻碍了资本的自由转移和自由竞争。另一方面,由于市场垄断的出现,减弱了竞争的程度,使竞争的作用下降。造成市场垄断的主要因素有:①技术进步;②市场扩大;③企业为获得规模效应而进行的兼并。一旦企业获利依赖于垄断地位,竞争与技术进步就会受到抑制。

4.失业问题

失业是市场机制作用的主要后果,一方面从微观看,当资本为追求规模经营,提高生产效率时,劳动力被机器排斥;另一方面从宏观看,市场经济运行的周期变化,对劳动力需求的不稳定性,也需要有产业后备军的存在,以满足生产高涨时对新增劳动力的需要。劳动者的失业从宏观与微观两个方面满足了市场机制运行的需要，但失业的存在不仅对社会与经济的稳定不利，而且也不符合资本追求日益扩张的市场与消费的需要。

5. 区域经济不协调问题

市场机制的作用只会扩大地区之间的不平衡现象，一些经济条件优越，发展起点较高的地区，发展也越有利。随着这些地区经济的发展，劳动力素质、管理水平等也会相对较高，可以支付给被利用的资源要素的价格也高，也就越能吸引优质的各种资源，以发展当地经济。那些落后地区也会因经济发展所必需的优质要素资源的流失而越发落后，区域经济差距会拉大。

6. 公共物品供给不足

公共物品是指消费过程中具有非排他性和非竞争性的产品。所谓非排他性和非竞争性在本章第三节中有具体论述。这类产品如国防、公安、航标灯、路灯、电视信号接收等。所以这类产品又叫非营利产品。从本质上来讲，生产公共物品与市场机制的作用是矛盾的，生产者是不会主动生产公共物品的，从而造成供给不足。而公共物品是全社会成员所必须消费的产品，它的满足状况也反映了一个国家的福利水平。这样一来公共物品生产的滞后与社会成员及经济发展需要之间的矛盾就十分尖锐。

7. 公共资源的过度使用

有些生产主要依赖于公共资源，如渔民捕鱼、牧民放牧。他们使用江湖河流、草原这些公共资源进行生产，这类资源在技术上和使用中不易明晰归属。正因为这样，由于生产者受市场机制追求最大化利润的驱使，往往会对这些公共资源进行掠夺式使用，而不能给资源以休养生息。有时尽管使用者明白长远利益的保障需要公共资源的合理使用，但因市场机制自身不能提供制度规范，又担心其他使用者的过度使用，出现使用上的盲目竞争。

第二节 外部性及其矫正措施

一、外部性的含义及其种类

（一）外部性及其种类

所谓外部性，是指某个生产者或消费者的生产和消费行为给他人带来了非自愿的成本或收益，而施加这种成本或收益的人并没有为此付出代价或得到补偿。或者说，外部性是一个经济主体的行为对另一个经济主体的福利所产生的效果，而这种效果并没有从货币关系或市场交易中反映出来。外部性也称为外部效应、外部影响、外部关系、外在性、溢出效应和毗邻影响。

按照外部效应的性质,可将其分为正外部性和负外部性两种。所谓正外部性,也称积极的外部效应或外部经济,是指厂商或消费者的经济活动给其他厂商或消费者无偿地带来好处。外部经济又分为消费的外部经济和生产的外部经济。前者如家庭对自己的孩子进行教育,把他培养成更值得信赖的公民,这显然也使得隔壁邻居甚至整个社会都得到了好处。后者如,一个企业对其所雇佣的工人进行培训,而这些工人可能转到其他单位去工作,该企业并不能从这些"其他单位"索回培训费用或其他形式的补偿。

所谓负外部性,也称消极的外部效应或外部不经济,是指某个厂商或消费者的经济活动给其他厂商或消费者带来危害。外部不经济又分为消费的外部不经济和生产的外部不经济。前者如,人们驾驶汽车提高了自己的出行效率,然而汽车排放的废气是造成空气污染的主要原因,而汽车所有者不承担任何成本。后者例如,一个企业可能因为排放污水而污染了河流,或者因为排放烟尘而污染了空气,这种行为使附近的人们和整个社会都受到了损失。

(二)外部性的社会影响

1. 外部经济的社会影响

外部经济对外带来的好处因为无法得到回报,此时物品消费或生产的私人收益小于它应当得到的社会收益,由此产生的外部收益=社会收益-私人收益。例如,一个农户种植防风林带,受到保护的所有农户获得的收益总和即社会收益为100 000元,而该农户自己所获得的收益即其私人收益为10 000元,两者之差90 000元即为溢出的外部收益。外部经济产生的收益无法得到回报,导致具有外部经济的物品供应不足。因为具有外部经济的经营项目,经营者的实际收入往往小于为社会做出的贡献,导致投资积极性不高,经营规模会远远小于社会实际需求量。如果从社会中其他人得到的收益中拿出一部分补偿私人的损失,这种具有外部经济的物品供应就会增加,从而使整个社会得到更多的好处。

2. 外部不经济的社会影响

外部不经济对社会带来的危害是由于不支付代价,此时物品消费或生产的私人成本低于它应当支付的社会成本,由此产生的外部成本=社会成本-私人成本。例如,一个工厂不按规定排放废水,直接由工厂自己负担的私人成本为20 000元,危害他人所产生的社会成本(社会或其他企业的治理费用)为200 000元,两者之差为 180 000 元，即为该工厂不按规定排放废水所嫁祸别人的外部成本。外部不经济产生外部成本，导致具有外部不经济的物品供应过多。如果从私人得到的收益中拿出一部分补偿其他人的损失，这种具有外部不经济的私人成本就会增加，供应就会减少，从而对整个社会造成的损失减少。

综上所述，无论外部经济还是外部不经济，都使产量偏离最适产量，市场机制不能有效地配置资源，从而降低了经济效益。

二、外部性的矫正措施

外部效应的存在是市场失灵的重要原因，导致单纯依靠市场机制无法实现资源的最优配置。矫正甚至完全消除外部性的影响，特别是消极的负外部性的影响，必须采取适当的措施。

(一)税收和补贴

政府可以通过税收和补贴两种方法来抵消或减少外部性的影响，使私人成本和私人收益与相应的社会成本和社会利益相等或接近，最终目的是提高经济效益，实现资源配置的最优化。对造成外部不经济的厂商征税，其税收的数量应该等于该企业给社会其他成员造成的损失，即税额接近外部成本，从而使该企业的私人成本等于或接近社会成本。对造成外部经济的家庭或厂商，国家可以采取发放津贴的办法进行补偿，补偿的额度相当于它给其他人带来的好处，即外部收益，从而使私人收益等于或接近社会收益。

知识链接：庇古税

庇古税：用于纠正负外部性影响的税收被称为庇古税，以纪念最早提出这种税收方法的经济学家阿瑟·庇古。

在许多国家，汽油属于经济中收税最重的物品。例如，在美国，司机对汽油付的钱中几乎一半归汽油税。在许多欧洲国家，税收更大，汽油价格是美国的三倍或四倍。为什么这种税如此普遍？一个答案是，汽油税是一种旨在纠正与开车相关的三种负外部性的庇古税。

开车相关的三种负外部性：拥挤、车祸、污染。

资料来源：《经济学原理》(曼昆，2009)

(二)通过兼并或收购，使外部性内部化

所谓内部化就是用企业合并的方法，使“外部性内部化”。例如，一个企业的

生产影响到另一个企业，如果影响是正的（外部经济），则第一个企业的生产就会低于社会最优水平；反之，如果影响是负的（外部不经济），则第一个企业的生产就会超过社会最优水平。但是，如果把两个企业合并为一个企业，则此时的外部影响就“消失”了，即被“内部化”了。合并后的单个企业为了自己的利益将使自己的生产确定在其边际成本等于边际收益的水平上，而由于此时不存在外部影响，故合并企业的成本与收益就等于社会成本与收益，于是资源配置达到帕累托最优状态。

（三）明确界定产权

美国经济学家科斯认为，外部性之所以导致缺乏效率，是因为产权界定并不明确。所谓产权，是通过法律界定和维护的人们对财产的转让、占有和收益的权利。产权不清，就无法确定究竟是谁应该为外部性承担后果或得到报酬。比如，在公共场合吸烟的人对旁人造成了损害，到底是吸烟者应该对旁人进行赔偿呢，还是旁人应该付钱让吸烟者不吸烟呢？即是消费者有权在公共场合吸烟呢，还是不吸烟者享有清洁空气的权利呢？科斯认为，如果产权是明确界定的，并且谈判是毫无成本的，那么，在有外部性的市场上，交易双方总能通过谈判达到某一帕累托最优配置，而不管产权划归哪一方。

知识链接：科斯定理及其应用

科斯定理是经济学家科斯提出的通过产权制度的调整，将商品有害外部性内部化，从而将有害外部性降低到最低限度的理论。

科斯定理是指：在市场交易中，若交易费用为零，那么产权对资源配置的效率就没有影响；反之，若交易费用大于零，那么产权的界定、转让及安排都将影响产出与资源配置的效率。

交易成本是指围绕自由交易而发生的任何谈判或使契约强制执行的成本，包括两个方面：一是事前为达成一项合同而发生的成本；另一是事后为贯彻该项合同而发生的成本。

科斯定理告诉我们：在产生外部效应的场合，只要明确所有权，就可以解决外部效应问题，达到资源的优化配置。事实上，在很多情况下产权无法明确。科斯定理的另一个重要前提是交易成本为零，如果交易成本过大，通过市场机制也许无法有效地解决外部效应问题。事实上，谈判费用及交易成本不会很低，更不会为零，这就决定了在许多场合必然需要某种形式的政府管理。

第三节 公共物品及其生产

一、公共物品的含义与特征

(一)私人物品的含义与特征

私人物品是指消费者从市场上所购买的,用来满足人们的衣、食、住、行等私人需要的各种商品或劳务。这些物品的数量将随着人们对它的消费或使用的增加而减少。它具有两个特征:竞争性和排他性。所谓竞争性,即某人如果消费了某种商品,则其他人就不能再消费这种商品。所谓排他性,是指只有支付了相应的价格才有资格消费,即付费后能排除他人的消费。一般来说,凡是企业和个人家庭能完整地购买其消费权或使用权的产品,如食品、洗衣机、服装、机床等都具有这两个特点,这种产品就是私人物品。

(二)公共物品的含义与特征

公共物品是指在消费上和使用上不具有竞争性和排他性的商品和劳务,是那些不需要通过市场交易而由政府提供的、用于满足社会公共消费需要的物品和劳务,如国防、道路、交通、立法等。与私人物品相比,公共物品也有两大特征:①非竞争性,无论增加多少人消费,都不会减少其他人的消费。公共物品的非竞争性有两层含义:一是边际生产成本为零。此处所说的边际生产成本,是指增加一个消费者对供应者带来的边际成本,而不是微观经济学的由产量增加导致的边际成本。如海上灯塔,通常增加一艘船经过并得到指引不需要增加任何生产成本。二是边际消费成本为零。即在公共物品的消费中,每个消费者的消费都不影响其他消费者的消费数量和质量。这种消费是共同消费,不存在消费中的拥挤现象。如一部法律可以同时被所有的人利用。②非排他性,指任何人都可以无偿享有,即不能通过付费阻止其他人的消费。虽然有些物品在技术上也可以排除其他人的消费,但这样做是不经济的,或者与公众的共同利益相违背,因而是不允许的。例如:海上的灯塔,很难不让未付费的船舶使用;道路,很难不让未付费的人行走。

二、公务物品的外部性与市场失灵

公共物品的非排他性和非竞争性决定了人们不用购买就可以消费,因而难免产生搭便车现象。所谓搭便车是指某些个人虽然参与了公共物品的消费，但是却没有或不愿意为此支付相应的费用（或生产成本）的现象。比如路灯问题，路灯照明使每一个过路人受益，但过路人并不愿意为此付费，因为每个人都认为这项福利设施不是专门为他一个人设置的。在这种情况下，由于使用公共物品的人不用交费或提供者无法收费，因此如果经济依靠市场调节，就不会有人愿意生产公共物品，或者供给的数量太少甚至没有。但是很多的公共物品（如灯塔、路灯、国防、基础研究等），是任何一个社会发展所必需的。

公共物品所具有的特征导致公共物品存在的外部性无法通过市场机制解决，出现了市场失灵。有公共物品的场合，市场之所以失灵，是因为很难得到对公共物品需求的信息。首先，单个消费者通常并不很清楚自己对公共物品的偏好程度；其次，即使单个消费者了解自己对公共物品的偏好程度，他们也不会如实说出来。也就是说由于搭便车问题的存在，便产生了一个典型的市场失灵的情形，即在公共物品的消费过程中不存在一种类似于竞争市场中的协调的刺激机制，市场机制对公共物品的有效配置无能为力。因此，公共物品的生产供给仅仅依靠市场机制是难以解决的，必须通过政府的行为才能解决公共物品的供给问题。

三、公共物品的生产

（一）成本-收益分析

公共物品的生产和消费问题不能由市场上的个人决策来解决，因此，必须由政府来承担提供公共物品的任务。政府又如何来确定公共物品的最优数量呢？其中，一种方法是只从技术上考虑的成本-收益分析。

根据这种方法，在公共物品生产之前，应先由专家对它的收益进行评估。这个收益部分，既包括可以用价格明确表示的经济效益，也包括那些难以用价格反映出来的效益，如建造一座桥梁对消费者带来的“安全”收益等。然后，将可能带来的收益与建造这个公共物品的成本进行比较，只要收益大于成本，就值得提供公共物品。

（二）公共选择理论

假定社会采用全体成员投票表决的方式来决定公共物品的提供，那么，公共选择理论就是用经济学来分析研究政府对公共物品的决定和选择。在集体决策的过程中有以下几种规则。

1. 一致同意规则

所谓一致同意规则是指一项集体行动方案只有在所有参加者都认可的情况下

才能够实施。这里的"认可"意味着赞成或者至少不反对。即在一致同意规则下,每个参加者都对将要达成的集体决策拥有否决权。由于每一个参加者都拥有否决权,任何一个有可能损害某些参加者利益的集体行动方案都会被否决,于是,一致同意规则有以下优点:第一,能够充分地保证每一个参加者的利益;第二,可以避免发生"搭便车"的行为;第三,如果能够达成协议,则协议将是帕累托最优。该规则的缺点是:达成协议的成本太大,在许多情况下甚至根本无法达成协议。

2. 多数规则

所谓多数规则是指一项集体行动方案必须得到所有参加者中的多数认可才能够实施。这里的多数,可以是简单多数,即超过总数的一半,也是可以是比例多数,如达到总数的 2/3 以上。美国国会、州和地方的立法常常使用简单多数规则,但在弹劾和罢免总统、修改宪法时,则采取 2/3 的比例多数规则。与一致同意规则相比,多数规则的协商成本较低,也更容易达成协议。该规则的缺点是:第一,它忽略了少数派的利益;第二,可能出现"收买选票"的现象;第三,在多数规则下,最终的集体选择结果可能不是唯一的。

3. 加权规则

一个集体行动方案对不同的参加者会有不同的重要性。于是,可以按照重要性的不同,给参加者的意愿"加权",即分配选举的票数。相对重要的,拥有的票数就较多,否则就较少。所谓加权规则就是按实际得到的赞成票数(而非人数)的多少来决定集体行动方案。

4. 否决规则

否决规则的具体做法如下:首先让每个参加者对集体行动方案投票的成员提出自己认可的行动方案,汇总之后,再让每个成员从中否决掉自己所反对的那些方案。这样一来,最后剩下的没有被否决掉的方案就是所有成员都可以接受的集体选择结果了。如果有不止一个方案留了下来,就再借助于其他投票规则(如一致同意规则或多数规则)来进行选择。否决规则的优点是显而易见的,因为经过这一规则筛选之后留下来的集体行动方案都将是帕累托最优的。

第四节 不对称信息及其治理

一、信息不对称及其表现

完全竞争市场可以合理配置资源,其前提是信息充分,即消费者和生产者完全了解自身的处境和可能的选择。然而，信息充分只是假定，现实生活中的一般情况下，信息是不完全的、不对称的。信息不完全指经济活动主体不能充分了解所需要的一切信息，不对称指经济交易的双方对有关信息的了解和掌握得不一样多。

信息不对称包括两种情况：一是有些市场卖方所掌握的信息多于买方，如通常销售者对一种产品的质量比消费者知道得多，劳动者对自己的技术和能力比他们的雇主知道得多；二是有些市场买方所掌握的信息多于卖方，如医疗保险的购买者比保险公司更了解自己的健康状况，信用卡的持有者比提供信用的金融机构更了解自己的信用状况。在各种交易市场上，不同程度地存在着信息不对称问题。

正常情况下，尽管存在信息不对称，但交易双方所拥有的市场信息也可以保证产品和服务的生产与销售有效进行；而在有些情况下，信息不对称产生逆向选择、道德风险、委托-代理等问题，这些问题都可能导致市场失灵，从而需要政府采取一定的管制措施来纠补。

二、逆向选择及其治理

（一）逆向选择的含义及表现

所谓逆向选择是指买卖双方信息不对称的情况下，差的商品必将好的商品驱逐出市场。当交易双方中的一方对于交易可能出现的风险比另一方知道更多时，就会出现逆向选择问题。

美国经济学家阿克洛夫对旧车交易中总是坏车充斥市场的状况作了理论分析。在旧车市场上，卖者知道车的真实质量，而买者不知道，这样卖者就会以次充好。但买者尽管不了解旧车的真实质量，只知道车的平均质量，愿意按平均质量标准给出中等价格。这样，那些高于中等价的上等车就可能退出市场。最后的结果是：市场上都是破烂车，成交量小于实际均衡量，甚至可能为零。好产品不愿意出售，而坏产品却容易卖出，于是出现次品充斥市场。

（二）逆向选择的治理方法

信息不对称在许多领域都存在，但并不一定都产生逆向选择问题。不同市场上产生的逆向选择问题，需要采用不同的方法解决。有些需要政府干预，有些可能要通过有效的制度安排和有力措施加以排除。那么，怎么解决呢？可考虑从如下方式入手：

（1）企业名声　当我们买东西时，首选的是名声好、公众形象佳的企业生产的产品。比如手机产品，国外产品有诺基亚、爱立信、摩托罗拉，国内产品有波导、厦华、海尔等。这些品牌产品，是企业花费巨资投资创造的，是企业的资本化资产。

著名企业非常珍惜他们的品牌，进行品牌管理工作。在信息不对称市场上，购买品牌产品让顾客放心。

(2)保证　在耐用消费品市场上，诸如电视机、数码相机、录像机、电冰箱等产品，存在许多生产厂家，各家产品质量难以区分，如果消费者不能分辨哪种牌子更可靠，好牌子也不能卖到好价钱。那些生产高质量的厂家会使顾客认识到这一点，该怎么做呢？答案是，做产品保证。比如我国的产品一般实行"三包"(包维修、包换、包退)，用优质服务和过硬质量来击败低质量同类产品，消费者更青睐能够提供保证书的厂家的产品。

(3)担保和抵押　当一方对另一方一无所知时，大家互不信任，通过第三方担保或抵押品抵押也是不错的方案。

(4)信号　劳动力市场上存在有关雇佣能力信息的不对称现象。当招聘单位聘用员工时，主要根据员工的教育和任职背景。因为教育信号(就读的学校、就读时间、所学专业、学习成绩和个人经历等)直接或间接传递了一个人的素质和能力，是区分员工高生产率与低生产率的重要信号。

(5)政府管制　对于某些行业，需通过政府管制才能奏效，如食品行业、医药行业、保健品行业等，通过一系列的法律、规章和制度，制约和约束生产经营者的行为，帮助消除信息不对称隐患，保障消费者权益。

三、道德风险问题

道德风险是指交易双方在交易协议签订后，其中一方利用多于另一方的信息，有目的地损害另一方的利益而增加自己的利益的行为。在经济活动中，道德风险问题相当普遍。比较典型的是保险公司因道德风险问题而导致损失。保险市场上的道德风险是指投保人在投保后，降低对所投保标的的预防措施，从而使损失发生的概率上升，给保险公司带来损失的同时也降低了保险市场的效率。保险市场的道德风险主要是保险公司与投保人之间的信息不对称，保险公司难以确切地知道投保人的真实情况和行为。可以说，只要市场经济存在，道德风险就不可避免。解决的办法就是通过某些制度约束使投保人加强自身行为控制。

四、委托-代理问题

委托-代理关系反映的是一方授权另一方从事某项活动。在市场经济条件下，只要存在信息不对称性，委托-代理关系就是普遍存在的。如在公共选举中，选民们是委托人，政治家和官僚们是代理人；在企业中，董事会是股东的代理人，经理是董事会聘任的代理人。如果代理人在实现委托人效用最大化的同时，也实现了自己效用的最大化，就实现了所谓“激励相容”。

但在委托-代理关系中，委托人和代理人的利益不会完全一致。由于双方目的不一致性及信息的非对称性，委托方与代理方之间就难以实现理性双赢，代理方就会最大限度地增进自身利益。如果代理人以牺牲委托人的利益为代价，部分地或完全地按照自己利润最大化原则从事活动，就产生了与“激励相容”相悖的问题。

解决委托-代理关系中的效率问题不能通过政府干预，因为政府和企业所有者一样无法对经营者和工人进行观察和监督。解决问题的关键是激励。可以使用两种激励机制：第一种是显性激励机制，即利用合同和规章制度约束经理的行为并调动其工作积极性，如通过建立业绩评定薪水体制、订立利润分享和约等，使企业所有者与经营者休戚与共；第二种是隐性激励机制，即各种市场上的竞争压力能够激励代理人的行为，如建立完善的经理市场，激励企业经理更加努力工作。

本章关键词

市场失灵；外部效应；产权界定；私人物品；公共物品；信息不对称；公共选择；逆向选择；委托；代理

本章小结

在现实生活中由于种种原因，价格在调节经济的同时也会带来许多副作用，使市场不能发挥应有的作用，出现市场失灵，即市场机制不能导致资源的有效配置。市场失灵主要涉及以下几个方面的内容：外部性导致资源配置的扭曲；公共物品生产无法依靠市场价格机制解决；垄断造成社会经济的低效率；信息不对称阻碍了市场经济的有效运转。市场失灵的存在表明：利用价格的自动调节并不能使社会经济资源的运用达到最优状态，而不得不由政府活动加以补救。现代社会经济生活中，政府的职能不仅限于保护社会和个人，而且还负担了重大的经济责任。对市场经济中存在的各种缺陷或失灵，政府可以通过制定和实施各种经济政策加以纠正。

案例分析

案例一：淮河水的污染应该如何根治

据中央电视台报道，淮河水仍处于严重污染的状况，仅一个小村庄的居民就因饮用被污染的河水而造成大量居民死亡。

试分析，小村庄的居民为什么不积极与污染作斗争？地方政府为什么不出面

解决这个问题？淮河水的污染应该如何根治？（★理论提示：生产的负外部性及其治理）

案例二：为什么黄牛没有绝种

历史上，许多动物都遭到了灭绝的威胁。即使现在，像大象这种动物也面临着同样的境况，偷猎者为了得到象牙而进行疯狂捕杀。但不是所有有价值的动物都面临这种威胁。例如，黄牛作为人们的一种有价值的食物来源，却没有人担心它会由于人们对牛肉的大量需求而绝种。

为什么象牙的商业价值威胁到大象，而牛肉的商业价值却成了黄牛的护身符呢？这就涉及产权的界定问题。因为野生大象没有确定的产权，而黄牛属于私人所有。任何人都可以捕杀大象获取经济利益，而且谁捕杀的越多，谁获取的经济利益越大。而黄牛生活在私人所有的牧场上，每个农场主都会尽最大努力来维持自己牧场上的牛群，因为他能从这种努力中得到收益。

试讨论可以用什么方法解决大象的困境。（★理论提示：从产权和法律两个方面考虑）

案例三："水浒"的故事

"水浒"曾经被批判，因为农民起义领导宋江只反贪官，而不反皇帝。从委托-代理理论的角度看，宋江的做法有一定的道理。一个正常的皇帝（年龄不是过大或过小）的基本生理需要已经得到满足，他最需要获得的是名声，因此，他通常会关心国家的安定和经济的发展。宰相等少数高官容易受到皇帝的监督，从而中国历史上出现过不少像诸葛亮、魏征、狄仁杰这样的清官。但是，越是下级官吏，皇帝越难以进行有效监督。所以，才有"三年清知府，十万雪花银"这样的说法。

在封建社会，这个问题是无法解决的。朱元璋曾用剥皮的方法惩罚贪官，但并未阻止明朝成为中国历史上最腐败的王朝之一。

你能运用我们所学的经济原理对这个案例进行分析吗？（★理论提示：委托-代理问题）

专项训练

（一）单项选择

1. 市场失灵是指（　　）。

A. 收入分配不平等　　B. 税收制度不合理

C. 资源在私人部门和公共部门之间配置不均

D. 市场机制在配置资源方面存在着低效率

2. 某一经济活动存在外部经济效果是指该活动的(　　)。

A. 私人利益大于社会利益　　B. 私人成本大于社会成本

C. 私人利益小于社会利益　　D. 私人成本小于社会成本

3. 某个厂商的一项经济活动对其他厂商产生有利影响,这种行为称作(　　)。

A. 生产的外部不经济　　B. 消费的外部不经济

C. 生产的外部经济　　D. 消费的外部经济

4. 某人在公共场合的吸烟行为属(　　)。

A. 生产的外部经济　　B. 消费的外部经济

C. 生产的外部不经济　　D. 消费的外部不经济

5. 公共物品的产权是属于社会,而不属于任何个人是指它的(　　)。

A. 排他性　B. 非排他性　C. 竞争性　D. 非竞争性

6. 如果上游工厂污染了下游居民的饮水,按照科斯定理,(　　),问题可妥善解决。

A. 不管产权是否明确,只要交易成本为零

B. 不论产权是否明确,交易成本是否为零

C. 只要产权明确,且交易成本为零

D. 只要产权明确,不管交易成本有多大

7. 具有非排他性和竞争性的物品是(　　)。

A. 公共资源　B. 私人物品　C. 纯公共物品　D. 俱乐部物品

(二)判断题

1. 市场经济在任何情况下都能充分有效地发挥资源配置的作用。
2. 当存在负外部性时,厂商的私人成本高于社会成本。
3. 公共物品一般在消费时具有外部性。
4. 政府提供的物品都是公共物品。
5. 同国防、外交一样,有线电视也属于纯公共物品。
6. 所有给交易双方之外的第三方造成的影响都属于外部性。
7. 逆向选择和道德风险问题普遍存在的原因是外部性。
8. 当市场失灵时,政府干预就能实现资源的最优配置即达到帕累托最优状态。

(三)简答题

1. 导致市场失灵的原因有哪些?
2. 为什么垄断会影响到经济效率和社会福利?如何加以克服?

3. 外部性对经济效率有何影响？如何根据不同的外部性特点，对其加以防止或纠正？

4. 公共物品如何导致市场失灵？

(四)计算题

1. 上游化工厂排放的废水给下游渔民造成了 15 000 元的损失。如果双方谈判的成本是每方承担 5 000 元，界定产权对该问题的解决是否有效？若成本是每方承担 20 000 元呢？

2. 假定消费者愿出 3 000 美元购买一辆正品车，出 1 000 美元购买一辆次品车。如果买到一辆次品车的可能性为 50%，那么消费者愿为购买一辆二手车花多少钱？

(五)分析题

根据下面的资料，你认为形成下列结果的主要原因是什么，这种结果在现实生活中是否是唯一的选择，为什么？

资料：某个家庭富裕了，想添置一台电脑，以跟上信息时代的发展步伐。孩子从经济角度考虑，倾向于“组装机”；而父母则希望购买“品牌机”，以免买进来电脑后在出现故障时为修理问题而着急上火。究竟买什么样的电脑，一家人争执不下，于是向亲朋好友咨询，结果多数人的意见是电脑更新换代速度太快，买“品牌机”无法进行及时升级，价格又昂贵，所以大多数人认为应该自己装机。最后，妈妈的立场转变了，转为支持孩子，虽然爸爸仍然坚持认为“品牌机”好，最后这家人还是买了一台“杂牌机”。

下篇 宏观经济学

第八章 国民收入核算理论

引言：1929年的世界性经济危机爆发之时，人们却浑然不知，美国总统胡佛甚至认为经济形势正在好转。因为当时世界各国有关国民经济的统计几乎为空白。直到1933年，当此次经济危机的国民收入统计资料公开时，人们才发现这次经济危机对世界经济的摧残程度如同是投下了一颗原子弹。

在经济全球化的今天，一场由美国次贷危机引发的金融海啸席卷全球，世界经济经受了20世纪大萧条以来最为严重的考验。到2011年年初，在各国宏观经济政策的激励下，反映一个国家经济情况的各个总量指标（比如，GDP、GNP等）发出很多利好的消息，预示着国际经济形势出现了积极的变化。

国民收入核算理论作为宏观经济研究的基础，主要分析国内生产总值、国民生产总值及其他有关总量之间的关系及变动规律。

知识点 掌握国民收入核算的基本总量指标的种类及其数量关系；理解国民收入核算过程中流量循环中的恒等关系。

能力点 会运用支出法、收入法和增值法计算国内生产总值；能够说明国内生产总值与国民生产总值之间的区别及联系。

第一节 国民收入核算中的基本总量

认识宏观经济，首先应该关注的是这个经济体能够生产多少产品、该国国民能取得多少收入。在现代西方国家普遍采用的国民收入核算体系(the system of national accounting,SNA)中,衡量国民收入的总量指标包括:国内生产总值、国民生产总值、国内生产净值、国民收入、个人收入和个人可支配收入等。因此,阐明国内生产总值及其他有关总量的规定,分析各种总量之间的关系及变动规律是研究国民收入核算理论的重要基础。

一、国内生产总值及其相关概念

在经济学中,常用国内生产总值和国民生产总值来共同衡量该国或地区的经济发展综合水平,这也是目前各个国家和地区常用的衡量手段。

(一)国内生产总值(GDP)

国内生产总值,即 GDP(gross domestic product)是指一个国家在一段时期内(通常指一年)在其领土范围内生产的所有最终产品(包括劳务)的市场价值总和。我们把定义分解来看,以获得一个对国内生产总值的全面认识。

1. 最终产品与中间产品

最终产品指的是到达最终消费者手中的产品,不再用来生产其他产品。如果某个产品还被用来生产其他产品或者提供其他劳务,那就是中间产品。GDP 只计算最终产品的价值,而不计算中间产品的价值,因为中间产品的价值包括在最终产品的价值里,避免重复计算以高估 GDP 的水平。举个例子,假如面包是最终产品,它卖到消费者手中的价格是 10 元,应该被计入 GDP 里。但是为了生产这个面包,面包厂购入面粉花了 4 元钱,那么面粉在这里只是中间产品,而不是最终产品,计入 GDP 就等于重复计算,夸大一个国家的产量了。

2. 生产与销售问题

GDP 测算的是生产出来的最终产品价值,而不是销售的最终产品价值。当期销售的产品可能是当期生产的,也可能是以前各期生产的;当期生产的产品可能全部在当期销售完,也可能留到以后销售。例如 2011 年某服装厂生产了 10 万件衬衫,当年卖出了 8 万件,企业可以把没售出的剩余 2 万件视为存货投资,即认为是该服装厂购买了自己的剩余衬衫,这部分价值将计入 2011 年的 GDP。相反,如果服装厂在 2011 年卖出了 12 万件衬衫,那么计入 2011 年 GDP 的仍是 10 万件,只是库存减少了 2 万件而已。

3. 市场价值问题

从定义可以看出,GDP 是各种最终产品和劳务的市场价值总和。产品市场价值等于这些最终产品的当期市场价格乘以产量。需要注意两点:第一,不经过市场销售的自给性物品和劳务(如地下经济和家庭服务等),因没有价格,无法计入 GDP;第二,价格是变动的,同样数量的物品按照不同的价格计算的 GDP 是不同的。

4. 存量与流量

流量是指一段时期内发生的变量，如某企业2011年的总产量，2010年中国的GDP达到39.8万亿元，比上年增加10.3%。存量是指一定时点上存在的变量，如到2010年年底中国的外汇储备额累计达到2.85万亿美元。

因为GDP是"一年内"的产量，所以GDP是流量变量，只计算当期流入经济中的新增价值，而不计算积累的存量价值。比如，2011年某人通过房屋中介所花30万元买了一幢二手房，这30万元不能计入2011年的GDP中，因为它在建造的年份已经计算过了，但房屋中介所的劳务费用是2011年新发生的流量，应计入当年的GDP。不单是非本年度生产的产品不能算进去，即使是本年生产的产品，如果不是第一次交易，也不能算进GDP。如一幢房子，是2011年建造的，但你买时它已经是二手房了，那么你支付的房子的价格就不能算进2011年的GDP了。这样做是为了避免重复计算。

资料卡：名义国内生产总值与实际国内生产总值

国内生产总值是通过把各种最终产品(包括劳务)的数量乘以价格并加总得到的。因此，有两个因素会导致GDP增长：一可能是产品的数量增加了，二可能是产品价格增加了。但有时也可能是数量和价格同时增加。为弄清GDP增长的真正原因，我们要区分名义GDP和实际GDP的概念。

名义GDP(nominal GDP)是按当期价格计算的所有最终产品(包括劳务)的市场价值，最终产品的数量和价格的任何变化都能够造成GDP的变动，而且无法辨清到底是哪种因素引起的。为了明确这个问题，以基数价格计算实际GDP。

实际GDP(real GDP)是以某年作为基期的不变价格计算的国内生产总值。由于价格固定为基期水平，实际GDP的变动就只反映数量变化的影响，这样就能够衡量不同年份经济中产品(包括劳务)数量的变化，从而反映社会福利的实际改善。因此一国在进行不同时期GDP比较时，为了消除通货膨胀对GDP核算的影响，通常选用实际GDP。

一个简单的例子：一个经济体只生产萝卜和菠萝，以2009年为基期，那么2010年的名义GDP和实际GDP是：

名义GDP=2010年萝卜价格×2010年萝卜产量+2010年菠萝价格×2010年菠萝产量

实际GDP=2009年萝卜价格×2010年萝卜产量+2009年菠萝价格×2010年菠萝产量

实际GDP增长率衡量的是价格不变时，产品和劳务的数量变化引起的GDP变化，其增长率往往比名义GDP增长率要低。

资料来源：《宏观经济学》(杨长江、石洪波，2007)

(二)国民生产总值(GNP)

国民生产总值，即GNP(gross national product)是指一个国家的国民在一段时期内(通常指一年)在国内外生产的所有最终产品(包括劳务)的市场价值总和。

GNP＝GDP＋本国要素在国外创造的收入－外国要素在本国创造的收入

概念辨析：GDP与GNP

GDP以领土为统计标准，是指在本国领土生产的最终产品和劳务的市场价值总和，无论劳动力等生产要素属于本国还是外国，只要在本国领土上生产的产品和劳务的价值都记入国内生产总值。而GNP以人口为统计标准，是指本国常住居民生产的最终产品和劳务的市场价值总和，无论劳动力等生产要素处于国内还是国外，只要是本国国民生产的产品和劳务的价值都记入国民生产总值。

中国社科院金融研究所研究员曹红辉指出，尤其像中国这样引进外资特别多，GDP总量中有近40%是外资企业创造的状况，更应该意识到，反映中国人民的国民财富的指标GNP比反映中国境内包括外资企业的GDP更能代表和体现中国的真正实力和国民生活水平，“因为外资企业和众多跨国公司创造的产值和利润，并不属于中国，加上税收多被减免，他们所创造出来的数字，并不能带给中国国力和国民福利实际的意义”。

比如，我国的海尔集团在美国投资设厂，取得的收入应该计入美国的国内生产总值，也应该计入我国的国民生产总值；而沃尔玛超市在我国创造的收入应该计入我国的国内生产总值，也应该计入美国的国民生产总值。

(三)国内生产净值(NDP)与国民生产净值(NNP)

国内生产净值(net domestic product，NDP)是一个国家在一段时期内(通常指一年)中净生产的最终产品和劳务的市场价值总和。NDP要从GDP中扣除资本折旧，最终产品价值中扣除消耗的资本设备价值就得到了净增价值。类似地，国民生产净值(net national product，NNP)通过从国民生产总值(GNP)里减去资本折旧得到。

NDP＝GDP－资本折旧

NNP＝GNP－资本折旧

例如，2011年某企业购置了100台新机器，其中有20台用来更换已报废的旧机器，则当年的NDP统计中应计剩余80台新机器的价值，而GDP的统计中应全部计入100台新机器的价值。

(四)国民收入(NI)

国民收入(national income，NI)是指一国投入的各种生产要素在商品和劳务的生产过程中获得的报酬总和。从NNP中扣除企业间接税和企业转移支付加政府补助金后，就得到由税前工资、利息、地租和利润组成的国民收入。间接税(增值税、销售税、周转税等)和企业转移支付虽构成产品价格，但不成为要素收入；政府给企业的补助金虽不列入产品价格，但成为要素收入。

NI＝NNP－企业间接税－企业转移支付－统计误差＋政府补助金

(五)个人收入(PI)

个人收入(personal income，PI)是指家庭和非公司企业获得的收入。企业利润中要缴纳公司所得税，还有一部分留作未分配利润不分配给个人，只有一部分利润会以红利和股息形式分配给个人。职工收入中也有一部分要以社会保险费的形式上缴有关机构。而工人失业救济金、职工养老金、职工困难补助等政府对个人的转移支付又能增加个人收入。

PI＝NI－公司未分配利润－公司所得税－社会保险税(费)＋政府转移支付＋红利＋公债利息收入

(六)个人可支配收入(DPI)

个人可支配收入(disposable personal income，DPI)是指税后的个人收入，是人们可用来消费或储蓄的收入。从个人收入中减去个人收入所得税，可得到个人可支配收入。

DPI＝PI－个人所得税

表8.1为国民生产总值与可支配收入的关系。

表8.1 国内生产总值与可支配收入的关系

1. 国内生产总值(GDP)
加上：本国要素在国外创造的收入
减去：外国要素在本国创造的收入
2. 国民生产总值(GNP)
减去：资本折旧
3. 国民生产净值(NNP)
加上：政府补助金
减去：企业间接税
企业转移支付
统计误差
4. 国民收入(NI)
加上：政府转移支付
红利
公债利息收入
减去：公司未分配利润
公司所得税
社会保险税(费)
5. 个人收入(PI)
减去：个人所得税
6. 个人可支配收入(DPI)

二、国民收入核算中的恒等关系

在国民收入核算中存在两个基本的平衡关系：总支出恒等于总收入，即：总支出≡总收入；投资恒等于储蓄，即：投资≡储蓄。

在生产过程中，资本、土地、劳动力和企业家才能四种生产要素的提供者相应要获得利息、地租、工资和利润等形式的收入。因此，可以通过加总一个经济体所有部门的收入得到总收入，从而核算出 GDP。而总收入(Y)一部分用作消费(C)，一部分纳税(T)，剩余部分当做储蓄(S)。

所以从收入的角度来看，国民收入＝利息＋地租＋工资＋利润＝消费＋储蓄＋税收，即：

$$Y=C+S+T$$

从支出的角度来看，消费支出(C)、投资支出(I)、政府购买支出(G)、净出口($X-M$，X 代表出口，M 代表进口)四部分组成了一个经济体的总支出，从而用支出法核算出 GDP，即 $Y=C+I+G+(X-M)$。由于总支出即是总需求(AD)，总收入即是总供给(AS)，用公式表示：

$$Y\equiv AD\equiv AS$$

$$C+I+G+(X-M)\equiv C+S+T$$

如果不考虑政府行为和进出口对国民收入的影响，只考虑企业和家庭两个部门，那么在这个简单的经济体中：一方面，家庭向企业购买产品和劳务，形成总支出，总支出又分为消费支出和投资支出；另一方面，企业从销售的产品和劳务中取得收入再支付给家庭生产要素的提供者，形成他们的总收入，总收入除了用于消费，就是储蓄。用公式表示：

$$Y\equiv C+I\equiv C+S$$

即：

$$I\equiv S$$

这就是投资与储蓄恒等式。表明只有储蓄等于投资，才能实现经济的均衡。在实际经济生活中，储蓄主要由家庭进行，投资主要由企业进行，家庭储蓄动机和企业投资动机也不相同。这就会形成计划储蓄和计划投资的不一致，形成总需求和总供给的不均衡，引起经济的收缩或扩张。如果储蓄大于投资，就意味着总供给大于总需求，经济在需求不旺的状态下，GDP 将下降；如果储蓄小于投资，就意味着总供给小于总需求，经济在需求过热的状态下，GDP 将上升；如果储蓄等于投资,意味着 GDP 将保持不变。

资料卡:从国富走向民富更重要

进入 2000 年以来,中国 GDP 在世界上的排名逐年超越意大利、法国、英国、德国等发达国家。2010 年日本 GDP 为 5.474 万亿美元,中国 GDP 为 5.879 万亿美元,中国全年 GDP 首次超越日本,两国 GDP 相差约 4 050 亿美元。中国经济毫无悬念地超过日本,跃居世界第二,几代人"超日赶美"的梦想已经成为现实。对外开放带动内部改革,整个国民经济受到结构生产力的巨大推动。中国超越美国成为乘用车的最大市场,还超越德国成为世界最大出口国。通用电气、通用汽车、西门子等跨国公司也大力进军中国市场,我们如何将一个真实的中国经济告诉给世界,管理好世界对于中国的预期,这是中国经济成为世界第二之后需要认真思考的问题。

"GDP 健康增长非常重要,但如何让普通老百姓切实感受到 GDP 增长对于生活福祉的改善,更为重要,这才是增加 GDP 的根本目的。"袁钢明认为国际上衡量国富国穷的指标是人均 GDP,"目前中国人均 GDP 只是日本的十分之一,中国还是一个'穷国'的事实并没有改变"。世界银行 2009 年的数据显示,全球 213 个国家和地区,中国的人均 GDP 排名在 124 位。此前,统计局局长马建堂表示,按人均计算,中国仍然是世界上较贫穷的国家之一。商务部新闻发言人姚坚表示,GDP 数据只是国家经济实力一方面的反映,相较 GDP 数据,更应关心人均数据。姚坚称,中国的人均 GDP 只有 3 800 美元。按照收入 1 300 元的贫困标准线,全国还有 4 000 多万人没有脱贫。姚坚表示,中国还有 1.5 亿人达不到联合国一天 1 美元收入的标准,中国经济发展质量还有待提高。

第二节 国内生产总值的核算方法

GDP 是宏观经济中最受关注的经济总量统计数据,因为它被认为是衡量国民经济发展情况最重要的一个指标。一般来讲,GDP 有三种形态,即产品形态、收入形态和价值形态,相应的 GDP 的核算方法包括支出法、收入法和增值法。

一、支出法

支出法又称为最终产品法，是通过加总一国经济体购买各项最终产品（包括劳务）的总支出来计算 GDP 的方法。购买最终产品的总支出包括：消费支出（C）、投资支出（I）、政府购买支出（G）、净出口（$X-M$）四部分。支出法是最重要的国内生产总值核算方法。

（一）消费支出

消费支出（consumption）是家庭部门做出的购买各种最终产品和劳务的支出。它包括：①购买耐用消费品支出，如小汽车、电视机、冰箱等。但不包括购买建造住宅的支出。②购买非耐用消费品支出，如食物、服装、日用品等。③购买劳务支出，如理发、医疗、旅游等。这部分支出在发达国家占有很大比重，甚至超过了有形物品的消费支出。

（二）投资支出

投资支出（investment）是由家庭部门或者企业部门做出的更新旧资本或者增加新资本的支出。经济学意义上的投资不同于股票、债券等的金融投资。前者是物质资本存量的增加，如厂商购买厂房、机器、设备等，是存货的增加，计入 GDP；后者仅仅是资产的转移，不增加物质资本，因此不计入 GDP 中。

投资支出包括固定资本投资和存货投资两种。固定资本投资是指新厂房、新设备、新住宅等的投资。因为住宅投资像别的固定资产一样是长期使用，慢慢被消耗的，所以它属于投资支出而非消费支出。存货投资也称为净存货，是指企业当期已经生产出来但未能售出的最终产品。存货投资相当于企业购买了自己的产品，应计入 GDP 中。

存货投资（净存货）＝本期期末存货－本期期初存货

新增资本又称为净投资，更换已有资本被称为重置投资。净投资加重置投资称为总投资。用支出法核算 GDP 时的投资，指的是总投资。假定某国在 2008 年的投资额为 1 000 亿美元，700 亿用于购买新的资本设备，300 亿用于补偿旧资本消耗，则计入 2008 年 GDP 的投资支出是总投资 1 000 亿美元。

（三）政府购买支出

政府购买支出（government purchase）是指各级政府购买物品和劳务的支出，如购置办公用品、国防建设、修建道路等，要计入 GDP。除了购买性支出外，政府支出还包括政府转移支付。政府转移支付主要是指各种社会福利支出和救济金支出，它不计入 GDP。因为转移支付只是把一部分已有收入进行再分配，并没有新增产品和劳务。在我国的统计体系里，政府购买支出被称为政府消费，并计入了最终消费项。

(四)净出口

净出口(net export)又称为贸易差额，是指出口总额与进口总额之差。进口表示用本国收入去购买外国的产品和劳务，是本国收入的流出，出口则表示用外国收入去购买本国的产品和劳务，是本国收入的流入。因此，以 X 代表出口，M 代表进口，NX 代表净出口，则 $NX=X-M$。净出口应计入 GDP。

综上所述，表 8.2 反映了用支出法核算 GDP 的恒等式为：

$$Y=C+I+G+NX$$

表 8.2 支出法核算 GDP

国内生产总值(GDP)
1. 消费支出(C)
(1)耐用消费品
(2)非耐用消费品
(3)劳务
2. 投资支出(I)
(1)固定资本投资
(2)居民住宅投资
(3)企业存货投资
3. 政府购买支出(G)
(1)中央政府支出
(2)地方政府支出
4. 净出口(NX)
(1)出口
(2)进口
$Y=C+I+G+NX$

二、收入法

收入法是加总一国经济体中各种生产要素取得的收入来核算 GDP。严格说来，还包括一部分非生产要素的收入，比如企业间接税、资本折旧等。具体说来，总收入应该包括以下几个部分：

(一)生产要素报酬

生产要素报酬包括工资收入和各种补助、福利费等，工资收入者必须缴纳的所得税及社会保险税，租金和利息收入。租金指通过出租土地、房屋、机器设备等取得的收入，还包括享有知识产权和自然资源所有权产生的具有租金性质的收入；利息收入仅指把资金贷给企业获得的利息收入，不包括购买国债和私人借贷产生的利息，因为这分别属于政府转移支付以及私人之间的转移支付。

(二)非公司企业收入

非公司企业收入如小商贩、律师、小店铺主、农民等的收入。他们使用自己的资金，为自己劳动，其工资、利息、地租和利润很难区分开来，就把他们的总收入统计到 GDP 中。

(三)企业税前利润

企业税前利润,指扣除员工报酬、借款利息等项目后的净收入,包括企业所得税、社会保险税、股东红利和企业未分配利润等。

(四)企业间接税及企业转移支付

企业间接税是政府在商品生产和流通过程中向货物征收的税收。因为这种税收最终转嫁给了消费者,所以称为间接税,包括增值税、销售税、周转税等,这些构成企业产品价格的一部分,在要素收入以外,应该计入 GDP 当中。企业的转移支付包括企业对非营利组织的慈善捐款、奖励金以及消费者呆账等,这些都从企业收入中拨付,应加入到 GDP 中。

(五)资本折旧

资本折旧属于重置投资,企业总会用收入的一部分来进行陈旧资本的更新,属于企业总投资的一部分,应计入到 GDP 中。

用收入法核算 GDP 的恒等式为:

GDP=生产要素报酬+非公司企业收入+企业税前利润
+企业间接税及转移支付+资本折旧

三、增值法

增值法又称为生产法、部门法,是通过加总经济体各产业部门的增加值计算国内生产总值的方法。历年来我国按照部门法计算的国内生产总值,把国民经济划分为三个产业部门,即第一、第二、第三产业部门,通过核算发生在各个部门的增加值,得到国内生产总值,进而有助于分析我国各产业部门在国民经济中的地位及其变化。

运用增值法计算 GDP 时,各产业部门要把使用的中间产品的产值扣除,只计算所增加的价值。商业和服务等部门也按增值法计算。卫生、教育、行政、家庭服务等部门无法计算其增值,就按工资收入来计算其服务的价值。

按增值法核算 GDP,可以分为下列部门:农林牧渔业;矿业;建筑业;制造业;煤业;电业;运输业;自来水业;邮电和公用事业;批发、零售业;金融、保险、不动产业;服务业;政府服务和政府企业等。把这些生产部门的增加值加总,再与国外要素净收入相加,就可以得到用生产法计算的 GDP 了。

从理论上来说,上述三种按支出法、收入法和增值法核算的国内生产总值应该是相等的。但由于现实经济的复杂性,计算结果总是存在一定的统计误差。一般的经济分析都采用支出法核算的数值,另两种方法以此为依据进行调整校正。

本章关键词

国内生产总值;国民生产总值;中间产品与最终产品;名义 GDP;国内生产净值;国民收入;个人可支配收入;支出法;收入法;增值法

本章小结

国内生产总值(GDP)是最主要的国民收入核算指标。GDP 是指一个国家在一段时期内(通常指一年)在其领土范围内生产的所有最终产品(包括劳务)的市场价值总和。与国内生产总值密切相关的概念是国民生产总值,是指一个国家的国民在一段时期内(通常指一年)在国内外生产的所有最终产品(包括劳务)的市场价值总和。其他国民收入核算指标还包括:国内生产净值、国民生产净值、国民收入、个人收入和个人可支配收入。

核算国内生产总值的方法主要有支出法、收入法和增值法三种,其中支出法和收入法是常用的核算方法。支出法通过核算一国经济体购买各项最终产品(包括劳务)的总支出来计算 GDP。购买最终产品的总支出包括:消费支出(C)、投资支出(I)、政府购买支出(G)、净出口($X-M$)四部分。收入法通过加总一国经济体中各种生产要素取得的收入来核算 GDP。我们要全面认识 GDP,现行的国民收入核算体系无法全面反映社会福利的变化。

案例分析

案例一:GDP 指标的局限性

《求是》杂志刊登国家统计局副局长许宪春的文章,详细阐述了 GDP 这一指标的局限性,列出其诸多“不能”。首先,GDP 没有充分地反映公共服务在经济发展中的重要作用;其次,GDP 不能反映经济发展的质量差异,不同国家的产品质量、拥有的品牌数量、技术水平、劳动生产率、资本生产率、资源产出率差异很大;第三,GDP 不能准确地反映财富的增长,一个国家的经济实力在很大程度上决定于它所拥有的财富存量,而不仅仅是当期新增加的财富;第四,GDP 没有反映非市场性家务劳动。除此之外,GDP 还不能全面地反映社会进步。没有充分地反映公共服务在社会进步中的重要作用;不能反映就业状况;不能反映收入分配是否公平合理;

GDP还不能反映社会最低生活保障、失业保障、医疗保障、住房保障的改善情况。GDP不能反映资源环境的变化，例如水污染、空气污染、土地污染等，GDP没有反映经济发展所带来的资源消耗成本和环境损失代价。GDP不能全面地反映人类的自觉行动对自然环境的改善。GDP不能全面地反映人民生活水平的变化。文章最后强调，不能奢望GDP能够满足方方面面的要求，世界上没有哪一个统计指标能够做到这一点。关键是我们要清楚利用GDP能够做什么，不能够做什么，在它的适用范围内，正确地使用它；在超过GDP适用范围的领域要发挥其他合适的统计指标的作用。

请结合本案例，对现行的各个国民收入核算指标的优点和缺点做出评价。（★理论提示：国内生产总值的定义）

案例二：GDP增长让人们更幸福了吗

受金融危机影响，西方发达国家经济出现衰退，对外需求骤减，严重影响到以外向经济为主导的中国经济增速。随着中央一系列经济刺激政策出台，2009年以来，全国各地的投资热浪此起彼伏，一浪高过一浪。2009年上半年，投资对经济增长贡献率为87.6%，拉动GDP增长6.2个百分点；消费对经济增长贡献率为53.4%，仅拉动GDP增长3.8个百分点。意味着仅仅投资就占据了GDP的2/3。据了解，受巨额投资的驱动，钢铁、水泥、纺织等行业产能出现了严重过剩，造成资金和能源极大浪费。这隐含着一个目前炙手可热的新词汇——GDP含金量。GDP的大小跟地区人均可支配收入增长之间的关系越大，其含金量越高。《中国经济周刊》计算得出了全国各省区市的单位GDP人均可支配收入，即GDP“含金量”，或居民收入的幸福指数。数据显示：GDP高的省份，GDP含金量排名并不靠前，很多还很靠后。2009年，GDP总量前5名的省份是：广东、江苏、山东、浙江、河南，其对应GDP含金量排名则为：第8位、第23位、第28位、第5位、第27位。值得注意的是：2009年海南省的GDP总量排28位，其GDP含金量则为第3位。再如鄂尔多斯和香港。鄂尔多斯在2008年的人均GDP是10万元，而香港是20.9万元，在2008年GDP的增长率分别是22.9%和3.9%。可以想象，不用5年鄂尔多斯的人均GDP会超过香港。但是我们比较这两个地区的人均可支配收入，2008年鄂尔多斯是1.9万元，而香港是18万元。这正是为什么居民虽感觉到GDP增长，却没有带来相应幸福感的原因。

请结合本案例，分析GDP里应有哪些“含金量”？（★理论提示：国内生产总值的核算方法）

专项训练

(一)单项选择

1. 在下列情形中,应该计入当年国内生产总值的是(　　)。
   A. 去年生产而在今年销售出去的汽车　　B. 当年生产的汽车
   C. 某人去年购买而在今年转售给他人的汽车
   D. 生产商当年计划而明年生产的汽车
2. 国内生产总值中的最终产品是指(　　)。
   A. 有形的产品　　B. 无形的产品
   C. 既包括有形的产品,也包括无形的产品
   D. 供以后的生产阶段作为投入的产品
3. 按计算国内生产总值的支出法,应计入私人国内总投资的项目是(　　)。
   A. 个人购买的轿车　　B. 个人购买的住房
   C. 个人购买的冰箱　　D. 个人的住房租金
4. 国内生产总值与国内生产净值的差别是(　　)。
   A. 直接税　　B. 间接税　　C. 公司未分配利润　　D. 折旧
5. 国内生产净值与国民收入的差别是(　　)。
   A. 折旧　　B. 间接税　　C. 直接税　　D. 政府的转移支付
6. 个人收入与个人可支配收入的差别是(　　)。
   A. 个人所得税　　B. 间接税
   C. 公司未分配利润　　D. 折旧
7. 三部门经济中,总需求的表达式为(　　)。
   A. 总需求=消费+投资+政府支出
   B. 总需求=消费+储蓄+税收
   C. 总需求=消费+投资
   D. 总需求=消费+政府支出+出口
8. 三部门经济中,国民收入的恒等关系可以表示为(　　)。
   A. $I+S=C+T$　　B. $I+C=S+T$
   C. $I+C+X=S+T+M$　　D. $I=S$
9. 当一国的国内生产总值大于国民生产总值,则该国公民从国外取得的收入(　　)外国公民从该国取得的收入。
   A. 小于　　B. 大于　　C. 等于　　D. 不能确定

10.“饼干是最终产品,而面粉是中间产品”这一命题(　　)。

A. 是对的　B. 是不对的　C. 缺少条件　D. 无法判断

(二)判断题

1. 最终产品和劳务的购买者是消费者。
2. 个人收入是指家庭和非公司企业获得的收入。
3. 从个人收入中减去个人收入所得税,就可得到个人可支配收入。
4. 政府等非营利机构所提供的劳务不在市场上交易,因此无法计入 GDP。
5. GDP 测算的是市场销售的最终产品价值。
6. 资本折旧属于企业总投资的一部分,要计入到 GDP 中。
7. GDP 核算不反映新建但未销售的住房。
8. GDP 适用于给定的时点存量。
9. 由现期生产要素加总得到的是国民收入。
10. 按支出法、收入法和部门法核算的国内生产总值总是相等的。

(三)简答题

1. 统计 GDP 时必须遵循的原则有哪些?
2. 采用支出法应如何计算国内生产总值?
3. 采用收入法应如何计算国内生产总值?

(四)计算题

1. 某年发生了以下活动:①甲饲料加工厂生产的 15 000 kg 饲料提供给乙养殖场,售价为 40 000 元,支付工人工资共计 20 000 元;②乙养殖场向市场提供了 5 000 kg 牛肉,售价为 130 000 元,支付工人工资共计 50 000 元。

(1)用支出法核算 GDP;

(2)用收入法计算在每个生产阶段赚得的工资和利润,并核算 GDP;

(3)用部门法计算每个生产阶段生产的价值,并核算 GDP。

2. 假设国民收入统计资料如下:

国内生产总值	960 亿元
总投资	160 亿元
净投资	60 亿元
消费	600 亿元
政府购买	192 亿元
政府预算盈余	6 亿元

试计算：(1)国内生产净值；(2)净出口；(3)政府税收减去转移支付后的收入；
　　　(4)个人可支配收入；(5)个人储蓄。

(五)分析题

宏观经济学研究什么问题？这些问题与GDP的关系是什么？为什么说GDP是最重要的宏观经济指标？

第九章　国民收入决定理论

引言:18 世纪初,一个名叫孟迪维尔的英国医生写了一首题为“蜜蜂的寓言”的讽喻诗。这首诗描述了一群蜜蜂的兴衰史。最初,蜜蜂们追求豪华的生活,浪费成性,结果整个蜂群兴旺发达。后来,他们在一个“哲学蜂”的劝说下崇尚节约,结果弄得社会衰落,终于被另一个蜂群所消灭。这首诗因为宣扬“浪费有功”,当时被英国中塞克斯郡大陪审团判定为败类作品。但是 200 多年后,这部作品却启发凯恩斯建立了以总需求为中心的宏观经济理论。

在凯恩斯之前,经济学家相信“供给决定需求”。但 20 世纪 30 年代大危机时的供给过剩、失业严重使凯恩斯从供给转向需求,建立了以总需求为中心的宏观经济理论。凯恩斯认为,在短期中,总供给是既定的,因此,国民收入水平的大小取决于总需求。总需求增加,国民收入增加;总需求减少,国民收入减少。总需求不足正是引起供给过剩和失业的根本原因。这就是宏观经济学中简单国民收入决定模型,或称凯恩斯国民收入决定模型。

知识点 掌握总供给不变时,总需求决定国民收入的基本原理;掌握消费函数、边际消费倾向的含义;了解乘数的含义与计算;理解商品市场与货币市场实现均衡的基本原理;掌握总需求与总供给的项目构成。

能力点 能够运用国民收入决定的基本原理,对均衡国民收入的决定和影响进行一定的定性和定量分析、作图和计算;能够运用总需求-总供给模型分析宏观经济问题。

第一节 简单国民收入决定模型

一、总需求的构成

所谓总需求(aggregate demand, AD)是指在一定收入水平、价格水平等条件下,消费者、企业、政府和外国想要购买的本国最终产品和劳务的总和。因此,总需求由消费、投资、政府购买和净出口四部分组成。

消费包括家庭购买的产品与劳务。它可以分成三个子项目:非耐用品、耐用品和劳务。非耐用品是持续时间短的物品,如食品、衣服等。耐用品是持续时间长的物品,如汽车、电视等。劳务包括个人和企业为消费者所做的工作,如理发、医疗等。根据西方经济学家对长期消费统计资料分析,消费在总需求中是相当稳定的。

投资包括为未来使用而购买的物品,分为固定投资和存货投资。固定投资包括企业购买新厂房、设备,居民购买新住房等。存货投资是指企业物品存货的增加。一般来说,投资在经济中波动相当大。

政府购买是指各级政府对产品和劳务的需求,或者说政府购买产品和劳务的支出。它包括政府工作人员的工资、基础设施、公共工程、国防支出等方面。随着国家对经济生活干预的加强,总需求中政府支出的比例也一直在提高。

净出口是指本国向其他国家出口的物品与劳务的价值减去外国向本国提供的物品与劳务的价值,即出口减去进口。净出口表示外国对本国物品与劳务的净支出,构成了对本国产品和劳务的需求。可以用公式表示总需求:

$$AD=C+I+G+(X-M)$$

式中:C代表消费;I代表投资;G代表政府购买;X代表出口,M代表进口,$(X-M)$代表净出口。

二、总需求与均衡国民收入的决定

均衡国民收入是总需求等于总供给时的国民收入。国民收入水平是由总需求和总供给共同决定的,总需求决定总供给。潜在的国民收入是充分就业时的国民收入,也就是社会资源既无闲置也无浪费时的国民收入。说明国民收入的决定,要从分析简单的国民收入决定过程开始。为此需要先做出几点假设:第一,各种资源没有得到充分利用，全社会没有达到充分就业的水平。或者说，只要有失业现象存在，国民收入水平就有继续提高的潜力。第二，价格水平是既定的。这可以不考虑货币因素的影响，使问题分析简单化。第三，利息率水平既定，也就是说，不考虑利息率变动对国民收入水平的影响，因为利息是资本的价格，这与第二点假设相一致。第四，投资水平既定，即在总需求中只考虑消费对国民收入的影响，这是凯恩斯主义分析宏观经济问题的基本出发点。

当不考虑总供给这一因素时，均衡国民收入水平由总需求决定。如图 9.1 所示，横轴代表国民收入 Y，纵轴代表总需求 AD，45°线代表总需求等于总供给。由于短期内总需求相对稳定，可以认为是不变的。AD_0 代表总需求水平，AD_0 是一条与横轴平行的线，表示这里不考虑总需求变动的情况。AD_0 与 45°线相交于 E 点，决定了均衡的国民收入水平 Y_0。

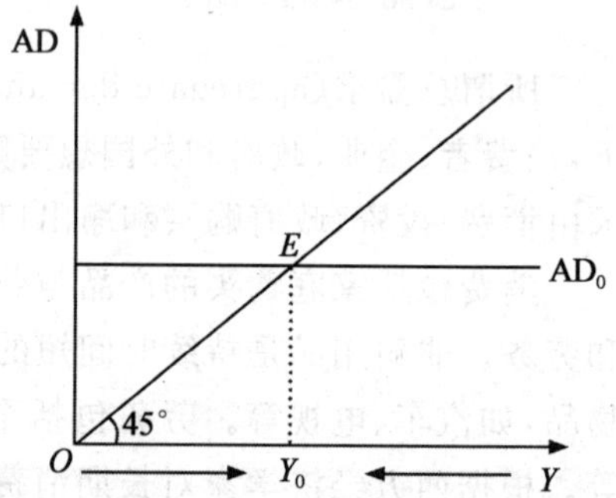

图 9.1 均衡国民收入的决定

在 Y_0 的左边，总需求大于总供给，国民收入向 Y_0 增加；在 Y_0 的右边，总需求小于总供给，国民收入向 Y_0 减少；只有在 Y_0 时，国民收入既不增加也不减少，处于均衡状态。这时的国民收入就是均衡的国民收入。

三、消费与均衡国民收入的决定

在简单的国民收入决定理论中，研究的只有家庭和厂商两个部门，因此社会总需求就是消费需求和投资需求的总和。假定投资是一个与收入无关的常数，仅考虑消费变动对总需求的影响。因此，有必要了解消费函数与储蓄函数。

(一)消费函数与储蓄函数

1. 消费函数

消费函数是消费与收入之间的依存关系。在其他条件不变的情况下，消费随着收入的变动而同方向变动，即收入增加，消费增加；收入减少，消费减少。消费函数为：

$$C=f(Y)=a+bY$$

式中：C 代表消费；Y 代表收入；a 代表常数；b 代表边际消费倾向。

消费与收入之间的关系可以用平均消费倾向与边际消费倾向来说明。

平均消费倾向(average propensity to consume，APC)是指消费在收入中所占的比例。

$$APC=\frac{C}{Y}$$

边际消费倾向(marginal propensity to consume，MPC)是指增加的消费在增加的收入中所占的比例。

$$MPC=\frac{\Delta C}{\Delta Y}$$

2. 储蓄函数

储蓄函数是储蓄与收入之间的依存关系。在其他条件不变的情况下，储蓄随着收入的变动而同方向变动，即收入增加，储蓄增加；收入减少，储蓄减少。储蓄函数为：

$$S=f(Y)=d+eY$$

式中：S 代表储蓄；Y 代表收入；d 与 e 代表常数。

储蓄与收入之间的关系可以用平均储蓄倾向和边际储蓄倾向来说明。

平均储蓄倾向(average propensity to save，APS)是指储蓄在收入中所占的比例。

$$APS=\frac{S}{Y}$$

边际储蓄倾向(marginal propensity to save，MPS)是指增加的储蓄在增加的收入中所占的比例。

$$MPS=\frac{\Delta S}{\Delta Y}$$

因为全部收入用于消费与储蓄，所以平均消费倾向和平均储蓄倾向、边际消费倾向和边际储蓄倾向之间存在着下面的数量关系：

$$APC+APS=1$$
$$MPC+MPS=1$$

通过表 9.1 可对以上关系进行诠释。

表 9.1 消费倾向与储蓄倾向

收入 Y	消费 C	储蓄 S	平均消费倾向 APC	边际消费倾向 MPC	平均储蓄倾向 APS	边际储蓄倾向 MPS
0	30	−30	—	—		
40	60	−20	1.500	0.75	−0.500	0.25
80	90	−10	1.125	0.75	−0.125	0.25
120	120	0	1.000	0.75	0	0.25
160	150	10	0.938	0.75	0.062	0.25
200	180	20	0.900	0.75	0.100	0.25
240	210	30	0.875	0.75	0.125	0.25

资料卡:中美边际消费倾向比较

据估算,美国的边际消费倾向现在约为0.68,而中国的边际消费倾向约为0.48。中国的边际消费倾向比美国的要低。为什么中美边际消费倾向有这种差别呢?

这种差别在于中美两国的消费观念不同,美国人崇尚享受,中国人崇尚节俭,不同的消费观念来自不同的经济基础。

美国是一个发达的市场经济国家,经济总体上是稳定的。经济的稳定决定了收入的稳定性。当收入稳定时,人们就敢于消费,甚至敢于借贷消费。中国是一个转型中的国家,正在从计划经济转向市场经济,尽管经济增长速度快,但人均收入仍很低,而且收入并不稳定。这样,人们就不得不节制消费,以预防可能出现的下岗及其他风险。

资料来源:《经济学原理》(徐美银,2008)

(二)消费、总需求与均衡国民收入的决定

全部消费可以分为两个部分:一部分是不取决于收入的自发消费;另一部分是随收入变动而变动的引致消费。自发消费是由人的最基本需求所决定的必需的消费,如维持衣、食、住、行基本需要的消费。无论收入是多少,这部分消费都是必不可少的。假设这部分消费不随收入变动而变动,是一个常量,用 C_1 表示。引致消费是指由收入变动而引起的消费,消费数额大小取决于边际消费倾向,边际消费倾向用 MPC 表示。那么,可以将消费函数写成:

$$C=C_1+\mathrm{MPC}\times Y$$

在两部门经济中，总需求包括消费与投资，假定投资(I)不变，则可以把总需求写成：

$$\mathrm{AD}=C+I=C_1+\mathrm{MPC}\times Y+I$$

总需求中不变的自发消费与投资称为自发总需求，即 $A_1=C_1+I$，它不随收入的变动而变动，可以把上式写为：

$$\mathrm{AD}=A_1+\mathrm{MPC}\times Y$$

这样就可以把总需求决定的国民收入画为图 9.2：总需求曲线 AD_0 的截距为 A_1，即自发总需求，它等于自发消费加上投资。斜率为边际消费倾向 MPC。AD_0 向右上方倾斜说明总需求中由于包括引致消费而随国民收入的增加而增加。AD_0 与 45°线相交于 E，仍决定了均衡国民收入为 Y_0。

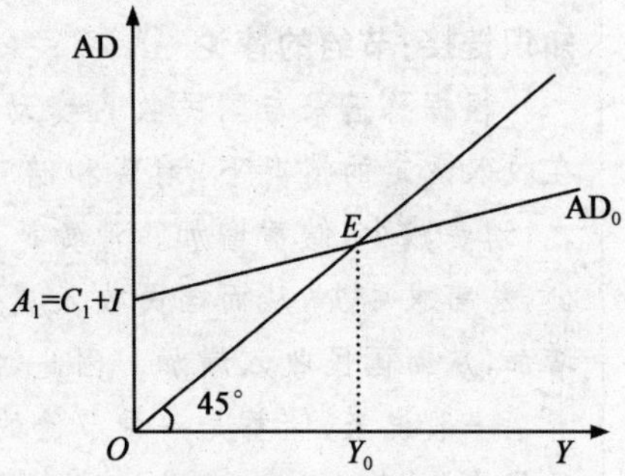

图 9.2 消费与均衡国民收入的决定

均衡国民收入均衡的条件是总供给(国民收入)与总需求相等，即：

$$Y=\mathrm{AD}$$
$$\mathrm{AD}=A_1+\mathrm{MPC}\times Y$$
$$Y=A_1+\mathrm{MPC}\times Y$$

因此，在两部门中，均衡的国民收入为：

$$Y=\frac{1}{1-\mathrm{MPC}}\times A_1=\frac{1}{1-\mathrm{MPC}}\times(C_1+I)$$

(三)总需求与国民收入水平的变动

由于均衡国民收入水平是由总需求决定的，因此，总需求的变动必然引起均衡国民收入水平同方向变动，即总需求增加，均衡国民收入增加；总需求减少，均衡国民收入减少。

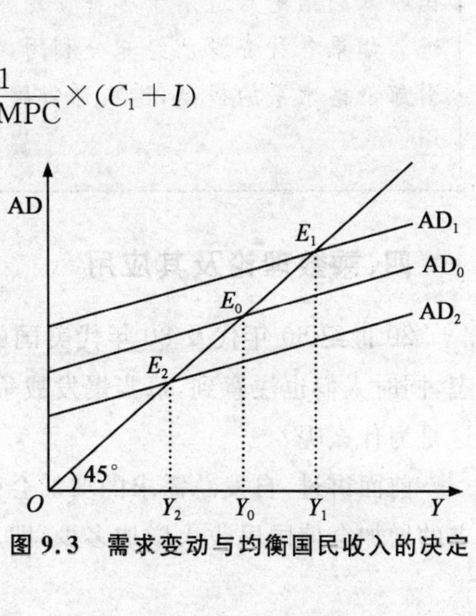

图 9.3 需求变动与均衡国民收入的决定

从图 9.3 可以看出：当总需求为 AD_0 时，决定了国民收入为 Y_0。当总需求曲线向上方移动，即从 AD_0 移动到 AD_1 时，总需求增加，使得均衡的国民收入水平从 Y_0 增加到 Y_1；当总需求曲线向下方移动，即从 AD_0 移动到 AD_2 时，总需求减少，使得均衡的国民收入水平从 Y_0 减少到 Y_2。

因此，假设不考虑总供给对国民收入的影响，均衡的国民收入水平就由总需求来决定。总需求增加，国民收入增加；总需求减少，国民收入减少。总需求不足正是引起供给过剩和失业的根本原因。这就是宏观经济学中简单的国民收入决定模型，或称凯恩斯国民收入决定模型。

知识链接：节约的悖论

根据总需求与国民收入变动的关系，可以得出储蓄与国民收入的关系。在收入既定的情况下，消费和储蓄呈反方向变动，即消费增加，储蓄减少；反之，消费减少，储蓄增加。消费是总需求的组成部分，储蓄增加，意味着消费减少，总需求减少，从而国民收入减少；反之，储蓄减少，意味着消费增加，总需求增加，从而国民收入增加。因此，储蓄与国民收入呈反方向变动。

一般说来，储蓄是一种节俭的美德。但凯恩斯认为，节俭对个人来说是一种美德，对整个社会来说，可能就不是一种美德，而是一种退步。因为，如果人们都崇尚节俭，使得储蓄增加，如果这部分储蓄不能转化成新的消费力量，则社会需求就会减少，造成国民收入下降，失业增加，经济萧条，所以，凯恩斯主张减少储蓄，增加消费。

但是，我们需要注意一点，增加储蓄会减少国民收入，减少储蓄会增加国民收入的结论只适用于各种资源未充分利用，从而总供给可以无限增加的情况。如果各种资源已经充分利用，总需求的增加就不会提高国民收入，而只会引起价格水平的提高，造成通货膨胀。

资料来源：《西方经济学》(连有、王瑞芬，2009)

四、乘数理论及其应用

20 世纪 60 年代及 80 年代美国的减税政策使其国内长时间处于经济扩张状态，同时人们也注意到，每当爆发战争时大量的军事开支会导致 GDP 的快速增长。这是为什么呢？

前面讲过，自发总需求的增加会引起国民收入的增加，但是，一定量自发总需求的增加会使国民收入增加多少，即总需求增加与国民收入增加之间的量的关系如何呢？乘数理论正是要回答这个问题。

乘数也称倍数，是指自发总需求的增加所引起的国民收入增加的倍数，或者说是国民收入增加量与引起这种增加量的自发总需求增加量之间的比例。

根据均衡国民收入决定的公式，增加的总需求与增加的国民收入相等，即

$$\Delta Y=\Delta \mathrm{AD}=\Delta A_1+\mathrm{MPC}\times\Delta Y$$

$$\Delta Y-\mathrm{MPC}\times\Delta Y=\Delta A_1$$

$$\Delta Y=\frac{1}{1-\mathrm{MPC}}\times\Delta A_1$$

增加的国民收入（ΔY）与引起这种增加的自发总需求量（ΔA_1）之比$\frac{1}{1-\mathrm{MPC}}$就是乘数。如果用 K 来代表乘数，则有

$$K=\frac{1}{1-\mathrm{MPC}}$$

乘数公式表明，乘数的大小取决于边际消费倾向。边际消费倾向越大，乘数越大；边际消费倾向越小，乘数越小。

从乘数公式还可以看出，因为边际消费倾向是小于1的，所以乘数一定是大于1的。这反映了国民经济各部门之间存在着密切的联系。某一部门自发总需求的增加，不仅会使本部门收入增加，而且会在其他部门引起连锁反应，从而使这些部门的需求与收入也增加，最终使国民收入的增加数倍于自发总需求的增加。

当然，乘数的作用是双重的，即当自发总需求增加时，所引起的国民收入的增加要大于最初自发总需求的增加；当自发总需求减少时，所引起的国民收入的减少也要大于最初自发总需求的减少。所以，经济学家形象地把乘数称为一把“双刃剑”。

同时，乘数发生作用是需要一定条件的。这些条件包括：第一，投资乘数在假定消费函数或储蓄函数为既定不变的条件下才能顺利地发挥作用。如果遇到通货膨胀、战争以及政府政策的不正确引导等情况，消费行为就会偏离正常轨道。第二，社会上各种资源没有得到充分利用时，总需求的增加才会使各种资源得到利用，产生乘数作用。如果社会上各种资源已经得到充分利用，或者某些关键部门存在着制约其他资源利用的“瓶颈”状态，乘数将无法发挥作用。

第二节 IS-LM 模型

在简单的国民收入决定模型中，假设总需求中只有消费变化，而投资是固定不变的。但实际上，利息率是变化的，投资也就不可能是一个常数。利息率变动时，投资会发生变化，从而对总需求和均衡的国民收入产生影响。在 *IS-LM* 模型中，我们将分析在利息率与投资变动的情况下，总需求对国民收入的决定，以及利息率与国民收入之间的关系。

IS-LM 模型是说明商品市场与货币市场同时达到均衡时，国民收入与利息率决定的模型。在这里，*I* 代表投资，*S* 代表储蓄，*L* 代表货币需求，*M* 代表货币供给。这一模型是对总需求分析的高度概括，在政策上可以用来解释财政政策与货币政策，因此被称为整个宏观经济学的核心。

一、IS 曲线

IS 曲线也称为投资储蓄曲线，是描述商品市场达到均衡时，即投资等于储蓄($I=S$)时，国民收入与利息率之间存在着反方向变动关系的曲线。

在图 9.4 中，横轴 Y 代表国民收入，纵轴 i 代表利息率。*IS* 曲线上任何一点都是 $I=S$，即商品市场上达到均衡。*IS* 曲线向右下方倾斜，表明在商品市场实现均衡时，利息率与国民收入呈反方向变动，即利息率高则国民收入低，利息率低则国民收入高。为什么在商品市场上，利息率与国民收入呈反方向变动呢？这是因为利息率与投资呈反方向变动。投资的目的是为了实现利润的最大化。投资者一般用贷款来投资，而贷款必须支付利息，所谓利润最大化实际是偿还利息后纯利润的最大化。这样，投资就取决于利润率与利息率。如果利润率既定，则投资就要取决于利息率。利息率越低，纯利润就越大，从而投资就越多；反之，利息率越高，纯利润就越小，从而投资就越小。所以，利息率与投资呈反方向变动。

投资是总需求的一部分，投资增加，总需求增加；投资减少，总需求减少。而总需求又与国民收入同方向变动。因此，利息率与国民收入呈反方向变动。

也可以用总需求公式来说明这一点。在这里，投资是可变的，可以把投资分为两部分，一部分是不随利息率变动的自发投资，例如，由于技术进步而引起的投资；另一部分则取决于利息率，且与利息率呈反方向变动，所以投资函数可表示为：

$$I=I-d\times i$$

式中：I 代表自发投资；i 代表利息率；d 代表一个固定系数。

这样，可以把总需求公式写成：

$$\begin{aligned}AD &= C+I \\ &= (a+b\times Y)+(I-d\times i) \\ &= (a+I)+b\times Y-d\times i\end{aligned}$$

上式中 $(a+I)$ 为自发总需求，b 为 MPC，假定 $b\times Y$ 不变，则总需求 AD 与利息率 i 呈反方向变动。由于总需求与均衡国民收入同方向变动，所以利息率与国民收入反方向变动。

此外，自发总需求的变动，例如，自发消费、自发投资的变动会使 *IS* 曲线的位置平行移动，如图 9.5 所示。当自发总需求增加时，*IS* 曲线向右上方移动，即从 IS_0 移动到 IS_1。比如，政府采取扩张性的财政政策，使得投资者对投资前景乐观而增加投资，从而总需求增加，国民收入增加；当自发总需求减少时，*IS* 曲线向左下方移动，即从 IS_0 移动到 IS_2。

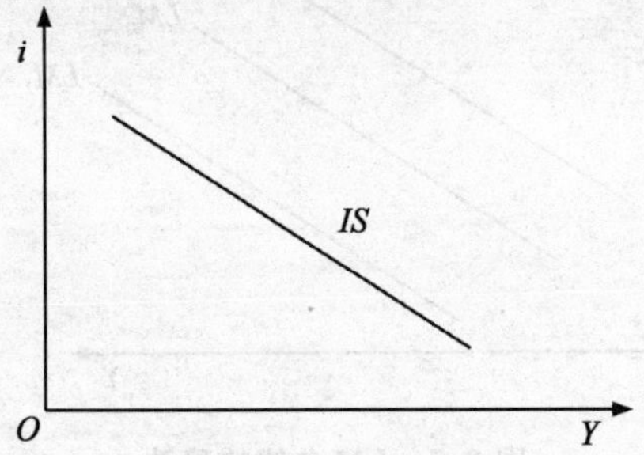

图 9.4　*IS* 曲线

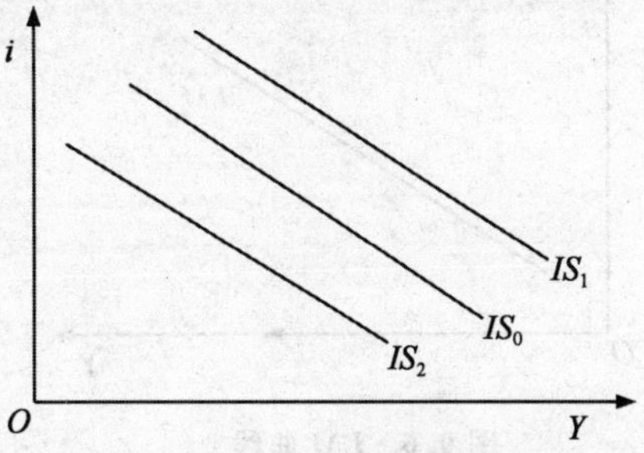

图 9.5　*IS* 曲线的移动

二、*LM* 曲线

LM 曲线也称为货币供求曲线，是描述货币市场达到均衡时，即货币需求等于货币供给 $(L=M)$ 时，国民收入与利息率之间存在同方向变动关系的曲线，如图 9.6 所示。

在图 9.6 中，横轴 Y 代表国民收入，纵轴 i 代表利息率。*LM* 曲线上任何一点都是 $L=M$，即货币市场上实现了均衡。*LM* 曲线向右上方倾斜，表明在货币市场上实现了均衡时，利息率与国民收入呈同方向变动，利息率高则国民收入高，利息率低则国民收入低。

在货币市场上，利息率与国民收入呈同方向变动可以用凯恩斯主义的货币理论来解释。根据这一理论，货币需求 (L) 由 L_1 与 L_2 组成，L_1 代表由交易动机和预防动机决定的货币需求，取决于国民收入，与国民收入呈同方向变动，记为 $L_1 = f(Y)$；L_2 代表由投机动机决定的货币需求，取决于利息率，与利息率呈反方向变动，记为 $L_2 = f(i)$。货币供给(M)是指实际货币供给量，由中央银行的名义货币供给量与价格水平决定。货币市场的均衡条件是：

$$M = L = L_1 + L_2$$

从上式可以看出，当货币供给既定时，如果货币的交易需求与预防需求(L_1)增加，为了保持货币市场均衡，则货币的投机需求(L_2)必然减少。L_1 的增加是国民收入增加的结果，而 L_2 的减少则是利息率上升的结果。因此，在货币市场上实现了均衡时，国民收入与利息率必然是同方向变动的结果。

货币供给量的变动会使 LM 曲线的位置平行移动。在图 9.7 中，当货币供给量增加时，LM 曲线向右下方移动，即从 LM_0 移动到 LM_2；当货币供给量减少时，LM 曲线向左上方移动，即从 LM_0 移动到 LM_1。

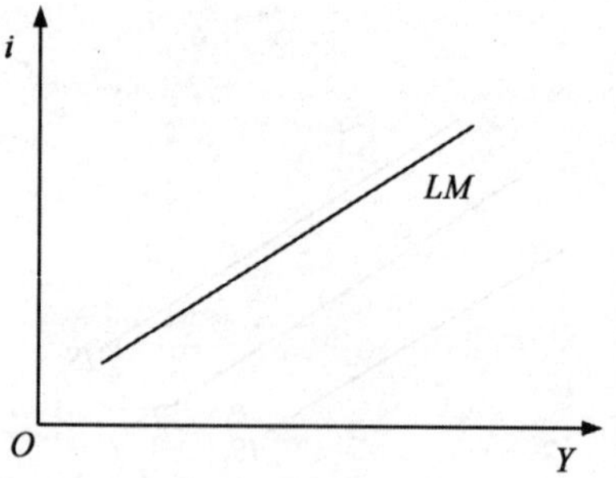

图 9.6 LM 曲线

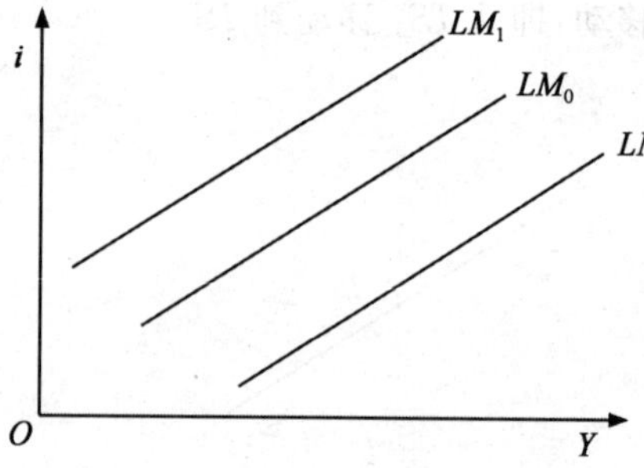

图 9.7 LM 曲线的移动

三、IS-LM 模型

(一)国民收入与利息率的决定

我们从前面的讲述中了解到，IS 曲线上有一系列利息率与国民收入的组合可使商品市场均衡，即满足商品市场储蓄与投资相等；在 LM 曲线上，又有一系列利息率和国民收入的组合可使货币市场均衡。但能够使商品市场和货币市场同时达到均衡的利息率和国民收入组合只有一个，这一组合可以在 IS 曲线和 LM 曲线的交点上求得。因此我们把 IS 曲线和 LM 曲线放在同一坐标平面上。

如图 9.8 所示，IS 曲线和 LM 曲线相交于 E 点，在其他条件不变的情况下，E 点所表示的国民收入和利息率的组合 Y_0 和 i_0，可以同时使商品市场和货币市场达到均衡。

(二)自发总需求变动对国民收入和利息率的影响

如前所述,自发总需求变动会引起 IS 曲线移动,从而使国民收入与利息率变动。在 LM 曲线不变的情况下,自发总需求增加,IS 曲线向右上方平行移动,从而国民收入增加,利息率上升;反之,自发总需求减少,IS 曲线向左下方平行移动,从而国民收入减少,利息率下降。可以用图 9.9 来说明。

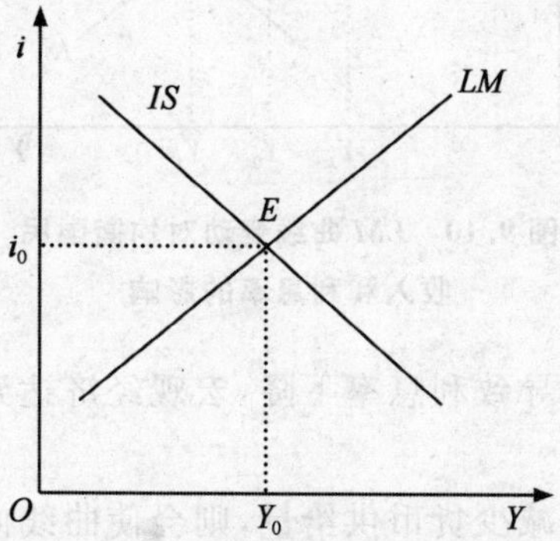

图 9.8　*IS-LM* 模型

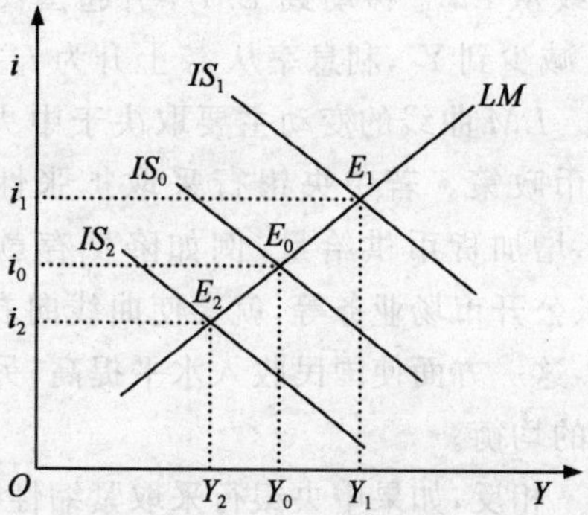

图 9.9　*IS* 曲线的变动对均衡国民收入和利息率的影响

在图 9.9 中,IS_0 与 LM 相交于 E_0,决定了利息率为 i_0,国民收入为 Y_0。当自发总需求增加时,IS 曲线从 IS_0 移动到 IS_1,这就引起国民收入从 Y_0 增加到 Y_1,利息率从 i_0 上升为 i_1。反之,当自发总需求减少时,IS 曲线从 IS_0 移动到 IS_2,这就引起国民收入从 Y_0 减少到 Y_2,利息率从 i_0 下降到 i_2。

IS 曲线的变动主要取决于政府的财政政策。当政府采取扩张性的财政政策时,例如增加政府开支、兴建公共工程、降低税率等,总需求的规模就会扩大,从而使 IS 曲线向右上方移动。最终结果是在国民收入和利息率水平都提高的情况下,宏观经济达到新的均衡。

相反,如果政府采取紧缩性的财政政策,例如削减政府开支、提高税率等,总需求的规模会缩小,从而使 IS 曲线向左下方移动。结果是国民收入水平降低,利息率水平下降,宏观经济再次达到均衡。

(三)货币量变动对国民收入和利息率的影响

货币量的变动会引起 LM 曲线移动,从而使国民收入与利息率变动。在 IS 曲线不变的情况下,货币量增加,LM 曲线向右下方平行移动,从而国民收入增加,利息率下降;反之,货币量减少,LM 曲线向左上方平行移动,从而国民收入减少,利息率上升。这一影响过程可用图 9.10 来说明。

如图 9.10 所示，LM_0 与 IS 相交于 E_0 点，决定了均衡利息率为 i_0，国民收入为 Y_0。当货币量增加时，LM 曲线从 LM_0 移动到 LM_1，引起国民收入从 Y_0 增加到 Y_1，利息率从 i_0 下降为 i_1。反之，当货币量减少时，LM 曲线从 LM_0 移动到 LM_2，引起国民收入从 Y_0 减少到 Y_2，利息率从 i_0 上升为 i_2。

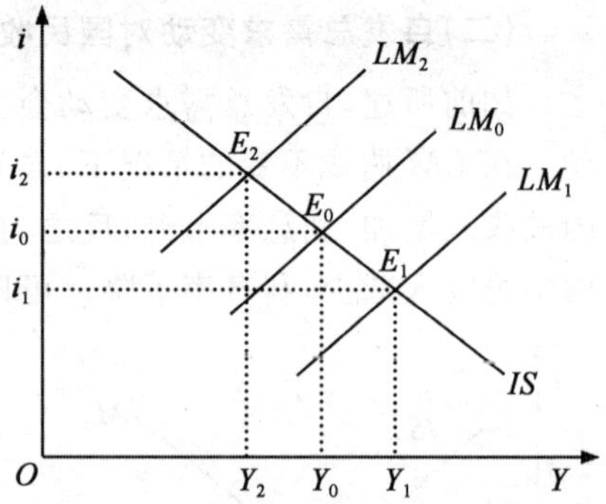

图 9.10 LM 曲线变动对均衡国民收入和利息率的影响

LM 曲线的变动主要取决于中央银行的货币政策。若中央银行采取扩张性货币政策，增加货币供给量，例如降低存款准备金率、公开市场业务等，就会使曲线向右下方移动，这一方面使国民收入水平提高，另一方面又会导致利息率下降，宏观经济达到新的均衡。

相反，如果中央银行采取紧缩性的货币政策，减少货币供给量，则会使曲线向左上方移动，从而导致国民收入水平降低，利息率水平提高，宏观经济再次达到新的均衡。

当然，我们也可以同时分析自发总需求的变动与货币量的变动对国民收入和利息率的影响，从而说明财政政策与货币政策的共同作用与配合，对宏观经济产生的影响。这里我们就不细说这一问题了。

总之，IS-LM 模型分析了储蓄、投资、货币需求与货币供给如何影响国民收入和利息率。这一模型不仅精练地概括了总需求分析，而且可以用来分析财政政策和货币政策。因此，这一模型被称为宏观经济学的核心。

第三节　总需求-总供给模型

在总需求分析中，我们假设总供给可以适应总需求的增加而增加，以及价格水平不变，因此没有分析总供给对国民收入决定的影响以及价格水平的决定。但在现实中，总供给总是有限的，价格水平也是变动的。在总需求-总供给模型中，我们就要把总需求分析与总供给分析结合起来，说明总需求与总供给如何决定国民收入与价格水平。

一、总需求曲线

总需求曲线是表明商品市场与货币市场同时达到均衡时，总需求与价格水平之间关系的曲线。如图 9.11 所示：*OP* 代表价格水平，*OY* 代表国民收入，总需求曲线 AD 是一条向右下方倾斜的曲线。这说明总需求与价格水平呈反方向变动，即价格水平上升，总需求减少；价格水平下降，总需求增加。

我们可以用 *IS-LM* 模型来解释总需求与价格水平呈反方向变动的原因。在 *IS-LM* 模型中，货币供给量指实际货币供给量，取决于名义货币供给量与价格水平。当名义货币供给量不变时，实际货币供给量与价格水平呈反方向变动，即价格水平上升，实际货币供给量减少；价格水平下降，实际货币供给量增加。在货币需求不变的情况下，实际货币供给量的减少使利息率上升，利息率上升又使投资减少，总需求减少；反之，实际货币供给量增加使利息率下降，利息率下降又使投资增加，总需求增加。这样，总需求与价格水平就呈反方向变动。

自发总需求的变动会引起总需求曲线的移动。当自发总需求增加时，总需求曲线向右上方移动，表明在价格水平既定时，自发总需求由于其他原因而增加了。当自发总需求减少时，总需求曲线向左下方移动，表明在价格水平既定时，自发总需求由于其他原因而减少了。如图 9.12 所示：自发总需求增加，总需求曲线由 AD_0 移动到了 AD_1；而自发总需求减少，则总需求曲线由 AD_0 移动到了 AD_2。

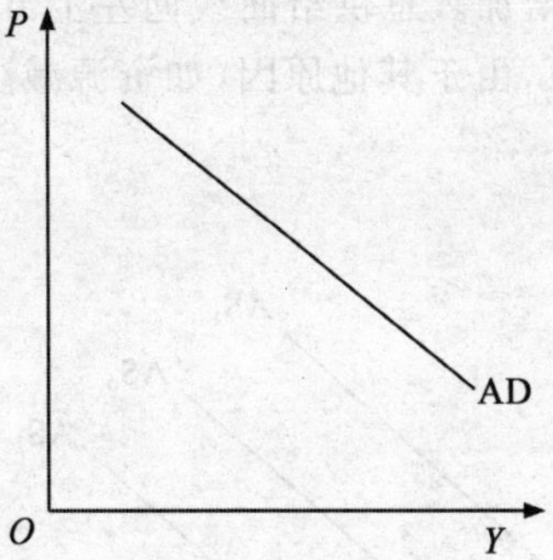

图 9.11　总需求曲线

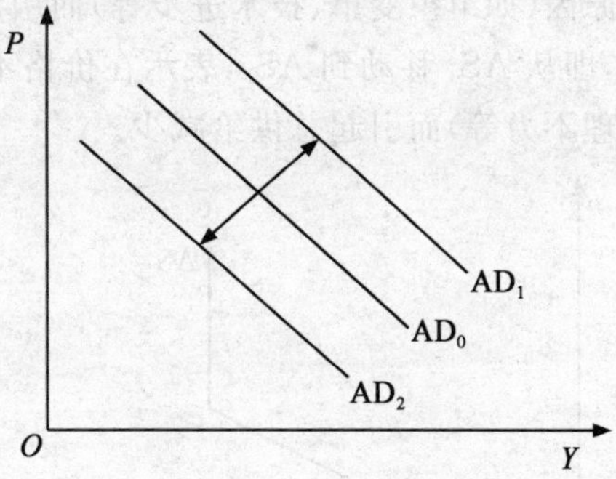

图 9.12　总需求曲线的移动

二、总供给曲线

总供给曲线(AS)是表明商品市场与货币市场同时达到均衡时，总供给与价格水平之间关系的曲线。它反映了在每一既定价格水平时，所有厂商愿意提供的产品和劳务的总和。总供给取决于资源利用的情况，在不同的资源利用情况下，总供给曲线，即总供给与价格水平之间的关系是不同的。如图 9.13 所示，总供给曲线有三种情况：

第一种情况：总供给曲线是一条与横轴平行的线，表明在价格水平不变的情况下，总供给可以增加。这是因为资源还没有得到充分利用，所以，可以在不提高价格的情况下，增加供给。这种情况由凯恩斯提出，称为“凯恩斯主义总供给曲线”（*a*—*b*）。

第二种情况：总供给曲线是一条向右上方倾斜的线，表明总供给与价格水平同方向变动。这是因为在资源接近充分利用的情况下，产量增加使生产要素的价格上升，从而成本增加，价格水平上升。这种情况在短期中存在，所以称为“短期总供给曲线”（*b*—*c*）。

第三种情况：总供给曲线是一条垂线，表明无论价格水平如何上升，总供给也不会增加。这是因为资源已经得到了充分利用，即经济中实现了充分就业，总供给已无法增加。在长期中总会实现充分就业的，因此，称为“长期总供给曲线”（*c* 以上）。

在资源条件既定，即潜在的国民收入既定的条件下，凯恩斯主义总供给曲线与长期总供给曲线是不变的，但短期总供给曲线是可以变动的。如图 9.14 所示：总供给曲线向右下方移动，即从 AS_0 移动到 AS_2，表示在价格不变的情况下，由于其他原因（如组织变革、技术进步等）而引起了总供给增加。总供给曲线向左上方移动，即从 AS_0 移动到 AS_1，表示在价格不变的情况下，由于其他原因（如资源减少、管理不力等）而引起总供给减少。

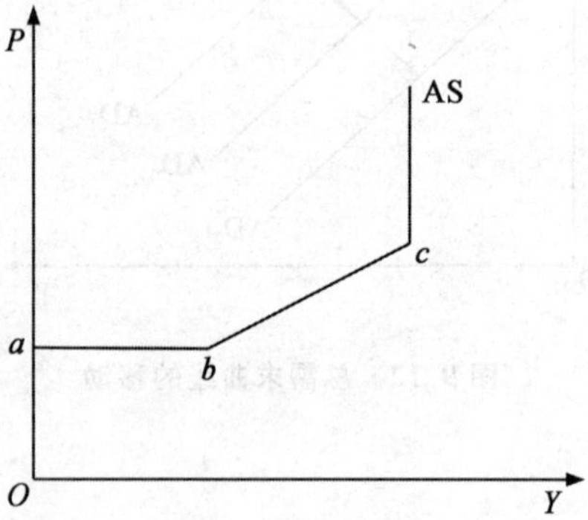

图 9.13 总供给曲线

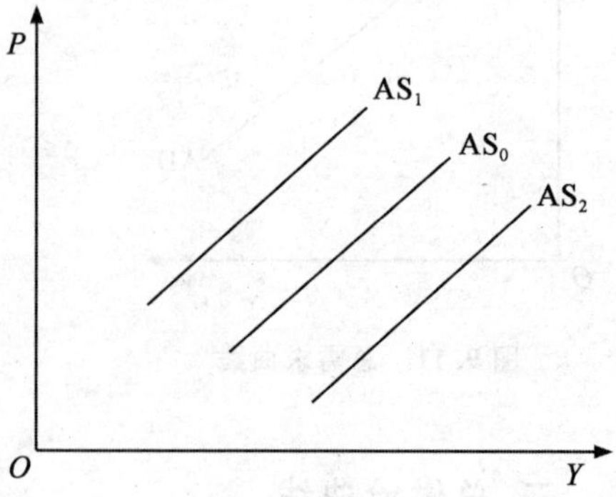

图 9.14 短期总供给曲线的移动

三、总需求-总供给模型

这一模型把总需求曲线与总供给曲线结合在一起来说明国民收入与价格水平的决定。如图 9.15 所示：总需求曲线 AD 与总供给曲线 AS 相交于 E，这时就决定了均衡国民收入水平为 Y_0，均衡的价格水平为 P_0。

四、总需求变动对国民收入与价格水平的影响

分析总需求变动对国民收入与价格水平的影响时，必须考虑总供给曲线的不同情况。

(一)凯恩斯主义总供给曲线情况下

在这种总供给曲线时，总需求的增加会使国民收入增加，而价格水平不变；总需求减少会使国民收入减少，而价格水平也不变。即总需求的变动不会引起价格水平的变动，只会引起国民收入的同方向变动，如图 9.16 所示。在图 9.16 中，AS 为凯恩斯主义总供给曲线，AS 与 AD_0 相交于 E_0，决定了国民收入水平为 Y_0，价格水平为 P_0。总需求增加，总需求曲线由 AD_0 移动到 AD_1，这时 AD_1 与 AS 相交于 E_1，决定了国民收入水平为 Y_1，价格水平仍为 P_0，这就表明总需求增加使国民收入由 Y_0 增加到 Y_1，而价格水平未变。相反，总需求减少，总需求曲线由 AD_0 移动到 AD_2，这时 AD_2 与 AS 相交于 E_2，决定了国民收入水平为 Y_2，价格水平仍为 P_0，这就表明总需求减少使国民收入由 Y_0 减少到 Y_2，而价格水平仍然未变。

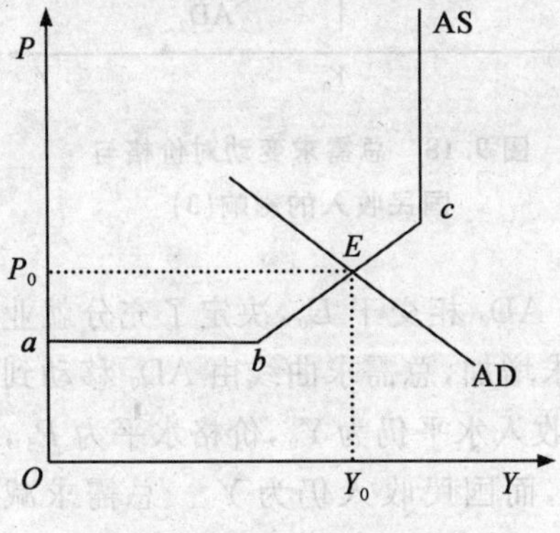

图 9.15　总需求-总供给模型

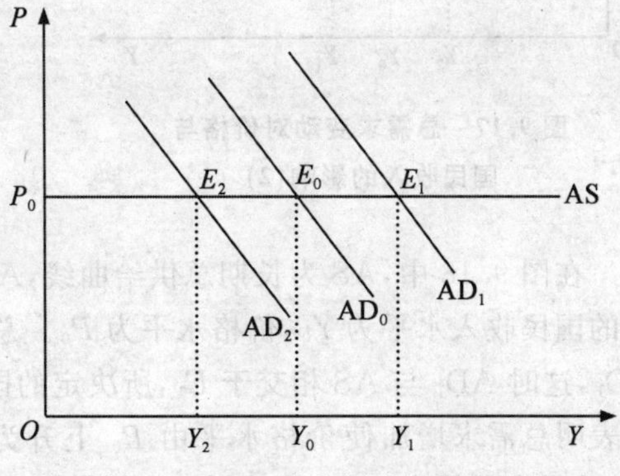

图 9.16　总需求变动对价格与国民收入的影响(1)

(二)短期总供给曲线情况下

在这种总供给曲线时，总需求的增加会使国民收入增加，价格水平上升；总需

求的减少会使国民收入减少，价格水平下降。即总需求的变动引起国民收入与价格水平的同方向变动，如图 9.17 所示。在图 9.17 中，AS 为短期总供给曲线，AS 与 AD_0 相交于 E_0，决定了国民收入水平为 Y_0，价格水平为 P_0。总需求增加，总需求曲线由 AD_0 移动到 AD_1，这时 AD_1 与 AS 相交于 E_1，决定了国民收入水平为 Y_1，价格水平为 P_1，这就表明总需求增加使国民收入由 Y_0 增加到 Y_1，使价格水平由 P_0 上升到 P_1。总需求减少，总需求曲线由 AD_0 移动到 AD_2，这时 AD_2 与 AS 相交于 E_2，决定了国民收入水平为 Y_2，价格水平为 P_2，这就表明总需求减少使国民收入由 Y_0 减少到 Y_2，使价格水平由 P_0 下降为 P_2。

（三）长期总供给曲线情况下

在这种总供给曲线时，由于资源已经得到充分利用，所以总需求增加只会使价格水平上升，而国民收入不会变动；同样，总需求减少也只会使价格水平下降而国民收入不会变动。即总需求的变动只会引起价格水平的同方向变动，而不会引起国民收入的变动，如图 9.18 所示。

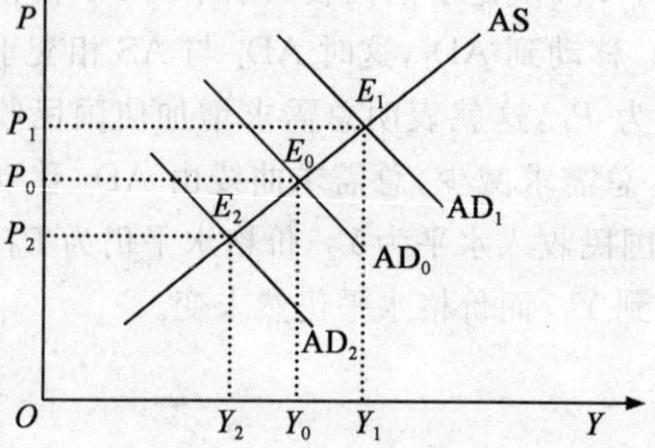

图 9.17 总需求变动对价格与国民收入的影响(2)

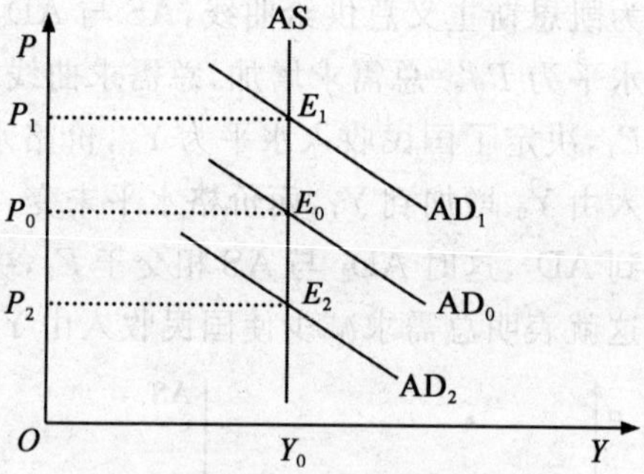

图 9.18 总需求变动对价格与国民收入的影响(3)

在图 9.18 中，AS 为长期总供给曲线，AS 与 AD_0 相交于 E_0，决定了充分就业时的国民收入水平为 Y_0，价格水平为 P_0。总需求增加，总需求曲线由 AD_0 移动到 AD_1，这时 AD_1 与 AS 相交于 E_1，所决定的国民收入水平仍为 Y_0，价格水平为 P_1，这表明总需求增加使价格水平由 P_0 上升为 P_1，而国民收入仍为 Y_0。总需求减少，总需求曲线由 AD_0 移动到 AD_2，这时 AD_2 与 AS 相交于 E_2，所决定的国民收入还是 Y_0，价格水平为 P_2，这表明总需求减少使价格水平由 P_0 下降为 P_2，而国民收入不变，仍为 Y_0。

五、短期总供给变动对国民收入和价格水平的影响

短期总供给是会变动的，这种变动同样会影响国民收入与价格水平。在总需求不变时，总供给增加，即产量增加会使国民收入增加，价格水平下降；而总供给减少，即产量减少会使国民收入减少，价格水平上升，如图 9.19 所示。

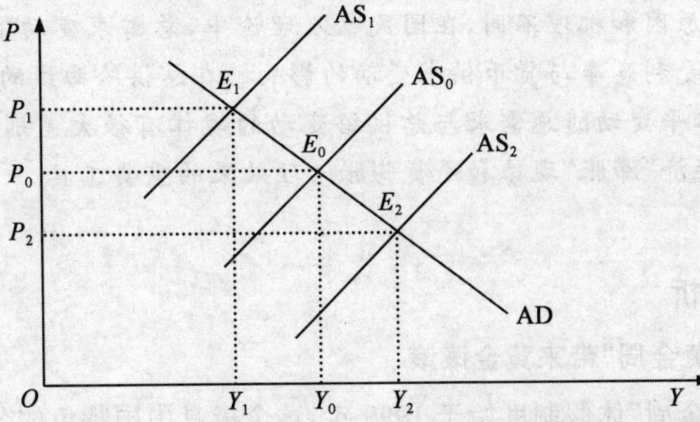

图 9.19　短期总供给变动对国民收入与价格的影响

在图 9.19 中，AS_0 与 AD 相交于 E_0，决定了国民收入水平为 Y_0，价格水平为 P_0。当总供给增加时，总供给曲线由 AS_0 移动到 AS_2，AS_2 与 AD 相交于 E_2，决定了国民收入水平为 Y_2，价格水平为 P_2，这表明由于总供给的增加，国民收入由 Y_0 增加到了 Y_2，而价格水平由 P_0 下降到了 P_2。当总供给减少时，总供给曲线由 AS_0 移动到 AS_1，AS_1 与 AD 相交于 E_1，决定了国民收入水平为 Y_1，价格水平为 P_1，这表明由于总供给的减少，国民收入水平由 Y_0 减少到了 Y_1，而价格水平却由 P_0 上升为 P_1。

本章关键词

均衡国民收入；边际消费倾向；边际储蓄倾向；平均消费倾向；平均储蓄倾向；总需求；总供给

本章小结

简单国民收入决定模型就是分析消费与投资变动对国民收入变动影响的一种重要的分析工具。均衡国民收入是总需求等于总供给时的国民收入。实现充分就业时的国民收入称为潜在的国民收入。由于社会未实现充分就业，按照凯恩斯主义的经济理论，国民收入由总需求和总供给共同决定，总需求决定总供给，因此，国民收入水平主要是由总需求变动决定的。根据消费与储蓄之间的关系，消费变动

对国民收入起着决定性的影响。*IS-LM* 模型是进行商品市场和货币市场均衡分析的基本模型，用来说明在商品市场和货币市场同时实现均衡时，均衡国民收入和均衡利息率是如何实现的。根据 *IS-LM* 模型的应用分析可以看出，无论 *IS* 曲线还是 *LM* 曲线的变动，都会对国民收入和利息率的变动产生影响。总需求与总供给的变动对国民收入和市场价格变动的作用原理与微观经济学中价格决定理论基本一致，但作用原因和机理不同，在国民收入理论中，总需求变动不仅受商品价格变动的影响，还受利息率与货币供求变动的影响。在总供给曲线的不同阶段上，国民收入和价格水平变动随总需求与总供给变动的规律有很大差别。总需求-总供给模型是分析经济"滞胀"现象和通货膨胀治理效果的重要工具。

案例分析

案例一："黄金周"带来黄金滚滚

我国的"黄金周"休假制度始于 1999 年，这个极具中国特色的公众集中休假期被安排在每年的农历春节、5 月 1 日至 7 日和 10 月 1 日至 7 日。"黄金周"让刚刚富裕起来的中国人体会到了前所未有的"悠闲之乐"，一时间，在中国掀起了一股"假日经济"的热潮。据统计，每年中国超过 10%的旅游者是集中在 3 个黄金周里出游的。权威部门的统计数据显示，1999 年国庆"黄金周"，全国出游 2 800 万人次，旅游综合收入实现 141 亿元。2004 年的五一"黄金周"，全国共接待旅游者 1.21 亿人次，实现旅游收入 467 亿元，分别比 1999 年的第一个"黄金周"增长了 332%和 231%。截至 2005 年，过去的 14 个"黄金周"全国累计有 10.7 亿人次出游，累计旅游消费 4 292 亿元，不仅为众衍生行业提供了巨大的发展机会，也使黄金周休假逐步成为中国人合家团聚、举家出行、游历山水的一个"新民俗"。

试分析以下问题：(1)我国政府为什么要实施"黄金周"休假制度？

(2)"黄金周"背后的经济学原理是什么？

案例二：美国经济回升与消费

克林顿总统把 1996 年美国经济的明显回升和活跃归功于自己，但分析家则认为应主要归功于消费者。在 1996 年大部分时间里，美国人慷慨地支出于住房、汽车、电冰箱和外出吃饭，这使得当时看来有停止危险的经济扩张又得以持续下去。在这一过程中，消费者基本上没理会过分扩大支出的警示信号。经济学家说，在星期五公布的数据中，消费者的无节制支出是主要力量。劳工部估算，经济创造了 23.9 万个就业机会，远大于预期水平。现在的失业率为 5.3%，是 6 年来的最低水平，而且经济增长如此迅速，以至于又开始担心通货膨胀。

在各个行业中，就业增加最大的是零售业，它在6月份增加了7.5万个就业机会，其中有将近一半是餐饮业创造的。在汽车、中间商、加油站和建材家具商店中，工作岗位的增加也是强劲的。但是，消费者这种无节制的支出方式能够持续多久，仍是一个有争议的问题，而且，当联邦储备委员会的决策者在决定是否要提高利息率，以使经济的加速不至于引起通货膨胀加剧时，这也是个至关重要的问题。

一些经济学家认为，1996年支出迅速增加主要是由暂时的因素引起的，如低利息率、高于预期水平的退税以及汽车制造商的回扣等。

请运用本章知识对此经济现象进行分析。（★理论提示：总需求-总供给理论）

专项训练

(一)单项选择

1. 边际消费倾向与边际储蓄倾向之和等于1，这是因为(　　)。

A. 任何两个边际量相加总是等于1

B. MPC曲线和MPS曲线都是直线

C. 国民收入的每一元不是用于消费就是用于储蓄

D. 经济中的投资水平不变

2. 消费函数的斜率等于(　　)。

A. 平均消费倾向　　B. 平均储蓄倾向

C. 边际消费倾向　　D. 边际储蓄倾向

3. 在两部门经济模型中，如果边际消费倾向值为0.8，则自发性支出乘数必是(　　)。

A. 1.6　　B. 5　　C. 2.5　　D. 4

4. 引致消费取决于(　　)。

A. 自发消费　　B. 边际储蓄倾向

C. 边际消费倾向　　D. 收入和边际消费倾向

5. 在简单的国民收入决定模型中，引起国民收入增加的原因是(　　)。

A. 消费减少　　B. 消费不变　　C. 消费增加　　D. 储蓄增加

6. 投资需求增加会引起 *IS* 曲线(　　)。

A. 向右移动，但均衡不变　　B. 向左移动

C. 向右移动　　D. 向左移动，但均衡不变

7. *LM* 曲线表示(　　)。

A. 商品市场均衡时，收入与利息率之间同方向的变动关系

B. 商品市场均衡时，收入与利息率之间反方向的变动关系

C. 货币市场均衡时，收入与利息率之间同方向的变动关系

D. 货币市场均衡时，收入与利息率之间反方向的变动关系

8. *IS* 曲线与 *LM* 曲线相交时表示（　　）。

A. 商品市场处于均衡状态，而货币市场处于非均衡状态

B. 商品市场处于非均衡状态，而货币市场处于均衡状态

C. 商品市场与货币市场都处于非均衡状态

D. 商品市场与货币市场都处于均衡状态

9. 下面（　　）不会使总需求曲线向右移。

A. 政府支出增加　　B. 转移支付减少

C. 名义货币供给增加　　D. 税收减少

10. 长期总供给曲线表明，如果价格可以充分调节，那么（　　）。

A. 在任何价格水平下，潜在的实际国民收入都是一致的

B. 产出仅仅取决于总需求水平

C. 均衡的实际国民收入不能确定

D. 价格水平仅由总供给决定

11. 在凯恩斯主义总供给曲线区域，决定产出的主导力量是（　　）。

A. 供给　　B. 需求　　C. 工资　　D. 技术

12. 在 *IS* 曲线不变的条件下，货币供给量减少，会引起（　　）。

A. 国民收入增加，利息率下降　　B. 国民收入下降，利息率上升

C. 国民收入增加，利息率上升　　D. 国民收入下降，利息率下降

(二)判断题

1. 均衡的国民收入一定等于充分就业的国民收入。
2. 当经济处于均衡时，边际消费倾向必然等于边际储蓄倾向。
3. 在任何情况下，个人储蓄的增加都会使实际国民生产总值减少，这是节约的悖论。
4. 边际消费倾向越高，乘数就越大。
5. 在短期总供给曲线时，总需求的变动会引起国民收入与价格水平同方向变动。
6. 增加国民收入的方法是增加财政支出或减少货币供给量。
7. *IS* 曲线上任何一点都表示货币市场的均衡。
8. *LM* 曲线是一条向右下方倾斜的直线。
9. 总供给曲线的不同形态主要取决于资源的利用状态。

10. 总供给曲线与总需求曲线的交点决定了总产出水平和利息率水平。

(三)计算题

1. 已知国民收入为 2 000 亿元,储蓄为 1 000 亿元;收入增加为 2 500 亿元,储蓄为 1 300 亿元,请计算:(1)边际消费倾向是多少?(2)边际储蓄倾向是多少?(3)乘数是多少?
2. 在一个经济社会中,消费需求为 8 000 亿元,投资需求为 1 800 亿元,出口为 1 000 亿元,进口为 800 亿元,请计算该经济的总需求,并计算各部分在总需求中所占的比例。
3. 已知线性消费函数 $C=50+0.8Y$ 和线性投资函数 $I=100-5i$,线性货币需求函数 $L=0.4Y-0.25i$,实际货币供给为 $M=40$,试写出 IS 模型和 LM 模型,并计算均衡的国民收入和均衡利息率水平。

(四)简答题

1. 什么是总需求曲线?总需求曲线与商品的需求曲线内涵有何不同?
2. 什么是边际消费倾向?简述边际消费倾向与乘数的关系以及乘数在经济发展中的作用。

(五)分析题

在介绍总需求曲线时说明了物价水平与总需求量反方向变动,但在一些情况下,物价水平下降,总需求也在下降,你能解释这种现象吗?

第十章　失业与通货膨胀理论

引言：通货膨胀和失业历来是备受关注的两个经济状况指标，失业意味着收入的减少，而通货膨胀则代表着较高的物价水平，货币的购买力下降，无论出现了上述的哪种情况，都会直接导致人们生活水平的降低。

本章主要讨论失业和通货膨胀的相关理论，以及失业与通货膨胀的关系。在长期中，失业和通货膨胀由于其各自的决定因素不同，可以说两者基本上是互不相关的问题，但是，在短期中，情况刚好相反，社会面临着通货膨胀和失业之间的短期权衡取舍。

知识点 理解失业与通货膨胀的概念；了解失业与通货膨胀的测算；掌握失业与通货膨胀的种类及产生原因；掌握失业与通货膨胀对经济产生的影响；掌握不同理论对失业与通货膨胀之间关系的解释。

能力点 能够运用图表分析周期性失业产生的原因；能够运用奥肯定律解释经济增长率和失业率之间的关系；能够正确计算通货膨胀率；能够说明通货膨胀产生的不同原因；能够运用不同理论观点分析失业与通货膨胀之间的变动关系。

第一节　失业理论

一、失业与充分就业

(一)失业

失业是指在一定年龄阶段有劳动能力的人在某一时间内没有职业或工作时间

没有达到规定标准并且正在寻找工作的人。

要注意：①年龄规定以外的无工作者不是失业者。②丧失工作能力者不计入失业者。③在校学习的不叫失业者。④由于某种原因不愿工作或不积极寻找工作的人不计入失业者。⑤有些未领取失业救济的未登记注册的无工作者，没有被计入失业者。另外，我国下岗人员、辞退人员均未计入失业者队伍。

衡量经济中失业状况的最基本指标是失业率。失业率是指失业人数占劳动力总数的百分比，用公式表示为：

$$失业率=\frac{失业人数}{劳动力总数}\times 100\%$$

公式中的劳动力总数是指失业人数和就业人数之和。

(二)充分就业

充分就业是指克服了周期性失业的一种就业状态，此时劳动力得到充分利用，但不是完全利用，因为还存在着自然失业。充分就业并非人人都有工作，充分就业时仍然有一定的失业。

引发失业的原因有两种：第一，由于社会总需求不足而造成的失业叫周期性失业。第二，由于经济中某些难以克服的原因而造成的失业叫自然失业。消灭了周期性失业的就业状态就是充分就业。充分就业与自然失业的存在并不矛盾。实现了充分就业时的失业率就是自然失业率。

充分就业时为什么仍要有自然失业率存在？因为在一个国家中，由于高度的流动性、兴趣与才能的广泛差别、无数物品和劳务的供求不断变化，在这样的一个世界中，会存在相当多的由于劳动力的流动、季节性的变化等原因造成的失业。这种失业的存在不仅是必然的，而且是必要的。因为这些劳动的后备军可以随时满足社会对劳动增加的需求，并且作为一种对就业者的“威胁”而迫使就业者提高生产效率。此外，各种福利支出(如失业救济)的存在，也使得一定失业水平的存在不会对社会的安定构成危害。

自然失业率的高低，取决于劳动力市场的完善程度、经济状况等多种因素。各国政府可根据实际情况来确定自然失业率。

二、失业的种类与原因

失业的原因是多方面的，具体到不同国家或一个国家的不同经济发展时期，其主导因素并不完全相同。国际上一般将失业分为自然失业和周期性失业两类。

(一)自然失业

1. 自然失业的含义

自然失业是指由于经济中某些难以避免的原因所引起的失业,现实中2%～3%的失业率属于自然失业率。自然失业的原因是由于劳动力的正常流动和经济社会中的某些结构变化或制度原因而造成。

2. 自然失业的类型

根据自然失业的原因,可将其分为以下几种类型:

(1)摩擦性失业　摩擦性失业是指劳动力在正常流动过程中所产生的失业。在一个动态经济中,各行业、各部门和各地区之间劳动需求的变动是经常发生的。即使在充分就业状态下,由于人们从学校毕业或搬到新城市而要寻找工作,总是会有一些人的周转。摩擦性失业量的大小取决于劳动力流动性的大小和寻找工作所需要的时间。由于在动态经济中,劳动力的流动是正常的,所以摩擦性失业的存在也是正常的。

(2)结构性失业　结构性失业是指经济结构如产业结构、地区结构、商品结构等的变化,造成劳动力的供给和需求在职业、技能、产业、地区分布等方面的不协调所引起的失业。结构性失业是在对劳动力供求不一致时产生的。供求之所以会不一致是因为对某种劳动的需求增加,而对另一种劳动的需求减少,与此同时,供给没有迅速做出调整。因此,当某些部门相对于其他部门出现增长时,我们经常看到各种职业或地区之间供求不平衡。这种情况下,往往"失业与空位"并存,即一方面存在着有工作无人做的"空位",而另一方面又存在着有人无工作的"失业",这是劳动力市场的结构特点所造成的。

(3)临时性或季节性失业　临时性或季节性失业是由于某些行业生产的时间性或季节性变动所引起的失业。例如,建筑业或码头装卸,遇到坏天气或舱盖打不开等设施故障,这就使得建筑施工不得不停下来,运输装卸也常常雇用临时工。在农业、旅游业、建筑业中,这种失业最多。这些行业生产的时间性或季节性是客观条件或自然条件决定的,很难改变。因此,这种失业也是正常的。

(4)技术性失业　技术性失业是由于技术进步所引起的失业。在经济增长过程中,技术进步的必然趋势是生产中越来越广泛地采用了资本、技术密集性技术,越来越先进的设备替代了工人的劳动,这样,对劳动需求的相对减小就会使失业增加。此外,在经济增长过程中,资本品相对价格下降和劳动力价格相对上升也加剧了机器取代工人的趋势,从而也加重了这种失业。属于这种失业的工人都是文化技术水平较低,不能适应现代化技术要求的工人。

(5)古典失业　新兴古典经济学认为失业是与分工相关联的一种经济现象。

如果没有分工，整个社会都处于自给自足的状态时，也就不存在失业；当整个社会处于完全分工状态，每个人都进行专业化生产时，社会也没有失业。新兴古典经济学认为，失业发生在一定水平的分工阶段上，当分工演进机制受阻，原来的专业化生产不能进行时，从事专业化生产的劳动力既不能重回自给自足状态，也不能跃进到新的分工水平状态，失业便会产生。

(二)周期性失业

1. 周期性失业的含义

周期性失业是由于整个经济周期波动造成劳动力总需求不足产生的失业。它一般出现在经济周期的萧条阶段。在复苏和繁荣阶段，各厂商争先扩充生产，就业人数普遍增加。在衰退和谷底阶段，由于社会需求不足，前景暗淡，各厂商又纷纷压缩生产，大量裁减雇员，形成令人头疼的失业大军。

2. 周期性失业的原因

凯恩斯认为，就业水平取决于国内生产总值，国内生产总值在短期内取决于总需求。当总需求不足，国内生产总值达不到充分就业水平时，这种失业就必然产生。凯恩斯用紧缩性缺口的概念来解释这种失业的原因。紧缩性缺口指实际总需求小于充分就业总需求时，实际总需求与充分就业总需求之间的差额。

凯恩斯把总需求分为消费需求与投资需求。他认为，决定消费需求的因素是国内生产总值水平与边际消费倾向，决定投资需求的是预期的未来利润率(即资本边际效率)与利息率水平。在国内生产总值既定的情况下，消费需求取决于边际消费倾向。由于边际消费倾向递减，因而消费需求不足。投资是为了获得最大纯利润，而这一利润取决于投资预期的利润率(即资本边际效率)与为了投资而贷款时所支付的利息率。凯恩斯用资本边际效率递减规律说明了预期的利润率是下降的，又说明了由于货币需求(即心理上的流动偏好)的存在，利息率的下降有一定的限度，这样预期利润率与利息率越来越接近，投资需求也是不足的。消费需求的不足与投资需求的不足造成了总需求的不足，从而引起了非自愿失业，即周期性失业的存在。可用图10.1说明需求不足与周期性失业的关系。

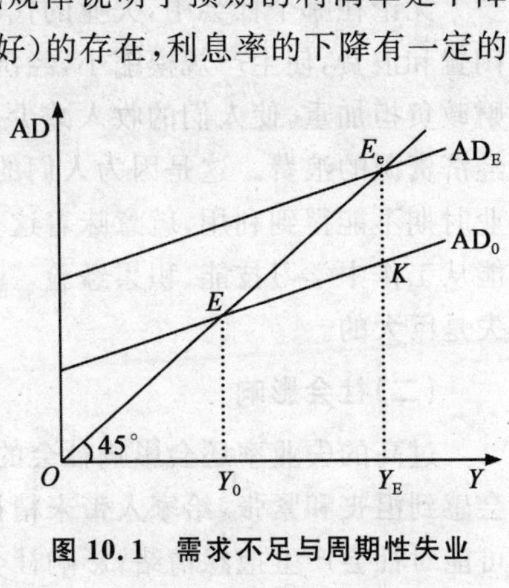

图10.1　需求不足与周期性失业

在图10.1中，横轴 OY 代表国民收入，纵轴AD代表总需求，45°线代表AD＝AS。当国民收入为 Y_E 时，经济中实现了充分就业，

Y_E 为充分就业的国民收入。实现这一国民收入水平所要求的总需求水平为 AD_E，即充分就业的总需求。但现在的实际总需求为 AD_0，这一总需求水平决定的国民收入为 Y_0，$Y_0 < Y_E$，这就必然引起失业。$Y_0 < Y_E$ 是由于 $AD_0 < AD_E$ 造成的。因此，实际总需求 AD_0 与充分就业总需求 AD_E 之间的差额（图中的 E_eK），就是造成这种周期性失业的根源。

（三）自然失业与周期性失业的区别

自然失业是指由于经济中某些难以避免的原因所引起的失业，在任何动态经济中这种失业都是必然存在的。周期性失业就是总需求不足的失业，凯恩斯认为这种失业是非自愿的。根据凯恩斯的分析，就业水平取决于国民收入水平，而国民收入水平又取决于总需求。总需求不足的失业也叫周期性失业，是因为总需求不足一般都出现在经济的萧条时期，是周期出现的。由此可见，自然失业与周期性失业的主要差别在于前者是不可消除的，而后者是可消除的。因此经济学家更为关注如何消除周期性失业。

另外要注意的是，经济学中有个长期和短期的问题，长期中存的失业为自然失业，短期中存在的则是周期性失业。

三、失业的经济损失

失业不仅仅是经济问题而且是个社会问题。失业是经济问题，因为它意味着资源的浪费。失业之所以成为社会问题，是因为它使失业者面对收入减少的困境，给家庭和社会带来极大的压力。

（一）经济影响

无论在哪个社会中，失业的代价都是高昂的。失业导致了部分劳动力资源的闲置和浪费，使生产规模缩小，经济增长放慢，政府税收减少，社会福利支出增加，财政负担加重，使人们的收入减少，造成了劳动者的贫困。同时，失业本身意味着经济资源的浪费。这是因为人们的工作能力是无法跨时期存储的特殊资产，在失业时期不能得到利用，就意味着这一时期的人力资源将永久丧失。同时，失业者不能从工作中学习技能、积累经验，甚至原有的技能也可能退化。可见失业的经济损失是巨大的。

（二）社会影响

过高的失业率还会影响社会的安定，进而产生其他的社会问题。失业者本身会感到沮丧和紧张，给家人带来精神上的伤害，家庭生活压力加大。同时失业者还可能对社会产生抱怨情绪，影响社会安定。

社会影响中最富戏剧性的实例是俄罗斯对市场改革实施“休克疗法”后经济的下滑。1995年,俄罗斯大约有五分之一的人失业,实际产出急剧下降。社会健康状况恶化,男人的预期寿命由1990年的64岁下降到1995年的57岁。除了战争时期,还没有一个工业化国家的国民健康状况像俄罗斯那样因经济衰退而如此严重下滑。

(三)奥肯定律

奥肯定律由美国经济学家阿瑟·奥肯提出,用来近似地描述失业率和实际GDP之间的交替关系。其内容是,失业率每高于自然失业率1%,实际GDP便低于潜在GDP 3%。例如,假定失业率为8%,比自然失业率高2%,那么按照奥肯定律,实际GDP就比潜在GDP低6%。

知识链接:奥肯悖论

美国著名经济学家阿瑟·奥肯于1962年提出了著名的“奥肯定律”。该定律论证了失业率与国内生产总值增长率二者呈反方向变化的关系:经济增长速度快,对劳动力的需求量相对较大,就业水平高,失业率低;经济增长速度慢,对劳动力的需求量相对较少,就业水平低,失业率高。然而,在中国却出现了相反的“奥肯悖论”现象。而且这一现象从20世纪80年代以来就已经出现,尤其是1991年以来,中国GDP增长对就业的拉动作用与前期相比呈现出下滑的趋势。

需要注意的是,奥肯所提出经济增长与失业率之间的具体数量关系只是对美国经济所做的描述,而且是特定一段历史时期的描述,不仅其他国家未必与之相同,而且今日美国的经济也未必仍然依照原有轨迹继续运行。因此,奥肯定律的意义在于揭示了经济增长与就业增长之间的关系,而不在于其所提供的具体数值。

资料卡:奥肯定律的应用

奥肯定律曾经相当准确地预测失业率。例如,美国1979—1982年经济滞涨时期,GDP没有增长,而潜在GDP每年增长3%,3年共增长9%。根据奥肯定律,实际GDP增长比潜在GDP增长低2%,失业率会上升1个百分点。当实际GDP增长比潜在GDP增长低9%时,失业率会上升4.5%。已知1979年失业率为5.8%,则1982年失业率应为10.3%(5.8%+4.5%)。根据官方统计,1982年实际失业率为9.7%,与预测的失业率10.3%相当接近。

从表1 GDP增长率和城镇登记失业率的对比情况来看，除了1993—1997年这5年间，两者呈现负相关关系，与奥肯定律相吻合外，从1998年开始的9年里，先是失业率对GDP增长率的变动没反应，后又和GDP增长率的变动同方向变动。故从总体来讲，用奥肯定律来分析中国的经济运行情况，效果不是很理想。

表1 1993—2006年中国GDP增长率和城镇登记失业率 %

项目	1993年	1994年	1995年	1996年	1997年	1998年	1999年
GDP增长率	14	13.1	10.9	10	9.3	7.8	7.6
城镇登记失业率	2.6	2.8	2.9	3	3.1	3.1	3.1
项目	2000年	2001年	2002年	2003年	2004年	2005年	2006年
GDP增长率	8.4	8.3	9.1	10	10.1	10.2	11.6
城镇登记失业率	3.1	3.6	4	4.3	4.2	4.2	4.1

资料来源：《2008年中国统计年鉴》

第二节 通货膨胀理论

一、通货膨胀的概念、测算与分类

(一)通货膨胀的概念

1.通货膨胀

通货膨胀是指在纸币流通制度下，整个社会一般物价水平的持续和显著的上涨。这里的价格不是单一的某个商品或某种服务的价格，而是一组能够反映社会商品和服务的总体价格水平变动的商品和服务的价格。如果仅有一种或几种商品的价格上升，或是季节性的、偶然性的、暂时性的价格上涨，都不是通货膨胀。物价水平也不是一时的上升，而是指一段时期内持续的上升。

2.通货紧缩

通货紧缩是与通货膨胀相对立的一个概念，它是指一般价格水平的持续下跌。长期的通货紧缩会抑制投资与生产，导致失业率升高及经济衰退。经济学者普遍认为，当消费者价格指数(CPI)连跌3个月，即表示已出现通货紧缩。

资料卡：国民党统治时期的恶性通货膨胀

1935 年的法币改革为国民党政府推行通货膨胀政策铺平了道路。由于国民党政府过分依赖增发货币来为巨额的政府预算赤字融资，在从 1935 年法币开始走上中国历史舞台至 1949 年的短短十几年间，法币经历了一个持续而且不断加速的贬值，最后完全形同废纸，且看 100 元法币购买力：

1937 年　可买大牛两头；

1941 年　可买猪一头；

1945 年　可买鱼一条；

1946 年　可买鸡蛋一个；

1947 年　可买油条 1/5 根；

1948 年　可买大米两粒。

其贬值速度简直超乎人们的想象。如此严重的通货膨胀有着深刻的政治和经济背景。首先，连年的战争使得南京政府陷入了严重的财政危机。1945 年以后，国民党政府更是疯狂扩大财政支出以支持急剧增加的内战军费开支，而巨额的财政赤字在当时条件下只能用发行货币来弥补。其次，连年的战争使得本来就匮乏的物资供给更加不足，社会总需求超过了总供给，导致了物价的飞升。再次，国统区在内战的失败中不断缩小，致使法币以及后来的金圆券、银圆券的流通范围不断缩小，这又加快了货币流通速度，加重了日益恶化的通货膨胀。最后，法币从诞生之日起便不断贬值，使得老百姓有很高的通货膨胀预期，1945 年后，国民党在国内战场上的节节败退更使老百姓丧失了对法币的信任。

资料来源：中华网社区 club.china.com

(二)通货膨胀的测算

通货膨胀的程度通常用通货膨胀率来衡量，通货膨胀率被定义为从一个时期到另一个时期一般价格水平变动的百分比。这里，一般价格水平是衡量货币购买力或货币所能购买的商品和劳务数量的指标。

在实际中，一般不直接、也不可能计算通货膨胀，而是通过价格指数的增长率来间接表示。价格指数是表明某些商品的价格从一个时期到下一个时期变动程度的指数。为了便于比较，价格指数给出任一考察年份相对于一个共同基年的价格水平。按照定义，基年的价格指数为100。任何其他年份的价格指数由该年份价格水平与基年价格水平的比率乘以100%计算而得。

宏观经济学中常涉及的价格指数有三种，即消费者价格指数(CPI)、生产者价格指数(PPI)和GDP折算价格指数。

消费者价格指数，又称零售物价指数或生活费用指数，是反映一定时期内城乡居民所购买的生活消费品价格和服务项目价格变动趋势和程度的相对数，是对城市居民消费价格指数和农村居民消费价格指数进行综合汇总计算的结果。

生产者价格指数主要是衡量企业购买的物品和劳务的价格变化的指标。

GDP折算价格指数是衡量各个时期一切商品与劳务价格变化的指标。

这三种价格指数都能反映出基本相同的通货膨胀率变动趋势，但由于各种指数所包括的范围不同，所以数值并不相同。在这三种指数中，消费者价格指数与人民生活水平关系最密切，因此，一般都用消费者价格指数来衡量通货膨胀。

有了价格指数这一概念，就可以对通货膨胀的程度进行度量。用公式表示：

$$\text{通货膨胀率}(t\text{ 年})=\frac{t\text{ 年的价格指数}-(t-1)\text{年的价格指数}}{(t-1)\text{年的价格指数}}\times 100\%$$

例如，某个经济去年的消费者价格指数为120%，今年的消费者价格指数为133%，则这一时期的通货膨胀率=(133%−120%)/120%×100%=10.8%。

(三)通货膨胀的分类

1.按照价格上升的速度加以区分

爬行的通货膨胀(每年物价上升比例在1%～3%之内)

温和的通货膨胀(每年物价上升比例在3%～6%之间)

严重的通货膨胀(每年物价上升比例在6%～9%)

飞奔的通货膨胀(每年物价上升比例在10%～50%以下)

恶性的通货膨胀(每年物价上升比例在50%以上)

2.按照人们的预料程度加以区分

未预期到的通货膨胀

预期到的通货膨胀

3.按照对价格影响的差别加以区分

平衡的通货膨胀(每种商品的价格都按照相同比例上升)

非平衡的通货膨胀(各种商品价格上升的比例并不完全相同)

4.按照表现形式的不同加以区分

公开性通货膨胀

隐蔽性通货膨胀

抑制性通货膨胀

5. 按照成因不同加以区分

需求拉动的通货膨胀

成本推动的通货膨胀

需求拉动与成本推动相互作用下的通货膨胀

结构性通货膨胀

二、通货膨胀产生的原因

(一)需求拉动的通货膨胀

需求拉动的通货膨胀是指总需求超过总供给所引起的一般价格水平持续显著的上涨。在总产量达到一定水平后，当需求增加时，供给会增加一部分，但供给的增加会遇到生产过程中的瓶颈现象，即由于劳动、原料、生产设备的不足使成本提高，从而引起价格上升；或者当产量达到最大，即为充分就业时的产量，当需求增加时，供给也不会增加，总需求增加只会引起价格的上涨。

引起需求扩大的因素有两大类：一类是消费需求、投资需求的扩大，政府支出的增加、减税、净出口增加等(通过 IS 曲线右移)，它们都会导致总需求的增加，需求曲线右移，称为实际因素。另一类是货币因素，即货币供给量的增加或实际货币需求量的减少(通过 LM 曲线右移)，导致总需求增加。下面分别进行分析。

1. IS 曲线的平行右移所引起的物价上涨

在产品市场上，实际总支出的增加，如消费、投资和政府支出的增加，会引起 IS 曲线的平行右移，这会引起总需求曲线 AD 平行右移。如图 10.2 所示，在未实现充分就业以前，IS_0 曲线移至 IS_1，AD_0 曲线移至 AD_1，这会提高均衡国民收入水平($Y_0 \rightarrow Y_1$)，而物价保持不变；当总支出继续增加，IS_1 移至 IS_2，AD_1 曲线移至 AD_2 曲线，与总供给曲线的向上倾斜部分交于 E_2 点，此时，供给开始出现瓶颈现象。于是在产量由 Y_1 增至 Y_2 的同时，价格也由 P_0 上升为 P_2。如果总支出继续增加，IS_2 移至 IS_3，AD_2 曲线移至 AD_3 曲线，AD_3 曲线与充分就业时的潜在产量线交于 E_3 点，此时产量达到极大 Y_3，整个社会的经济资源全部得到利用。此时价格上涨为 P_3。价格水平从 P_0 上涨到 P_2 和 P_3 的现象，被叫做瓶颈式的通货膨胀。在达到充分就业 Y_3 后，如果总需求继续增加，总供给不再增加，总供给曲线 AS 呈一条垂直线，这时，总需求的增加只会引起价格水平的上涨，即 P_4。

不过，作为实物需求拉动的通货膨胀是有限的。因为随着物价水平的上升，用于交易动机的货币量会增加，假定名义货币量不变，人们只能通过减少对货币的投

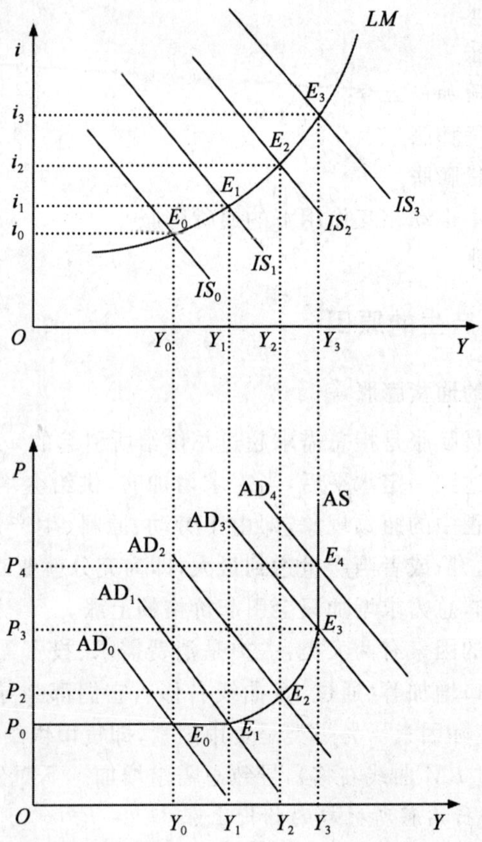

图 10.2　*IS* 曲线的平行右移所引起的物价上涨

资需求来保证对货币的交易需求，这就会促使利息率上升，由 $i_0 \rightarrow i_3$。当利息率上升到闲置现金余额为零时，物价上涨就会停止。

2. *LM* 曲线平行右移所引起的通货膨胀

在货币市场上，货币供给量的增加会引起 LM_0 曲线平行右移至 LM_1，这会使利息率下降，投资增加，从而也会扩大总需求，使 AD_0 曲线右移至 AD_1。在实现充分就业以前不会引起物价上升(Y_1，P_0)，在接近充分就业水平时物价和产量同时增加(Y_2，P_2)；在实现充分就业后，产量不变(Y_3)，物价上涨。此后，如果每增发一笔货币，会使 *LM* 曲线平行右移。但由于产量 *Y* 已是充分就业水平，因此物价上涨，*LM* 曲线又平行左移，会回到原来 LM_3 的位置。在图中则表现为货币供给增加一笔便推动总需求曲线平行右移(比如移至 AD_4)，与垂直的总供给曲线交于

E_4，物价由 P_3 升到 P_4，如图 10.3 所示。

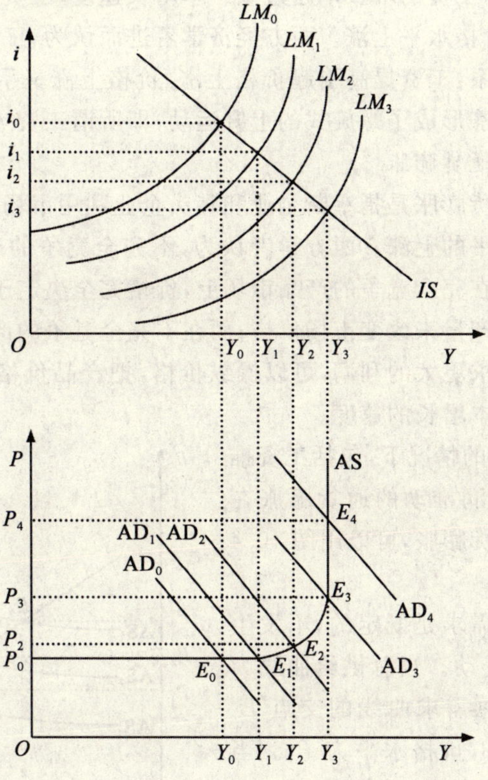

图 10.3　*LM* 曲线平行右移所引起的通货膨胀

货币供给量持续不断增加引起物价一轮轮的上升是没有限制的。因此，现代货币主义主要代表弗里德曼认为："通货膨胀就是太多的货币追逐着太少的商品。"

(二)成本推动的通货膨胀

在没有超额需求的情况下，由于供给方面成本的提高所引起的一般价格水平持续和显著地上涨，称为成本推动的通货膨胀，又称为成本通货膨胀或供给通货膨胀。可以分为工资推动的通货膨胀及利润推动的通货膨胀两种。

1. 工资推动的通货膨胀

工资推动的通货膨胀是指不完全竞争的劳动力市场造成的过高工资所导致的一般价格水平的上涨。据西方学者解释，在完全竞争的劳动力市场上，工资率完全决定于劳动的供求，工资的提高不会导致通货膨胀；而在不完全竞争的劳动力市场上，由于强大的工会组织的存在，工资不再是竞争的工资，而是工会和雇主集体议价的工资，并且由于工资的增长率超过生产率增长速度，工资的提高就导致成本提高，从而导致一般价格水平上涨。西方经济学者进而认为，工资提高和价格水平上涨之间存在因果关系：工资提高引起价格上涨，价格上涨又引起工资提高。这样，工资提高和价格上涨形成了螺旋式的上升运动，即所谓工资-价格螺旋。

2.利润推动的通货膨胀

利润推动的通货膨胀是指垄断企业和寡头企业利用市场势力谋取过高利润所导致的一般价格水平的上涨。西方学者认为，不完全竞争的产品市场是利润推动通货膨胀的前提。在完全竞争的产品市场上，价格完全决定于商品的供求，任何企业都不能通过控制产量来改变市场价格；而在不完全竞争的产品市场上，垄断企业和寡头企业为了追求更大的利润，可以操纵价格，把产品价格定得很高，致使价格上涨的速度超过成本增长的速度。

在总需求不变的情况下，包括工资推动的通货膨胀和利润推动的通货膨胀在内的成本推动的通货膨胀，可以用图 10.4 来说明。

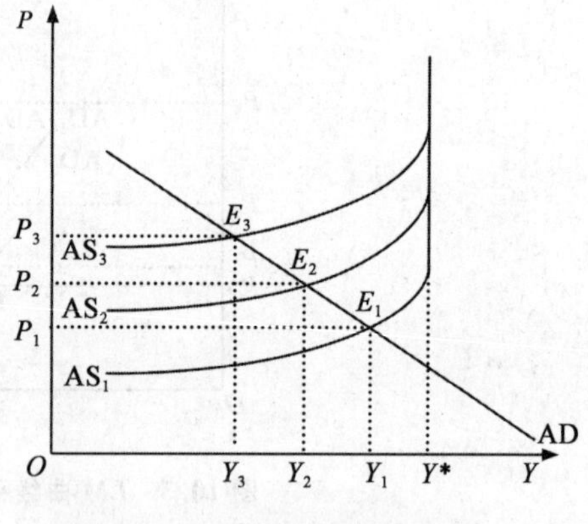

图 10.4 成本推动的通货膨胀

图 10.4 中，总需求是既定的，不发生变动，只有总供给变动。当总供给曲线为 AS_1 时，总供给与总需求曲线的交点 E_1 决定的总产量为 Y_1，价格水平为 P_1。当总供给曲线由于成本提高而移动到 AS_2 时，总供给曲线与总需求曲线的交点 E_2 决定的总产量为 Y_2，价格水平为 P_2。这时总产量比以前减少，而价格水平上涨了。当总供给曲线由于成本进一步提高而移动到 AS_3 时，总供给与总需求曲线的交点 E_3 决定的总产出为 Y_3，价格水平为 P_3。这时的总产出进一步下降，价格水平进一步上涨，发生了成本推动的通货膨胀。

(三)结构性通货膨胀

结构性通货膨胀是指由于社会经济结构因素的变动而引起的一般物价水平的持续显著上涨。在一个迅速发展变化的经济中，由于受到市场需求的引导，经常出现有些部门迅速发展，社会生产率提高的速度快；而另一些部门生产率提高的速度慢，渐趋衰落。在社会总需求不变的情况下，由于需求的组成部分发生结构性变化，需求增加而迅速发展的部门或地区的物价和工资上涨，需求减少而逐渐衰落的部门和地区的工资和物价由于刚性而没有相应下跌，而且还要模仿前一类部门那样提高货币工资。但由于后一类部门的劳动生产率没有提高，就形成了货币工资增长率大于劳动生产率增长率的情况，这就引起了平均物价水平随着社会经济部门结构的变化呈持续上升的趋势，这种通货膨胀称为结构性通货膨胀。

以上是通货膨胀的几种主要成因。应该注意的是，对于某一次具体的通货膨胀，其成因往往不是单一的，而是多种原因综合在一起导致的，因此需要综合全面的分析。

资料卡：中国2004年经历的通货膨胀

中国经济在2004年经历了一场有惊无险的轻度通货膨胀。诱发通货膨胀的原因主要是粮食价格上涨带动食品价格上涨，国际石油价格上涨和国内投资过热（主要是房地产）导致工业原材料、燃料价格上涨和部分工业品出口价格上涨。此外，人民币升值预期导致大量外资流入，使央行不得不投放大量人民币进行对冲操作，土地市场化政策的出台等也是通货膨胀的重要原因。为了防止通货膨胀进一步恶化，政府在年中及时采取了适度的宏观经济调控措施，主要是控制固定资产投资、紧缩房地产信贷、小幅度提高存款准备金率和贷款基准利息率。10月份以后，在国内粮食增收和国际市场石油价格止稳回落等因素的配合下，终于使通货膨胀回落到5%的“警戒线”以内。

据官方统计，2003年第四季度，中国的消费者价格指数(CPI)开始迅速上扬：10月份增长变为1.8%，11月份则一下子抬升到3.0%，12月份是3.2%。而此前从2001年11月开始到2002年全年，CPI的负增长一直延续了14个月。2004年第一季度CPI继续攀升，4月份达到了3.8%，食品价格的上涨甚至达到了两位数。第二季度CPI保持了快速上涨的态势。6月份，工业企业原材料购进价格指数同比上涨11.8%，工业品出厂价格同比上涨6.4%；农业生产资料价格同比上涨10.8%，农产品生产价格同比上涨10.9%。前三季度中国CPI同比上涨4.1%，其中9月份上涨5.2%，工业原材料、燃料、动力购进价格同比上涨10.8%，其中9月份同比上涨13.7%；工业品出厂价格同比上涨5.5%，然而，第四季度通货膨胀并没有如许多人担心的那样继续加速。由于中国当年粮食取得好收成增加了粮食的供给，粮食价格保持了平稳。国际市场上石油价格的回落也抑制国内油价的上涨。经过宏观调控，国内部分行业投资过热受到遏制，中国固定资产投资增速已经从年初的48.7%回落到10月底的26.4%，预计全年增长约25%。通过提高存款准备金率，提高利息率等手段，社会资金流动性过多的局面得到控制，10月底中国货币供应量M_1、M_2增速回落到12.6%和13.5%，已经处于国家17%的宏观调控目标之内。各项价格指数在经历了今年第三季度的高位后也出现回落，10月份生产者价格指数(PPI)和消费者价格指数(CPI)同比涨幅双双回落为13.9%和4.3%。11月份，CPI同比涨幅进一步下降0.3%；能源、原材料和燃料购进价格上涨13.7%，涨幅比10月份下降0.5%，首次出现回落。物价水平同比大幅回落，环比呈现负增长，说明在国家宏观调控政策的作用下，通货膨胀的压力有所减小，物价指标在向好的方向转变。

资料来源：《金融安全与分析》(曹龙骐，2005)

三、通货膨胀对经济的影响

大多数情况下发生通货膨胀时，所有的价格和工资变动的比例并不一致，通货膨胀造成价格信号紊乱，使货币的价值发生意外的变化，也就是说相对价格发生变动会抑制投资鼓励投机，增加交易成本，增加经济的不确定性，影响资源的合理配置，对经济产生消极影响，由此会带来两种非常明确的影响：收入与财富的再分配和对产出与就业的扭曲。

(一)通货膨胀对收入分配的影响

第一，通货膨胀不利于依靠固定的货币收入维持生活的人，包括领取救济和退休金的人、白领阶层、公共雇员以及靠福利和其他转移支付维持生活的人。对于固定收入阶层来说，其名义收入是固定的货币数额，落后于上升的物价水平。因而其实际收入因通货膨胀而减少，购买力随价格的上升而下降，因此生活水平也必然会相应地降低，他们是通货膨胀的牺牲品。相反，那些名义收入不断变动的人，特别是其收入增加快于价格水平和生活费用上涨的人，则会从通货膨胀中得益。例如，西方国家在扩张中的行业工作并有强大的工会支持的工人，他们的工资合同中订有工资随生活费用的上涨而提高的条款，或是有强有力的工会代表他们进行谈判，在每个新合同中都能得到大幅度的工资增长。那些从利润中得到收益的企业主也能从通货膨胀中获利，如果产品价格比资源价格上升得快，则企业的收益将比它的成本增长得快。

第二，通货膨胀对储蓄者和持有现金者不利。因为随着价格上涨，当初存款的实际价值或购买力就会降低。那些口袋中有闲置货币的人，会受到更严重的打击，因为不但要承受通货膨胀的损失，而且连利息都没有。同样，像保险金、养老金以及其他固定价值的证券财产等，它们本来是作为预防未来使用而建立的，但在通货膨胀中其实际价值也会下降。

第三，通货膨胀还可以在债务人和债权人之间发生收入再分配的作用。具体地说，通货膨胀靠牺牲债权人的利益而使债务人获利。假如甲向乙借款1万元，一年后归还，而这段时间内价格水平上升1倍，那么一年后甲归还给乙的1万元相当于借时的一半。这里假定借贷双方没有预期到通货膨胀的影响。但是，如果一旦预期到通货膨胀，则上述的再分配就会改变。如果借贷的名义利息率为10%，而通货膨胀率为20%，则实际利息率为－10%（实际利息率为名义利息率和通货膨胀率的差额）。若名义利息率为10%，通货膨胀率为5%，则实际利息率为5%。只要通货膨胀率大于名义利息率，则实际利息率就是负值。第二次世界大战以来，通货膨胀使居民的大量财富转移到公共经济部门。一是政府是最大的债务人，居民是债权人，大量的债券在居民手中。通货膨胀大大打击了债权人，使财富从居民手里转移到政府。二是一般政府所得税是累进的。所以，在通货膨胀期间，人们要多缴些税。因为一方面他们的名义收入提高了，另一方面他们进入较高的纳税级别，适用的税率也提高。因此，他们收入的较大比例要交给政府。

需要说明的是，由于居民户往往同是收入获得者、金融证券的持有者和实际财产（不动产）的所有者，因而通货膨胀对他们的影响可以互相抵消。例如，某家庭既有固定价值的货币资产，如储蓄、债券、保险等，会因通货膨胀而削减其实际价值，但同时这一通货膨胀又会增加他的财富，如增加房产、土地的价值。总之，许多居民同时因通货膨胀得益，又因通货膨胀有所损失。

（二）通货膨胀的产出效应

上面，假定国民经济的实际产出固定。而实际上，国民经济的产出水平是随着价格水平的变化而变化的，下面就可能出现的三种情况进行分析。

1. 通货膨胀的出现可以使产出增加

许多经济学家长期以来坚持这样的看法，即认为温和的或爬行的拉动通货膨胀——例如每年2%～3%的通货膨胀——对产出和就业将有扩张的效应。这种温和的通货膨胀可以使劳动力市场运转得更好。不同种类劳动力的供求总是变化着的。有时候，一次供给的增加或需求的减少不会使整组工人的工资下降。如果名义工资不能降低，那么可用的办法就是通过一定的通货膨胀率来降低实际工资。否则，会导致更多的失业。假设总需求增加，经济复苏，造成一定程度的通货膨胀，在这种条件下，由于物价水平的上升速度快于货币工资的上升速度，产品的价格会跑到工资和其他资源的价格的前面，由此而扩大了企业的利润。利润的增加就会刺激企业扩大生产，从而产生减少失业，增加国民产出的效应（前提是社会上要有闲置资源;闲置资源流动无结构刚性或瓶颈现象约束)。这种情况意味着通货膨胀的再分配后果会被由于更多的就业、增加产出所获得的收益所抵消。例如,对于一个失业工人来说,如果他唯有在通货膨胀条件之下才能得到就业机会,显然,这受益于通货膨胀。

2.由于成本提高而产生的通货膨胀引致失业

这里讲的是由通货膨胀引起的产出和就业的下降。假定在原总需求水平下,经济实现了充分就业和物价稳定。如果通货膨胀的产生是由于成本提高的原因,则原来总需求所能购买的实际产品的数量将会减少。也就是说,当成本推动的压力抬高物价水平时,既定的总需求只能在市场上支持一个较小的实际产出。所以,实际产出会下降,失业会上升。美国20世纪70年代的情况就证实了这一点。1973年末,石油输出国组织把石油价格翻了两番,其结果使1973—1975年的物价水平迅速上升,与此同时,美国失业率从1973年的不到5%上升到1975年的8.5%。这就是通常所说的"滞胀"。在这期间,不仅美国,西方其他发达国家无一例外地经历了滞胀。

3.超级通货膨胀导致经济崩溃

第一,随着价格持续上升,居民户和企业会产生通货膨胀预期,即估计物价会再度升高。这样,人们就不会让自己的储蓄和现行的收入贬值,而宁愿在价格上升前把它花掉,从而产生过度的消费购买,这样,储蓄和投资都会减少,使经济增长率下降。

第二,随着通货膨胀而来的生活费用的上升,劳动者会要求提高工资,不但会要求增加工资以抵消过去价格水平的上升,而且要求补偿下次工资谈判前可以预料到的通货膨胀带来的损失。于是企业增加生产和扩大就业的积极性就会逐渐丧失。

第三,企业在通货膨胀率上升时会力求增加存货,以便在稍后按高价出售以增加利润,这种通货膨胀预期除了会鼓励企业增加存货外,还可能鼓励企业增加新设备。然而,企业这些行为到无法筹措到必需的资金(增加存货和购买设备都需要资金)时就会停止,银行会在适当时机拒绝继续为企业扩大信贷,银行利息率也会上升,企业得到贷款会越来越难。企业被迫要减少存货,生产就会收缩。

第四,当出现恶性通货膨胀时,情况会变得更糟。当人们完全丧失对货币的信心时,货币就不能再执行它作为交换手段和储藏手段的职能。这时,任何一个有理智的人将不愿再花精力去从事财富的生产和正当的经营,而会把更多的精力用于现金管理,或进行种种投机活动。等价交换的正常买卖,经济合同的签订和履行,经营单位的经济核算,以及银行的结算和信贷活动等,都无法再实现。

此外，通货膨胀也不利于国际收入的增加：固定汇率情况下，本国币值下跌，物价上升，出口产品成本会提高，这会削弱出口产品在国际市场上的竞争力，出口减少，进口增加，外贸收入减少，造成国际收支赤字增加。

第三节 失业与通货膨胀的关系

一、凯恩斯观点：失业与通货膨胀不会并存

凯恩斯认为，在未实现充分就业，即资源闲置的情况下，总需求的增加只会使国民收入增加，而不会引起价格水平上涨。也就是说，在未实现充分就业的情况下，不会发生通货膨胀。当经济中实现了充分就业时，表明资源已经得到了充分利用。这时，如果总需求仍然增加，就会由于过度总需求的存在而引起通货膨胀，即需求拉动的通货膨胀。凯恩斯关于失业与通货膨胀之间关系的论述，可用图 10.5 来说明。

图 10.5 中，P 代表价格水平，Y 代表国民收入。当总需求增加，即总需求曲线从 AD_0 移动到 AD_1 时，由于还没有实现充分就业，所以国民收入从 Y_0 增加到 Y_1，而价格水平仍然是 P_0；当总需求继续增加，即总需求曲线从 AD_1 移动到 AD_2 时，由于已经实现了充分就业，所以国民收入仍然是 Y_1，而价格水平则由 P_0 上升到了 P_1，即由于总需求过度而产生了通货膨胀。

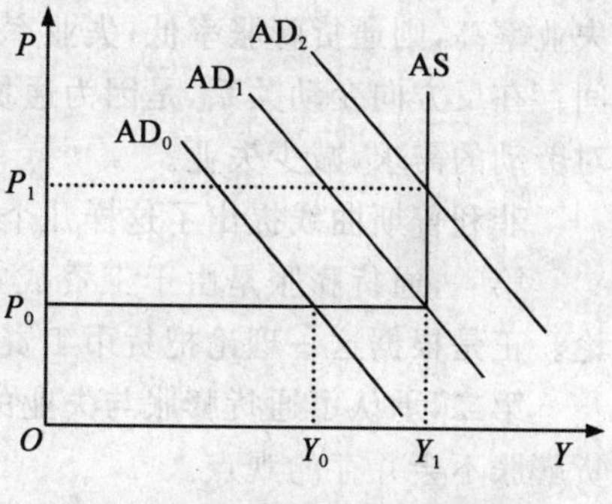

图 10.5 凯恩斯关于失业与通货膨胀关系的观点

凯恩斯强调了通货膨胀与失业不会同时并存，通货膨胀是在充分就业实现后产生的。这种论述适用于 20 世纪 30 年代大萧条时的情况，并不符合战后各国的实际情况。实际上，在经济未实现充分就业时，也可能产生通货膨胀。

二、菲利普斯曲线与新古典综合派的解释

(一)菲利普斯曲线

1958 年，威廉·菲利普斯根据英国 1861—1957 年间失业率与货币工资变动

率的统计资料，绘制了一条曲线，用来表示失业率与货币工资变动率之间的变动关系。这条曲线即菲利普斯曲线。由于西方经济学家把物价上涨同货币工资变动率联系在一起，并用物价上涨率来表示通货膨胀率，所以，菲利普斯曲线也就表示了失业率与通货膨胀率之间的关系(图 10.6)。

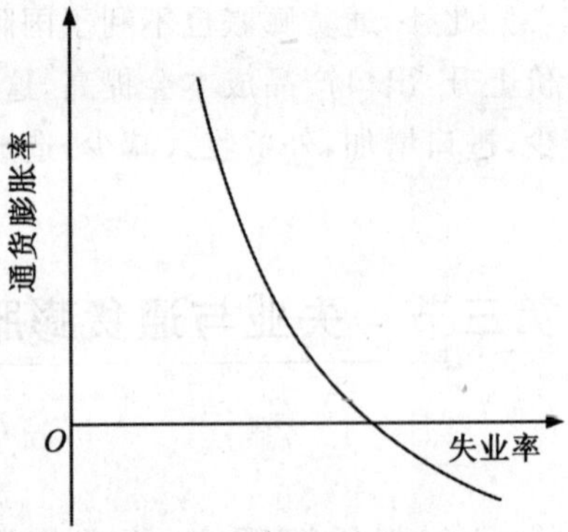

图 10.6 菲利普斯曲线

如图 10.6 所示，菲利普斯曲线表明：当失业率较低时，货币工资增长率较高；反之，当失业率较高时，货币工资增长率较低，甚至是负数。

(二)新古典综合派的解释:失业与通货膨胀之间的交替关系

美国新古典综合派经济学家萨缪尔森和索洛用美国的统计资料证明了菲利普斯曲线所表示的关系是存在的，并进一步把菲利普斯曲线解释为失业和通货膨胀之间的关系。这是因为，根据成本推动的通货膨胀理论，货币工资增长率可以表示通货膨胀率。因此，这条曲线就可以表示失业率与通货膨胀率之间的交替关系，即失业率高，则通货膨胀率低；失业率低，则通货膨胀率高。失业率与通货膨胀率之间存在反方向变动关系，是因为通货膨胀使实际工资下降，从而能刺激生产，增加对劳动的需求，减少失业。

菲利普斯曲线提出了这样几个重要观点：

第一，通货膨胀是由于工资成本推动所引起的，这就是成本推动通货膨胀理论。正是根据这一理论把货币工资增长率与通货膨胀率联系起来。

第二，承认了通货膨胀与失业的交替关系。这就否认了凯恩斯关于失业与通货膨胀不会并存的观点。

第三，当失业率为自然率时，通货膨胀率为零。因此，也可以把自然失业率定义为通货膨胀率为零时的失业率。

第四，为政策选择提供了理论依据。这就是可以运用扩张性宏观经济政策，以较高的通货膨胀率来换取较低的失业率；也可以运用紧缩性宏观经济政策，以较高的失业率来换取较低的通货膨胀率。这也是菲利普斯曲线的政策含义。

三、货币主义与理性预期学派的观点

(一)货币主义对菲利普斯曲线的解释

货币主义者在解释菲利普斯曲线时所用的预期概念是适应性预期，即人们根据过去的经验来形成并调整对未来的预期。他们根据适应性预期,把菲利普斯曲线分为短期菲利普斯曲线与长期菲利普斯曲线。

短期菲利普斯曲线是表明在预期的通货膨胀率低于实际发生的通货膨胀率的短期中,失业率与通货膨胀率之间存在交替关系的曲线。所以,向右下方倾斜的菲利普斯曲线在短期内是可以成立的。这也说明,在短期中引起通货膨胀率上升的扩张性财政与货币政策是可以起到减少失业的作用的。这就是宏观经济政策的短期有效性。

长期菲利普斯曲线是一条垂线,表明失业率与通货膨胀率之间不存在交替关系。以引起通货膨胀为代价的扩张性财政政策与货币政策并不能减少失业,这就是宏观经济政策的长期无效性,如图 10.7 所示。

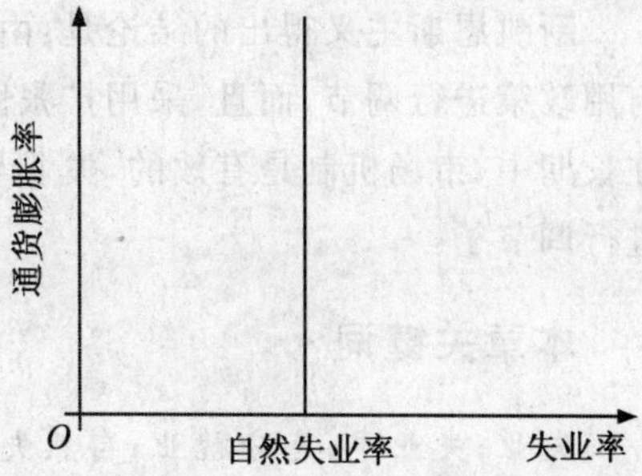

图 10.7 长期菲利普斯曲线

(二)理性预期学派对菲利普斯曲线的解释

理性预期学派所采用的预期概念是理性预期。理性预期是合乎理性的预期,其特征是预期值与以后发生的实际值是一致的。在这种预期的假设之下,无论在短期或长期中,预期的通货膨胀率与实际发生的通货膨胀率总是一致的,从而也就无法以通货膨胀为代价来降低失业率。所以,无论在短期或长期中,菲利普斯曲线都是一条从自然失业率出发的垂线,即失业率与通货膨胀率之间不存在交替关系。由此得出的推论就是:无论在短期还是长期中,宏观经济政策都是无效的。

四、新凯恩斯主义的观点

新凯恩斯主义者用市场调节的信息不对称性和不完全性来解释菲利普斯曲线。在长期中,市场机制的调节作用是有效的,因此,市场可以实现充分就业均衡。这时,失业与通货膨胀也就没有交替关系。失业率为自然失业率,由制度、资源、技术进步等因素决定,通货膨胀率由货币供给增长率决定,两者之间决定机制不同,当然也就没有交替关系,政府就没必要进行调节。

在短期中,由于信息的不对称性,市场调节并不是完全有效的,宏观经济会出现小于充分就业均衡或大于充分就业均衡。具体来说,在劳动市场上,由于信息不对称引起的工资黏性,使劳动市场不能实现供求平衡。在物品市场上,由于价格黏性，物品市场也不能实现供求平衡。在信贷市场上，由于信息不对称引起利息率并不能起到完全的调节作用，银行采用配给制，供求也不一定平衡。这样，短期中，市场机制的调节作用就受到限制。因此，在短期中，通货膨胀和失业之间就存在交替关系，这时就需要政府用政策进行调节。

新凯恩斯主义得出的结论是：由于在短期内市场调节并不完全有效，就需要政府用政策进行调节，而且，采用扩张性政策提高通货膨胀率还可以降低失业率，但在长期中，市场机制是有效的，失业与通货膨胀并不存在交替关系，政府就没必要进行调节了。

本章关键词

失业；失业率；充分就业；自然失业；周期性失业；奥肯定律；通货膨胀；通货膨胀率；消费者价格指数(CPI)；生产者价格指数(PPI)；GDP 折算价格指数；菲利普斯曲线

本章小结

通货膨胀与失业之间总是存在着暂时的权衡取舍，但并不存在持久的权衡取舍。失业是指在一定年龄阶段有劳动能力的人在某一时间内没有职业或工作时间没有达到规定标准并且正在寻找工作的人。通货膨胀是指在纸币流通制度下，整个社会一般物价水平的持续和显著的上涨。

失业包括自然失业和周期性失业两大类。奥肯定律说明了周期波动中经济增长率和失业率之间的经验关系，其得出的重要结论是：为防止失业率上升，实际 GDP 增长必须与潜在 GDP 增长同样快。如果想要使失业率下降，实际 GDP 增长必须快于潜在 GDP 增长。

通货膨胀有不同的分类标准，按照其成因不同可以分为：需求拉动的通货膨胀、成本推动的通货膨胀、需求拉动与成本推动相互作用下的通货膨胀及结构性通货膨胀。

无论是失业还是通货膨胀都会对经济和社会产生很大的影响。失业意味着资源的浪费，同时，它使失业者面对收入减少的困境，给家庭和社会带来极大的压力；通货膨胀造成价格信号紊乱，使货币的价值发生意外的变化，也就是说相对价格发生变动会抑制投资鼓励投机，增加交易成本，增加经济的不确定性，影响资源的合理配置，对经济产生消极影响。

对于失业与通货膨胀的关系一直是经济学家感兴趣的话题。凯恩斯认为失业与通货膨胀不会并存;新古典综合派运用菲利普斯曲线对失业与通货膨胀进行解释,他们认为短期内,通货膨胀和失业之间存在着此消彼长的交替关系。货币主义学派则认为菲利普斯曲线有短期和长期之分,他们认为长期菲利普斯曲线是一条垂线,表明失业率与通货膨胀率之间不存在交替关系。理性预期学派则认为无论在短期还是在长期中,菲利普斯曲线都是一条从自然失业率出发的垂线,即失业率与通货膨胀率之间不存在交替关系。新凯恩斯主义得出的结论是:在短期内政府可以采用扩张性政策提高通货膨胀率来降低失业率,但在长期中,失业与通货膨胀并不存在交替关系。

案例分析

案例一:菲利普斯曲线在美国的运用

通货膨胀与失业之间的这种交替关系被称为菲利普斯曲线。这个名称是为了纪念第一个研究了这种关系的经济学家而命名的。20 世纪 70 年代末 80 年代初美联储主席为反通货膨胀所付出的代价说明了菲利普斯曲线的存在。

20 世纪 70 年代,滞胀一直困扰着美国。1979 年夏,通货膨胀率高达 14%,失业率高达 6%,经济增长率不到 1.5%。在这种形势下,沃尔克被卡特任命为美联储主席。沃尔克上台后把自己的中心任务定为反通货膨胀。他把贴现率提高到 12%,货币量减少,但到 1980 年 2 月通货膨胀率仍高达 14.9%。与此同时,失业率高达 10%。沃尔克顶住各方面压力,继续实施这种紧缩政策,终于在 1984 年使通货膨胀率降至 4%,开始了 20 世纪 80 年代的繁荣。

沃尔克反通货膨胀的最终胜利是以高失业为代价的。经济学家把通货膨胀率减少了 1%的过程中每年国内生产总值减少的百分比称为牺牲率。国内生产总值减少必然引起失业加剧。这充分说明通货膨胀与失业之间在短期内存在交替关系,实现低通货膨胀在一定时期内以高失业为代价。

经济学家把牺牲率确定为 5%,即通货膨胀每年降 1%,每年的国内生产总值减少 5%,沃尔克把 1980 年 10%的通货膨胀率降低至 1984 年的 4%,按此推理,每年减少的国内生产总值应为 30%。实际上,国内生产总值的降低并没有这么严重。其原因在于沃尔克坚定不移的反通货膨胀决心使人们对通货膨胀的预期降低,从而菲利普斯曲线向下移动。这样,反通货膨胀的代价就小了。但代价仍然是有的,美国这一时期经历了自 20 世纪 30 年代以来最严重的衰退,失业率达到 10%。

反通货膨胀付出的代价证明了短期菲利普斯曲线的存在，也说明维持物价稳定的重要性。

联系实际说明菲利普斯曲线在我国的应用。（★理论提示：菲利普斯曲线）

案例二：中国正面临世界上最大的就业问题

国情问题专家、清华大学教授胡鞍钢讲过的一句，他说，“中国正面临世界上最大的就业战争”。把就业视作一场战争，当然不只是一个简单的比喻，而是有事实依据的。据他计算，中国以世界上9.6%的自然资源，9.4%的资本资源，1.85%的知识技术资源，以及1.83%的国际资源等，来为占世界人口26%的劳动力创造就业机会。换句话说，世界上还没有哪个国家要像中国这样提供7亿多个工作岗位，整个西方发达国家才不过提供4.3亿。因此，说中国正面临世界上最大的就业战争是一点也不为过的。至少在未来10年，中国的人口还呈增加的趋势，劳动力供大于求的矛盾将长期存在。

中国劳动和社会保障部的数据称，中国2006年12月末城镇登记失业率为4.1%，与2006年9月末持平，但低于2005年末的4.2%。2006年全国实现城镇新增就业1 184万人，完成全年目标的132%。中国城镇登记失业率为中国唯一的官方就业指标。2006年末的失业率也低于年初设定的4.6%以内的目标。

可以说，在整个“十一五”及以后的若干年，中国将进入严酷的高失业和就业结构大调整时期，这是一个已经超越了经济范畴的严峻挑战，世界上没有任何一个国家面临着像中国这样的就业挑战。值得密切关注和谨慎对待。

我国目前失业率居高不下的原因是什么？（★理论提示：失业的原因及类型）

案例三：2008年津巴布韦通货膨胀

津巴布韦人又阔了：津巴布韦中央银行宣布，他们将于7月21日发行面值1 000亿津元的大钞，以“方便消费者”，这已是这个非洲内陆国8个月内第四次发行新钞，上一次是在2008年5月15日，面值5亿津元，再上一次是5月5日，面值2.5亿津元。

可是如此巨大的财富能换什么？一袋最普通的切片面包要1 250亿，一个普通哈拉雷工薪阶层的一天公交车费差不多要2 500亿，而在两年前，14块切片面包只要100万。官方宣布的最新年通胀率是2 200 000%，但几乎所有人都相信实际数字要大得多：此次的1 000亿津元钞票面值是5月15日的5亿津元的200倍，而后者又是5月5日2.5亿的2倍，任何人都能轻易算出，在这个动荡的国家里，钱变得不值钱的真正速度，究竟是多少。

我们看到,直到 2000 年,津巴布韦年通胀率一直维持在 55%左右的水平,虽不算低,但按照非洲的标准尚属正常,2001 年为 112.1%,2002 年猛增至 198.93%,2003 年 598.75%,2004 年 132.75%,2005 年 585.84%,2006 年 1 281.11%,2007 年 66 212.3%,除 2004 年因货币改革一度让通胀率回头外,几乎是年年加码,且越来越呈无法控制的态势。

结合目前中国的经济现状,讨论通货膨胀产生的原因。

专项训练

(一)单项选择

1. 充分就业的含义是(　　)。

A. 人人都有工作,没有失业者　　B. 消灭了周期性失业的就业状态

C. 消灭了自然失业的就业状态　　D. 消灭了自愿失业的就业状态

2. 引起周期性失业的原因是(　　)。

A. 工资刚性　　B. 劳动力总需求不足

C. 劳动力的正常流动　　D. 经济结构的调整

3. 可以称为爬行的(或温和的)通货膨胀的情况是指(　　)。

A. 通货膨胀率在 10%以上

B. 通货膨胀率以每年 5%的速度增长

C. 通货膨胀率一直保持在 2%~3%的水平

D. 通货膨胀率以每年 10%的速度增长

4. 由于经济衰退而形成的失业属于(　　)。

A. 摩擦性失业　　B. 结构性失业　　C. 周期性失业　　D. 自然失业

5. 今年的物价指数是 180,通货膨胀率为 20%,则去年的物价指数是(　　)。

A. 144　　B. 150　　C. 160　　D. 216

6. 货币主义学派认为,菲利普斯曲线所表示的失业与通货膨胀间的交替关系(　　)。

A. 只存在于短期　　B. 只存在于长期

C. 在长期和短期均存在　　D. 在长期和短期均不存在

7. 认为在长期和短期均不存在失业与通货膨胀间交替关系的经济学流派是(　　)。

A. 凯恩斯学派　　B. 货币主义学派

C. 理性预期学派　　D. 供给学派

8. 货币工资上涨一定导致工资推动的通货膨胀，这句话(　　)。

A. 肯定对　　B. 肯定不对

C. 由具体情况而定　　D. 无法确定

9. 需求拉动的通货膨胀是由于(　　)。

A. 货币发行量超过流通中的黄金量

B. 货币发行量超过流通中的价值量

C. 货币发行量太多引起物价水平普遍持续上升

D. 以上都不是

10. 造成通货膨胀的原因不包括(　　)。

A. 需求拉动　　B. 成本推动

C. 经济结构因素的变动　　D. 消费不足

(二)判断题

1. 非平衡的通货膨胀是指每种商品价格上升的比例并不完全相同。
2. 由于不同部门劳动生产率增长快慢不同导致的通货膨胀被称为需求拉动的通货膨胀。
3. 成本推动的通货膨胀是工资推动通货膨胀。
4. 菲利普斯曲线反映了通货膨胀率与通货膨胀压力之间的反向关系。
5. 以衰退来降低通货膨胀率会引起失业率上升。
6. 通货膨胀是指一般物价水平的显著上涨。
7. 充分就业与任何失业的存在都是矛盾的。
8. 通货膨胀是指一般价格水平的阶段性上涨。

(三)简答题

1. 通货膨胀是如何分类的？
2. 简述失业的经济效应。
3. 简析结构性通货膨胀及其原因。
4. 简述货币主义关于通货紧缩的理论分析。

(四)计算题

某个国家2006年、2007年的名义GDP分别为52 010亿元、54 650亿元，而2007年、2008年的国民生产总值折算数分别为126.3%和131.5%(以1982年为基期)，试求：(1)这两年按1982年不变价格计算的实际GDP；(2)与2006年相比，

2007 年的名义 GDP、实际 GDP 的增长率及通货膨胀率。

(五)分析题

试述货币主义和凯恩斯学派如何解释“需求拉动型通货膨胀”中总需求过大的原因。

第十一章 经济周期与经济增长

引言：在人类社会长期发展中，由于各种因素影响，一个国家的经济不可能总是保持平稳地增长，而具有周期波动性，即经济周期。经济周期是短期问题，指经济的起落，繁荣和衰退的交替。宏观经济学就是分析经济周期的原因，并提出解决的办法。经济周期原理主要研究实际国民收入怎样围绕着充分就业的国民收入进行波动。

经济增长则是一个长期问题，现代经济学中所说的经济增长并不简单意味着国民收入的增加。它是指一个经济周期的高峰阶段和上一个经济周期的高峰阶段相比较而言的国民收入的变化趋势。经济增长原理则主要分析充分就业的国民收入的变化趋势。

知识点 理解经济周期的含义、经济周期的类型、经济周期的阶段划分方法；掌握经济周期的成因；掌握经济增长的含义及其特征、经济增长的决定因素。

能力点 能够正确运用乘数-加速数模型进行计算和分析；能够区分不同经济增长模型之间的异同。

第一节　经济周期理论

一、经济周期的含义

在经济发展过程中，经济运行可能出现的增长与衰退的交替运行，称为经济发展的波动性。现代经济学中把经济活动水平有规则的扩张与收缩的交替变化叫作经济周期。理解经济周期这一定义应注意以下几个问题：其一，经济周期的中心是总体经济活动水平（通常以国民收入为代表）的波动，由于这种波动而引起失业率、物价水平、利息率、对外贸易等活动的波动，所以研究经济周期的关键是研究国民收入的波动规律。其二，经济周期是经济发展中不可避免的波动，经济的周期性波动是现代国民经济发展固有的现象，并且难以预测其发生日期和持续的时间。其三，经济周期在经济运行中反复出现，周期形式具有不规则性和随机性，每次经济周期并不完全相同，但它们却有共同之处，每个经济周期都呈现繁荣与萧条的交替变化过程。

二、经济周期的阶段划分

经济周期可以分为两个大的阶段——扩张阶段与收缩阶段。如果划分的更细一些，则可把经济周期分为四个阶段：繁荣、衰退、萧条、复苏。其中繁荣与萧条是两个主要阶段，衰退与复苏是过渡性阶段。扩张阶段包含了复苏与繁荣，反映经济总趋势是上升的；收缩阶段包含了衰退与萧条，反映经济总趋势是下降的。

经济周期的四个阶段可以用图 11.1 表示。在图中，Y 代表国民收入，t 代表时间，向右上方倾斜的直线 N 代表正常的经济活动水平。围绕它上下波动的曲线代表经济实际发展过程：在 S 形曲线上的 A 点为顶峰，$A \to B$ 为衰退，$B \to C$ 为萧条，C 点为谷底，$C \to D$ 为复苏，$D \to E$ 为繁荣，E 点为顶峰，从 A 到 E 即为一个经济周期。$A \to B \to C$ 为收缩阶段，$C \to D \to E$ 为扩张阶段。收缩阶段总的趋势是经济活动水平下降，扩张阶段总的趋势是经济活动水平上升。

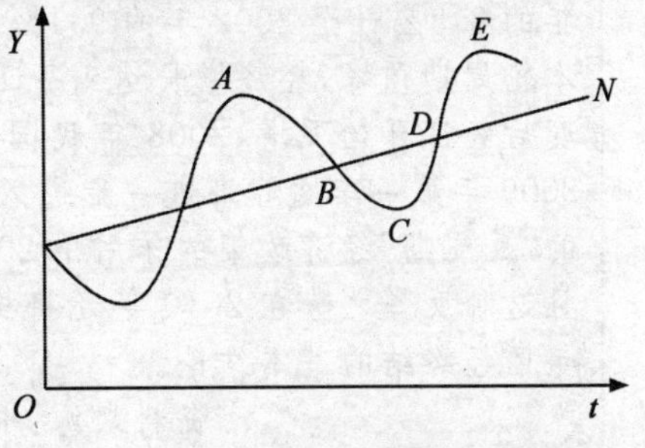

图 11.1　经济周期阶段性变化示意图

经济周期的四个阶段各有特点:繁荣是国民收入与经济活动高于正常水平的一个阶段。其特征是生产迅速增长,投资增加,信用扩张,价格水平上升,就业增加,公众对未来乐观。繁荣的最高点为顶峰,这时就业与产量水平达到最高,但股票与商品的价格开始下跌,存货水平高,公众的情绪由乐观转为悲观。这是繁荣的极盛时期,也是由繁荣转向衰退的开始。萧条是国民收入与经济活动低于正常水平的一个阶段。其特征是生产急剧减少,投资减少,信用紧缩,价格水平下跌,失业严重,公众对未来悲观。萧条的最低点称为谷底,但这时股票与商品的价格开始回升,存货减少,公众的情绪由悲观转为乐观。这是萧条的最严重时期,也是由萧条转向复苏的开始。衰退是从繁荣到萧条的过渡时期,这时经济开始从顶峰下降,但仍未低于正常水平。复苏是从萧条到繁荣的过渡时期,这时经济开始从谷底回升,但仍未达到正常水平。在经济分析中,根据经济周期不同阶段的特点和经济统计资料,就可以确定经济处于经济周期的哪个阶段,以便采用相应的政策措施来进行调节。

资料卡:中国改革开放以来的经济周期

第一轮经济周期是1977—1981年,周期时间为五年。需要说明的是改革开放前最后一轮周期结束在1976年,那一年我国GDP增长指数达到谷底,经济增长为-1.6%,为体现一轮周期的完整性,把改革开放后第一轮经济周期扩展到1977年,那一年的经济增长开始复苏,上涨了7.6%。第一轮经济周期增长最快的年份是1978年,达到11.7%,经济周期的波幅为5%,最高通货膨胀率为6.5%。第二轮经济周期是1982—1986年,这轮周期持续五年时间,最高通货膨胀率8.8%,年度经济增长最快达15.2%,周期波幅为6.4%。第三轮经济周期是1987—1990年,周期时间为四年,最高通货膨胀率为17.9%,该周期经济增长最快为11.6%,周期波幅为7.8%。1991—1999年的我国第四轮周期,该周期通货膨胀率创纪录地达到24.1%,经济增长也高达14.2%,周期波幅为6.6%,以1999年7.6%为谷底。2000—2009年为第五轮周期,2000—2001年我国经济进入"复苏"调整阶段,GDP增长率从2001年的8.3%升至2002年的9.1%,2003年更是高达10%,2007年第四季度是本轮周期顶峰,经济增长达到了13%,这个顶峰同时也是拐点,2007年第四季度后经济开始下滑,2008年我国经济增长进入"紧缩"阶段。一年的紧缩后2009年第一季度经济进一步进入"危机"阶段,跌入谷底,但很快在国家强大的"反周期"经济政策的作用下2009年第二季度经济就走出谷底强劲反弹,而且这种反弹之势在2010年还将持续,因此可以得出第五轮经济周期在2009年已经终结的基本结论。

资料来源:根据哈磊的论文"关于我国第五次经济周期的界定及特点"(《当代经济》,2010)整理

三、经济周期的类型与成因分析

(一)经济周期的类型

早在19世纪中期,经济学家就开始研究经济周期问题。20世纪30年代兴起的以凯恩斯为代表的宏观经济学的出现,开创了经济波动研究的新纪元。凯恩斯学派承认经济运行中存在经济波动,并将其原因归之于市场经济自身的严重缺陷,认为可以通过政府干预来控制经济的周期波动。随后,经济学家从不同角度对经济周期进行了划分,根据一个经济周期时间的长短,经济周期可分为不同的类型。

(1)朱格拉周期　1860年法国经济学家朱格拉提出的一种为期9～10年的经济周期。该周期是以国民收入、失业率和大多数经济部门的生产、利润和价格的波动为标志加以划分的。从经济周期时间长度看,朱格拉周期是一种中周期。

(2)基钦周期　1923年英国经济学家基钦提出的一种为期3～4年的经济周期。基钦通过对1890—1922年间英国与美国的物价、银行结算、利息率等指标的研究,指出除了存在中周期,实际上还有为期3～4年的短周期(称为基钦周期),基钦将中周期现象称为主要周期,短周期现象称为次要周期。

(3)康德拉季耶夫周期　1926年俄国经济学家康德拉季耶夫提出的一种为期50～60年的经济周期。该理论认为,从18世纪末期以后,经历了三个长周期。第一个长周期从1789—1849年,上升部分为25年,下降部分为35年,共60年;第二个长周期从1849—1896年,上升部分为24年,下降部分为23年,共47年;第三个长周期从1896年起,上升部分为24年,1920年以后进入下降时期。从经济周期时间长度看,康德拉季耶夫周期是一种长周期。

(4)库兹涅茨周期　1930年美国经济学家库兹涅茨提出的一种为期15～25年平均长度为20年左右的经济周期。由于该周期主要是以建筑业的兴旺和衰落这一周期性波动现象为标志加以划分的,所以也被称为"建筑周期"。从时间长度上,库兹涅茨周期是另一种时间比较长的经济周期。

(5)熊彼特周期　1936年奥地利经济学家熊彼特以他的"创新理论"为基础,通过对各种周期理论进行综合分析后提出了一种经济周期理论。他认为,每一个长周期包括6个中周期,每一个中周期包括3个短周期。短周期为40个月,中周期为9～10年,长周期为48～60年。他以重大创新为标志,划分了三个长周期:第一个长周期从18世纪80年代到1842年,是"产业革命时期";第二个长周期从1842年到1897年,是"蒸汽机和钢铁时期";第三个长周期从1897年以后,是"电气、化学和汽车时期"。在每个长周期中仍有中等创新所引起的波动,这就形成若干个中周期。在每个中周期中还有小创新所引起的波动,这就形成若干个短周期。

从经济周期时间构成看，熊彼特周期是一种综合性周期。

(二)经济周期成因分析

多年来，对经济周期产生的根源一直存在大量的争论，综合各种理论的异同，可以将经济周期理论划分为两大类：内生经济周期理论和外生经济周期理论。

内生经济周期理论认为经济波动现象是经济系统内部矛盾作用的体现，外生经济周期理论认为经济波动是由于受到系统外部因素的变化冲击。内生经济周期理论与外生经济周期理论并不排斥或互相对立，只是在解释经济波动内生性和外生性时给予了不同的关注和强调。

1. 内生经济周期理论

内生经济周期理论认为，造成经济周期的根源来自于经济制度内部因素的波动。由于经济体系具有制衡性，则每一次扩张都孕育着收缩和衰退，而每一次收缩又孕育着扩张和复苏。所以经济体系内部因素的自发运动，致使经济处在一个波浪式起伏的无休止的运动过程中。另外，内生经济周期理论认为，导致经济周期的决定性力量来自经济体系内部，而外生因素的冲击作用并不是主要原因。比较有代表性的理论主要有以下几种：①纯货币理论。该理论认为，货币数量的增减变化是导致经济周期的唯一原因。当货币和银行信贷扩张时，由于利息率降低和信用条件宽松，会引起生产的扩张与收入的增加。这反过来又对货币产生更大需求，形成循环推动。但是，这一过程终有限度，当货币和银行信贷被迫紧缩时，一个相反的实际经济过程就会开始，从而生产与收入俱降。总之，货币与信贷的扩张与收缩的交替出现引起经济波动。②消费不足理论。该理论认为消费不足的根源在于国民收入分配不平等，使得富人有过度储蓄，因而造成社会对消费品的需求低于其生产的增长，并最终引发经济衰退。只有改变收入不均等状况，才能解决消费不足问题。③心理理论。该理论认为，由于某种经济因素的变化，使得厂商出现乐观或悲观的预期。乐观的预期会使投资扩大，悲观的预期会使投资减少，因而导致经济波动。④成本-价格理论。该理论采用成本的价格边际或利润边际概念，强调了利润预期是驱动经济波动的主要因素。⑤非货币投资过度理论。该理论强调非货币因素造成的投资过度是引发经济周期的原因，诸如新产品、新技术的发现，新市场的开拓，以及萧条阶段的利息率下降等因素造成了资本品生产过度发展，消费品减少。⑥信息周期理论。信息周期理论是20世纪80年代末90年代初出现的一种经济周期理论。所谓信息周期是指由于市场需求信息反复不断地变化，使产出和投资表现为重复的周期，在这里信息成为一种波动的传导机制。

2. 外生经济周期理论

外生经济周期理论认为，经济周期的根源来自于经济制度以外的某种因素的波动，如太阳黑子或星相，战争、革命或选举，金矿的发现，人口增长和移民，新大陆和资源的发现，科学上的突破和技术创新等。外生经济周期理论认为，正是这些不依赖于经济制度的因素的变化引起了经济制度内在因素的变化。因此，外部原因是造成经济周期的决定性力量。比较著名的理论包括：①政治性周期理论。该理论认为，政治家有连选连任的政治偏好，并具有控制经济的政策工具，而选民则偏好低失业、高经济增长和低通货膨胀时期。因此，当权的政治家在大选年以通货膨胀换取失业率的降低，以赢得选民的支持。当选后紧缩经济，以降低通货膨胀的压力，从而失业率回升，待大选再度来临前，复又刺激经济，以赢得选举。所以，政治节奏致使经济周期性地波动。②创新理论。该理论认为，由于大规模的科技上的突破，使创新者取得超额利润，其他企业纷纷追随仿效，由此导致经济扩张。随着超额利润因仿效者的冲击而逐渐消失，使经济趋于收缩。而下一次创新的出现，又会使经济的扩张和收缩交替再现。③太阳黑子理论。该理论认为，太阳黑子或星相的周期性的异常变化，引起气候周期性的变化，而气候变化又引起农业生产的周期，农业生产的周期又扩散影响到经济的方方面面，从而造成经济周期性波动。④过度投资理论。该理论认为，由于新大陆和新资源的发现，人口的增加以及新发明等原因，使投资猛增，造成资本品的过量生产，因而必有投资的剧减。这种因投资过多而不是过少所导致的生产结构的失调最终会造成经济的上下波动。

3.内生因素和外生因素的综合

上述的经济周期理论的一个共同特点是，力图从某个原因或某一方面说明经济周期的形成与运动过程。因此，这种过于简单化的理论便难以符合错综复杂的现实状况。具体而言，每一次经济周期的成因都是不同的。那么，上述的任何一个理论都无法对经济周期做出完整而合理的说明。况且，现实发生的经济周期往往是诸多内外因素交织在一起，共同发挥作用的。基于此原因，“二战”以来经济学家便逐渐放弃了用单一因素去解释经济周期的努力，转而采用将内生因素和外生因素结合在一起去分析、说明经济周期。这种外生因素和内生因素的综合便成为现代经济周期理论的一个新特点。

现代经济周期理论认为，经济周期性波动源自于内生因素和外生因素的共同推动。这种外因与内因综合作用的机制，表现为外生因素的波动引起内生因素的反应，而在经济体系中，由此而来的内生因素的变动造成经济周期性的波动。

现代经济周期理论用国民收入决定理论来解释经济周期问题，把经济周期理论看作是国民收入决定理论动态化的体现。由于国民收入水平取决于总需求水平，因此经济周期的一个重要来源是总需求冲击。产出、就业和价格的波动通常是由总需求的变动所引起的。当总需求的改变引起商业的大幅度滑坡时，经济就会出现衰退甚至萧条，而经济活动的大幅度上扬将会导致通货膨胀。在总需求当中，消费占的比例很大，但研究表明，消费在长期中是相当稳定的。消费的短期变动，尤其是耐用品的消费变动，对经济周期也有影响，但不是主要原因。政府支出是一种可以人为控制的因素，净出口所占比例很小。因此，导致经济周期的总需求的变动主要来源于投资的变动。这是凯恩斯主义经济周期理论的主要观点，他们认为投资的变动对经济的波动有重要影响。

另外，货币主义与理性预期学派也提出了自己的经济周期理论。货币主义者强调货币因素的作用，试图从货币量变动的角度分析它对经济波动的影响；理性预期学派则强调了预期失误是经济周期产生的原因。然而，无论哪一种有关经济周期的解释都强调了内生因素作为引起经济周期的关键作用，以及市场经济中经济周期的必然性。即使外生因素给经济带来冲击，也要通过内生因素才能起到作用。

连接外因和内因的传导纽带是投资。因为投资兼有外因和内因的特性。换言之，投资可以具体分为自发投资和引致投资。自发投资是指不受国民收入或消费水平变动影响的投资。自发投资对外生因素的变化有反应。引致投资是指由于国民收入或消费水平的变化而引起的投资。这意味着引致投资对经济周期的内生因素的变化有应答。

正是投资这种主要的推动力量，对来自于外部和内部两个方面的影响做出反应，进而产生循环推动的内部的相互影响，造成经济周期性的波动。其中特别是引致投资的变化是造成经济周期的决定性力量。

现代经济周期理论将这两方面的相互关系抽象成为“乘数-加速数模型”，用以说明国民收入及经济的波动。

四、乘数-加速数模型

在经济周期理论中，乘数-加速数模型是一个有代表和有影响的模型。这个模型包含两个主要内容：一个是第九章已经介绍的乘数原理，另一个是加速数原理。

(一)加速数原理

在国民经济中，投资与国民收入是相互影响的。乘数原理说明了投资变动对国民收入变动的影响，而加速数原理要说明国民收入变动对投资变动的影响。

下列公式可以说明加速数原理：

$$I_t = I_0 + D = \alpha \cdot (Y_t - Y_{t-1}) + D$$

式中：I_t 代表现期投资，它分为净投资，即新增加的投资 I_0，以及重置投资，即折旧

D。I_t 取决于加速数 α 和本期收入 Y_t 与上期收入 Y_{t-1} 的差异。

加速数指产量增加一定量所需要增加的净投资量，即净投资量与产量增加量之比，它反映了社会的生产技术水平。例如，如果在一定的生产技术水平之下，增加 100 万元的产量需要增加的净投资为 200 万元，则加速数为 2。与加速数相关的另一个概念是资本-产量比率，即生产一单位产量所需要的资本量，或者资本量与产量之比。在技术不变的条件下，加速数与资本-产量比率的数值是相同的。

为了进一步说明加速数原理的含义，我们可以举一个例子。设 $\alpha=2$（即资本-产量比率也为 2），折旧率为 10%，则可以做出下面的加速数原理举例表（表 11.1）。

表 11.1 加速数原理表 10^6 元

年	产量	资本量	净投资	重置投资	总投资
1	100	200	0	20	20
2	120	240	40	24	64
3	140	280	40	28	68
4	160	320	40	32	72
5	160	320	0	32	32
6	150	300	−20	30	10

根据表 11.1，我们可以说明加速数原理的基本含义：

第一，投资是产量变动率的函数，而不是产量变动绝对量的函数。也就是说，投资的变动取决于产量变动率，而不是产量变动量。

第二，投资的变动大于产量的变动。当产量增加时（第 1～2 年产量增加 20%），投资的增加率大于产量的增长率（总投资增加了 220%）。这是因为现代生产是一种“迂回生产”，即采用了大量的机器设备，在开始时必然引起大量的投资。同样，在产量减少时，投资也会减少得更多。加速数原理所反映的正是这种现代化大生产的特点。

第三，要使投资增长率保持不变，产量就必须维持一定的增长率；如果产量维持原水平，投资一定要下降。如第 2～3 年和第 3～4 年的净投资不变，产量的增长率应分别为 17%和 14%；第 4～5 年，产量不变，总投资减少了 56%。这说明经济发展到一定阶段时，要再实现高增长率就是一件困难的事。

总之，加速数原理说明了产量（即国民收入）水平的变动是影响投资水平变动的重要因素。还应该指出：

(1)加速数原理是假设其他因素不变,仅分析产量对投资的影响。影响投资的因素不仅有产量,还有投资者的预期、风险、投资成本、利息率、技术进步等。

(2)加速数原理只适用于设备得到充分利用的情况,如果设备没有充分利用,则加速数原理无法发挥作用。

(二)乘数-加速数模型

乘数-加速数模型把乘数原理和加速数原理结合起来,以说明经济周期的原因。这一模型可以表述为这样一个公式:

$$Y_t = C_t + I_t + G_t \tag{11.1}$$

式中:Y_t 代表现期收入;C_t 代表现期消费;I_t 代表现期投资;G_t 代表现期政府支出。这个公式说明了凯恩斯主义的国民收入决定理论,现期收入等于现期消费、现期投资与现期政府支出之和(不考虑开放经济中的净出口)。

现期消费取决于边际消费倾向(c)和前期收入(Y_{t-1}):

$$C_t = cY_{t-1} \tag{11.2}$$

现期投资取决于加速数(α)和消费的变动($C_t - C_{t-1}$):

$$I_t = \alpha \cdot (C_t - C_{t-1}) = \alpha \cdot (c \cdot Y_{t-1} - c \cdot Y_{t-2}) = \alpha \cdot c(Y_{t-1} - Y_{t-2}) \tag{11.3}$$

上式说明在考虑消费时,投资最终取决于收入的变动,即加速数原理所说明的关系。再设现期政府支出为既定的,即

$$G_t = \overline{G}_t \tag{11.4}$$

把式(11.2)、式(11.3)、式(11.4)代入式(11.1),则:

$$Y_t = c \cdot Y_{t-1} + \alpha \cdot c(Y_{t-1} - Y_{t-2}) + \overline{G}_t \tag{11.5}$$

现在设 $c=0.5$,$\alpha=1$,$G=1$,则可根据式(11.5)做出表 11.2。

(三)乘数-加速数模型的含义

第一,乘数-加速数原理相互作用理论把乘数原理和加速数原理结合起来说明投资如何自发地引起周期性经济波动。

第二,乘数与加速数原理相互作用引起经济周期的具体过程是:投资增加通过乘数效应引起国内生产总值的更大增加,国内生产总值的更大增加又通过加速效应引起投资的更大增加,这样,经济就会出现繁荣。然而,国内生产总值达到一定水平后由于社会需求与资源的限制无法再增加,这时就会由于加速数原理的作用使投资减少,投资的减少又会由于乘数的作用使国内生产总值继续减少。这两者

的共同作用又使经济进入衰退。衰退持续一定时期后由于国内生产总值回升又使投资增加,国内生产总值再增加,从而经济进入另一次繁荣。正是由于乘数与加速数原理的共同作用,经济中就形成了由繁荣到衰退,又由衰退到繁荣的周期性运动。

表 11.2　经济波动表

t	G_t	C_t	I_t	Y_t	经济变化趋势
1	1	0	0	1	—
2	1	0.5	0.5	2	复苏
3	1	1	0.5	2.5	繁荣
4	1	1.25	0.25	2.5	繁荣
5	1	1.25	0	2.25	衰退
6	1	1.125	−0.125	2	衰退
7	1	1	−0.125	1.875	萧条
8	1	0.937 5	−0.062 5	1.875	萧条
9	1	0.937 5	0	1.937 5	复苏
10	1	0.968 75	0.031 25	2	复苏
11	1	1	0.031 25	2.031 25	繁荣
12	1	1.015 625	0.015 625	2.031 25	繁荣
13	1	1.015 625	0	2.015 625	衰退
14	1	1.007 813	−0.007 812 5	2	衰退

第三,政府可以通过干预经济的政策来减轻经济周期的波动。

第二节　经济增长理论

一、经济增长的含义与特征

(一)经济增长的含义

经济增长是国内生产总值的增加或人均实际国内生产总值的增加。美国经济学家库兹涅茨给经济增长下的定义是："一个国家的经济增长，可以定义为给居民提供种类日益繁多的经济产品的能力长期上升，这种不断增长的能力是建立在先进技术以及所需要的制度和思想意识之相应的调整的基础上的。"这个定义包含了以下三点：

第一，经济增长集中表现在经济实力的增长上，而这种经济实力的增长就是商品和劳务总量的增加，即国内生产总值的增加。如果考虑到人口的增加和价格的变动，也可以说是人均实际国内生产总值的增加。

第二，先进技术是实现经济增长的必要条件。在影响经济增长的各种因素中，技术进步是第一位的。

第三，制度与意识相应调整是经济增长的充分条件。也就是说，只有社会制度与意识形态适合经济增长的需要，技术进步才能发挥作用，经济增长才是可能的。因此，社会制度与意识形态的某种变革是经济增长的前提。

(二)经济增长的特征

从经济增长的定义出发，库兹涅茨根据历史资料总结了现代经济增长的六大特征：

(1)按人口计算的产量的高增长率和人口的高增长率。这个特征很明显，可以用统计资料加以证明。

(2)生产率本身的迅速增长。技术进步引起生产效率的提高，使得在人口增长迅速的情况下，人均产量仍然保持高增长率。

(3)经济结构高速度变革。经济增长使得大量的农业向工业转移，工业向服务业转移，以及生产单位和生产规模的变化、劳动量和职业状况的变化、消费结构的变化等。

(4)社会结构与意识形态的迅速改变。例如，城市化以及教育与宗教的分离就是整个社会现代化的一个组成部分，也是经济增长的必然结果。

(5)经济增长在世界范围内迅速扩大。发达国家凭借其技术优势，尤其是运输和通信优势，通过和平或战争的形式向世界其他地方扩张，使全世界都卷入增长范围之内，成为一个统一体。

(6)世界增长的情况是不平衡的。有些国家是落后的，其经济成就远远低于现代技术的潜力可能达到的最低水平。在国际范围内，贫富的差距还在拉大。

以上六个特征中，前两个数量特征属于总和的比率，中间两个属于结构的转变，后两个属于国际间扩散。这六个特征是密切相关的。

资料卡:经济增长与经济发展

经济增长主要是指国民经济总量(如国内生产总值和国民收入)的增长,它主要用国内生产总值增长率和人均国内生产总值增长率作为衡量指标,它的主要目标是数量的增加而非质的变化。而经济发展不仅包括经济增长,而且包括国民的生活质量,以及整个社会经济结构和制度结构的总体进步。其中,经济结构的变化是经济发展的标志,即一个国家或地区的经济从以传统农业为中心的缓慢增长,转变为以现代工业为中心的持续稳定发展。衡量经济发展的主要指标是经济结构、社会福利、文教卫生、环境质量以及经济效益的状态,它表明人类社会经济生活的质的变化。如果说经济增长是一个单纯的"量"的概念,那么经济发展就是比较复杂的"质"的概念。

二、经济增长的决定因素

在不同的国家、不同的时期,决定经济增长的因素是不同的。但主要依赖于以下四个因素:

(一)制度

制度是一种涉及社会、政治和经济行为的行为规则。制度决定人们的经济与其他行为,也决定一国的经济增长。美国经济学家诺思强调"增长的路径依赖",其含义就是增长取决于制度,适于经济发展的制度是实现增长的前提。人类社会出现过多种经济制度,但历史证明,最适于经济增长的是市场经济制度。市场经济是一个制度体系,包括多种制度,其中包括保护个人财产的产权制度、降低交易费用的货币制度、规范人们行为的合约制度、组织经济活动的公司制度等。这些制度的建立与完善是经济增长的前提。

(二)资本

在经济发展过程中,资本的积累对经济的增长起到了非常重要的作用。19 世纪横跨北美大陆的铁路将工商业引至美国的心脏地带,而在此之前,那里还处在与世隔绝的状态。20 世纪以来,对汽车、公路和电场的投资浪潮大大提高了生产率,而且还为创建整个新工业体系提供了基础设施。许多人都认为,电脑和信息高速公路对 21 世纪的作用,将如同铁路和高速公路在当年曾起过的巨大作用一样。当然,资本积累需要牺牲许多当前的消费。由于资源是稀缺的,把更多的资源用于资本的积累,势必减少现期物品与劳务的消费。也就是说,由于社会更多投资于资本,经济就必须把现期的消费储蓄起来以满足对未来的投资的需求。一个社会的储蓄与投资规模的大小对其经济增长的速度有着重要的作用。经济快速增长的国家,一般都在新资本品上大量投资。大多数经济高速发展的国家的10%～20%的产出都用于净资本的形成。一般来说,在劳动数量不变的条件下,资本的数量越多,社会生产能力就越高,经济增长就越快。物质资本的增长通常被看作经济增长最主要的源泉。

(三)资源

经济增长是产量的增加,产量是用各种生产要素生产出来的,各种生产要素就是资源。资源包括人力资源和自然资源。

人力资源包括劳动力的供给、劳动者的受教育程度、纪律、激励等。劳动投入包括劳动力数量和劳动者技术水平两方面。一些经济学家认为,所投入的劳动的质量,如劳工的技术、知识和纪律性,是一国经济增长的最重要的因素。一个国家可以购买最先进的设备、计算机、发电装置和战斗机,但是这些先进的设备只有那些有技术、受过训练的劳动力才能使用,并使它们充分发挥作用。提高劳动力的知识水平、健康程度和纪律意识,以及提高劳工的技能,都将极大地提高劳动生产率。人力资本对经济增长的作用主要体现在它的外部性效应上。这种外部效应主要与教育事业的发展有直接关系。一个受过教育的人除了可以利用他学到的知识和技能创造社会财富以外,更重要的是他在受教育过程中可以形成更先进的思想和意识形态,这些可以帮助他在获得劳动报酬之余得到更多的收益,也就是所谓的外部性收益。这些收益对于劳动者个人的发展是有利的,对整个社会的进步也是有益的。

自然资源包括土地、石油、天然气、森林、水资源和矿产资源等。美国早期的繁荣在很大程度上归功于该国有充足而肥沃的土地。在1820—1870年间,美国土地面积以每年1.41%的速度增加,对经济增长具有很大的贡献。与美国开发西部大致同一时间的俄国东部的开发,对俄国经济的增长也有相似的贡献。现在,石油资源成为一些国家经济增长的源泉,如挪威GDP的急剧增加。在1970—1990年这20年间,挪威人均GDP从相当美国人均GDP的61%上升到相当美国的77%,这种经济增长大部分归功于其丰富的石油储量的发现与开发。

(四)技术进步

技术进步作为影响一国经济增长的要素,在当今社会扮演着越来越重要的角色。纵观一个经济的发展历程,在它经历了资源密集型生产、劳动密集型生产以后,就会逐步进入到资本密集型和技术密集型的生产。可见,发展高新技术作为经济增长的新动力,是现代社会经济增长途径的新特征。事实上,曾经使欧洲、北美和日本的生产力获得巨大提高的正是永无止境的发明和技术创新。促进技术进步不能简单地强迫人们进行科技研发与创新，而只有当政府设计出一个健全的经济法制框架，有力地保护知识产权，并允许在此框架内拥有广泛的经济自由之时，才有可能最大限度地促进技术水平的迅速提高。

资料卡：美国1929—1969年经济增长的源泉

美国经济学家爱德华·丹尼森曾经利用美国1929—1969年的统计资料，对决定美国经济增长的因素作了估算。丹尼森得到的结果见下表：

%

项目	年平均增长率	占国民收入增长率的比率
国民收入	3.41	100
各种源泉所占份额：		
1.生产要素投入	1.82	53.4
劳动	1.321	38.7
资本	0.5	14.7
土地	0	0
2.技术进步(生产率的提高)	1.59	46.6
知识的提高	0.92	27.0
资源配置的改进	0.30	8.8
规模的节约	0.36	10.6
其他	0.01	0.2

从表中可以看到，生产要素数量的增长对经济增长的贡献是53.4%，生产要素质量(技术进步)的提高对经济增长的贡献是46.6%，而技术进步引起的生产率提高有近60%要归功于知识进步。

资料来源：《1929—1969年美国经济增长的说明》(布鲁金斯学会，1974)

技术进步在经济增长中的作用体现在生产率的提高上。技术进步在经济增长中起了最重要的作用。技术进步主要包括资源配置的改善、规模经济和知识进步。

资源配置的改善主要指人力资源配置的改善，即劳动力从低生产率部门转移到高生产率部门中，包括农业劳动力转移到工业中，以及独立经营者与小企业转移到大企业中去。1870年的美国，50%的劳动力用于农业，而到了1960年，也仍有大约10%的劳动力从事农业，今天这个比重不到那时的1/3。这种劳动力的大规模转移在其他国家同样存在。劳动力的这种转移，提高了生产率。

规模经济是指由于企业规模扩大而引起的成本下降与收益增加。企业规模扩大后，由于能采用新技术与最先进的设备，能采用新的生产方法而提高了生产率，尤其在一些工业部门（例如汽车、机械、冶金行业），这种规模经济的效果特别明显。

知识进步包括科学技术的发展及其在生产中的运用、新工艺的发明与采用等。特别应该强调的是，知识进步不仅包括自然科学与技术科学的进步，而且也包括管理科学的进步。

以上因素对经济增长的相对重要性是经济学家长期研究的课题。麻省理工学院的罗伯特·索洛因增长理论的贡献而成为诺贝尔经济学奖得主，他发现技术进步、劳动供给增加和资本积累依次是 GDP 增长的重要决定因素。技术进步和资本积累是人均 GDP 增长的重要决定因素。

三、经济增长模型

经济增长模型是一种运用现代数理逻辑分析方法对经济增长过程进行分析、推理或思考的方式。在经济模型分析过程中，通过一定的假设条件，探讨各种影响因素与经济增长的关系，说明实现经济稳定增长的条件，寻求经济长期稳定增长的途径。经济学家曾建立了许多经济增长模型，而最具代表性的是三种模型：哈罗德-多马模型、新古典经济增长模型和新剑桥经济增长模型。

（一）哈罗德-多马模型（H-D 模型）

20 世纪 40 年代，英国经济家哈罗德和美国经济学家多马分别提出相似的经济增长理论，强调投资在经济增长中的重要性，他们的研究成果被称为“哈罗德-多马模型”，它标志着现代西方经济增长理论的开始。我们以哈罗德模型为主来介绍这一模型的基本内容。

1. 哈罗德-多马模型的基本假设

哈罗德-多马模型以一些严格的假设条件为前提，这些假设包括：第一，社会只生产一种产品，这种产品既可以作为消费品，也可以作为资本品；第二，生产中只使用两种生产要素，即资本与劳动，这两种生产要素为固定的技术系数，不能相互替代；第三，规模收益不变，生产规模扩大时，不存在规模收益递增或递减的问题；第四，技术水平是既定的，不考虑技术因素的影响。哈罗德-多马模型的基本思想是用资本积累解释经济增长。

2. 哈罗德-多马模型的基本公式

哈罗德模型的基本公式是：

$$G=\frac{s}{v} \tag{11.6}$$

式中:G 代表国民收入增长率,即经济增长率;s 代表储蓄率,即储蓄量在国民收入中所占的比例;v 代表资本-产量比率,即生产一单位产量所需要的资本量。根据这一模型的假设,资本与劳动的配合比率是不变的,从而资本-产量比率也就是不变的。这样,经济增长率实际取决于储蓄率。例如,假定资本-产量比率 v 为 3,如果储蓄率 s 为 15%,则经济增长率 G 为 5%。在资本-产量比率不变的条件下,储蓄率高,则经济增长率高(上例中,储蓄率增加到 21%,则经济增长率为 7%);储蓄率低,则经济增长率低。可见这一模型强调的是资本增加对经济增长的作用,分析的是资本增加与经济增长之间的关系。

多马模型的基本公式是 $G=s \cdot a$,式中 a 代表资本生产率,即一单位资本的产出量,$a=\frac{1}{v}$,所以这一模型与哈罗德模型基本相同。

3. 经济长期稳定增长的条件

哈罗德-多马模型还用实际增长率、有保证的增长率与自然增长率这三个概念分析了经济长期稳定增长的条件与波动的原因。

实际增长率(G_A)是实际上所发生的增长率。如果基本公式中的 v 是资本的实际变化量与国民收入的实际变化量的比率,那么在一定的储蓄比例下所带来的国民收入增长率即称为实际增长率,于是式(11.6)可写为:

$$G_A=\frac{s}{v} \tag{11.7}$$

有保证的增长率(G_W),又称合意增长率,是企业家感到满意的收入增长率。它考虑了企业家的预期和企业家是否合乎意愿等心理因素。即把资本-产量比率理解为企业家意愿中的资本-产量比率,用 v_r 表示,则式(11.6)可写为:

$$G_W=\frac{s}{v_r} \tag{11.8}$$

由式(11.7)和式(11.8)可以得到:

$$G_A v=s=G_W v_r \tag{11.9}$$

上式表明,如果现实经济活动中出现的实际增长率(G_A)等于有保证的增长率(G_W),那么实际资本-产量比率(v)就必然等于企业家所需要的资本-产量比率(v_r)。也就是说,国民收入按照 G_W 比率增长,那么与实际产量或收入的增长相联系的实际资本增量就会等于企业家感到满意的资本增量。此时,企业家愿意保持

"进一步实现类似增长"。

由于实际增长率是许多各不相同的决策者的预期、决策和外部环境等多种因素作用的结果,因此人们没有理由期望经济活动实际上一定会长期按照"有保证的增长率"增长下去。同时,还应考虑就业水平这一因素,说明实际增长率与劳动增长率之间的关系。要实现劳动力的充分就业,国民收入的增长率必然等于劳动力的增长率。按照哈罗德的说法,首先,国民收入要实现均衡增长就必须等于人口的增长率,其次,要实现充分就业的均衡增长,就必须满足:

$$G_A = G_W = \frac{s}{v} = \frac{s}{v_r} = n = G_N \tag{11.10}$$

G_N 称为自然增长率,n 为一国的人口增长率,$G_N = n$,显然这是社会所能达到的最大的、"最适宜的"增长率。这一等式表明了实现充分就业是均衡增长的必要条件。

哈罗德-多马模型认为,理想的充分就业均衡增长(满足 $G_A = G_W = G_N$)的途径是存在的,但可能性极小。

如果这三种增长率不一致,则会引起经济中的波动。哈罗德-多马模型是最早的经济增长模型,它虽然比较简单,而且有缺点,但以后的经济增长模型都是在此基础上建立起来的,是对它的发展与改进。

(二)新古典经济增长模型

20 世纪 50 年代晚期和整个 60 年代,美国经济学家索洛等研究创立了新古典增长理论,将注意力集中在资本积累及其与储蓄决策等的联系上,强调了古典经济学所论述的充分就业的必然趋势,因而被称为新古典增长模型。他们的研究认为,哈罗德-多马模型所指出的经济增长途径是很难实现的。也就是说,在现实中,由于各种因素的影响,实际增长率、有保证的增长率与自然增长率很难达到一致。因此,他们把哈罗德-多马模型所指出的经济增长途径称为"刃锋"。他们的模型就是要通过改变资本-产量比率来解决这一"刃锋"问题,并且考虑技术进步对经济增长的作用。

1. 新古典模型的基本假设

新古典经济增长模型是在哈罗德-多马模型的基础上进行改进和完善的,所以它的基本假设与哈罗德-多马模型大致相同,只是假定资本-产量比率可变,且考虑技术进步对经济增长的贡献。新古典增长模型不像哈罗德-多马模型只强调投资对经济增长的作用,它强调了资本和劳动对经济增长的共同作用,同时认为技术进步不仅会改变劳动生产率,而且会改变资本-产出比率,并将其作为一个独立的变量加在经济增长模型中。

2. 新古典模型的基本公式

新古典经济增长模型是根据柯布-道格拉斯生产函数 $Y=AL^{\alpha}K^{\beta}$ 推导出来的，其基本公式是：

$$G=\alpha\cdot\left(\frac{\Delta K}{K}\right)+\beta\left(\frac{\Delta L}{L}\right)+\frac{\Delta A}{A} \tag{11.11}$$

式中：$\frac{\Delta K}{K}$代表资本增长率；$\frac{\Delta L}{L}$代表劳动增长率；α、β分别代表经济增长中资本和劳动所做的贡献比例，α与β之比就是资本-劳动比率；$\frac{\Delta A}{A}$代表技术进步率。由于生产中投入的要素只有资本和劳动，所以$\alpha+\beta=1$。

3. 经济长期稳定增长的条件

新古典模型从资本-产量比率的角度探讨了经济长期稳定增长的条件。这一模型认为，在长期中实现均衡的条件是储蓄全部转化为投资，即对凯恩斯储蓄等于投资这一短期均衡条件的长期化。在这种情况下，如果储蓄倾向不变，劳动增长率不变，则长期稳定增长的条件是：

$$\Delta Y/Y=\Delta K/K \tag{11.12}$$

经济增长率($\Delta Y/Y$)与资本存量增长率($\Delta K/K$)必须相等。如果$\Delta Y/Y>\Delta K/K$，这就意味着收入的增长快于资本存量的增长，从而资本生产率提高。这就会刺激企业用资本代替劳动。使用资本量的增加一方面使资本边际生产率下降，另一方面也使资本价格提高，从而最终会减少资本使用量，最后达到$\Delta Y/Y=\Delta K/K$。可见，通过市场调节，会使经济在长期中保持$\Delta Y/Y=\Delta K/K$，从而实现稳定增长。

从公式$G=\frac{s}{v}$来看经济长期增长模型，新古典模型分析的是v的变动，下面讲述的新剑桥经济增长模型则是分析s的变动。

(三)新剑桥经济增长模型

这一模型是由英国经济学家罗宾逊、卡尔多等人提出来的。这一模型分析收入分配的变动如何影响并决定经济增长率和储蓄率，以及收入分配与经济增长之间的关系。

1. 新剑桥增长模型的基本假设

这一模型有以下四点假设：一是资本-产量比率保持不变；二是均衡条件为$I=S$；三是社会成员分为工资收入者和利润收入者，两者的储蓄倾向都是固定的；

四是利润收入者的储蓄倾向大于工资收入者的储蓄倾向。

2. 新剑桥增长模型的公式

新剑桥增长模型的公式为：

$$G=\frac{s}{v}=\frac{\frac{P}{Y}\cdot S_P+\frac{W}{Y}\cdot S_W}{v} \tag{11.13}$$

式中：v 代表资本-产量比率；s 代表储蓄率；P/Y 代表利润在国民收入中所占的比例；W/Y 代表工资在国民收入中所占的比例，国民收入分为利润和工资两个部分，所以 $P/Y+W/Y=1$；S_P 代表利润收入者的储蓄倾向（即储蓄在利润中所占的比例）；S_W 代表工资收入者的储蓄倾向（即储蓄在工资中所占的比例）。根据假设，利润收入者的储蓄倾向大于工资收入者的储蓄倾向，即 $S_P>S_W$，而且 S_P 与 S_W 都是既定的。

从上式中可以看出，在 S_P 与 S_W 既定时，储蓄率的大小取决于国民收入分配的状况，即利润与工资在国民收入分配中所占的比例。在 $S_P>S_W$ 的假定之下，利润在国民收入中所占的比例越大，则总储蓄率越高；相反，工资在国民收入中所占的比例越大，则总储蓄率越低。由此可见，这一模型是以研究收入分配与经济增长的关系为重点的。

在资本-产量比率不变的情况下，增长率取决于储蓄率，储蓄率越高则增长率越高，而要提高储蓄率，就要改变国民收入的分配，使利润在国民收入中占更大的比例。因此，经济增长是以加剧收入分配的不平等为前提的，经济增长的结果也必然加剧收入分配的不平等。这是新剑桥增长模型的重要结论。

3. 经济长期稳定增长的条件

新剑桥经济增长模型从社会储蓄率的角度探讨了经济长期稳定增长的条件。

要使经济按一定的增长率增长下去就必须保持一个一定的储蓄率，社会储蓄率取决于利润收入者与工资收入者的储蓄倾向，以及他们的收入在国民收入中所占的比率。因此，要保持一定的储蓄率就必须使国民收入中工资与利润保持一定水平。这个过程是通过价格调节来实现的。如果利润在国民收入中的比率加大，则储蓄率提高，投资增加，结果导致工资增加，储蓄率下降；反之，如果利润在国民收入中的比率减少，则储蓄率下降，投资减少，结果导致工资下降，储蓄率上升。

经济要稳定增长，利润和工资在国民收入中要保持一定比率，但这一比率并不是不变的，而是随着经济增长，在国民收入分配中，利润的比率在提高，工资的比率在下降。

四、经济增长方式的选择

由于经济增长是由各种增长因素相互作用综合推动的结果，因此根据经济增长与经济增长要素间的关系，可以把经济增长归纳为两种基本方式：粗放型经济增长和集约型经济增长。粗放型增长又叫外延型增长，是指主要通过投入更多的生产要素而实现的人均产出和收入的增加，这实际上是一种广度上的增长。集约型增长又叫内涵型增长，是指主要通过提高所投入的生产要素的产出率，即更经济、更有效地利用生产要素而实现的人均产出或收入的增加，这实际上是一种深度上的增长。

粗放型增长的基本特征是：以较高的积累，较多的要素投入，期望实现较大的经济增长。新中国成立以来相当长的时期里的经济增长主要是采取这种方式。这对解决我国经济发展过程中的某些重大问题曾产生过积极作用，如实现了较高的经济增长率，较快地奠定了工业化的基础，建立了独立的、比较完整的国民经济体系，农业的基础设施也有较大加强，为长期经济发展创造了一定的条件。

集约型增长的基本特征是：主要是依赖于技术的进步实现经济增长。技术进步有两种情况：一种是需要投入较多的资金，引进或研制先进的技术、先进的设备；一种是投入较少的资金，通过培训提高劳动者的技术水平，更有效地利用现有的设备进行技术革新和改造。除此以外，集约型增长方式的特征还表现在：以效益为中心，在提高效益的基础上争取较高的速度；工农业协调发展；产业结构倾向合理化；全社会保持适度的消费水平等。

粗放型增长和集约型增长只是一种理论上的抽象。在现实经济活动中，它们一般总是结合在一起的。生产要素投入增加和不断积累会引起技术进步，即引起生产要素产出效率的提高。而且，提高生产要素的产出率本身往往也需要有一定的投资，即增加要素投入；反之，生产要素产出效率的提高不仅是增加要素投入的前提(即只有当生产率达到一定水平，才能形成现实的剩余和积累)，而且，也为增加要素投入提供现实经济基础和经济刺激。所以，各国的经济增长方式实际上并不会处于绝对的粗放型增长或集约型增长的极端状态下，而总是处于这二者之间的某一种状态下。

从当代世界经济的形势来看，转变经济增长的方式在于通过技术进步、体制创新和改善管理全面提高生产要素的使用效率。为了提高生产要素的使用效率，要大幅度提高科技进步在经济增长中的贡献。在宏观层次上要提高资源配置的效率，在微观层次上要提高企业的投入产出比。我国经济增长方式的转变，就是要实现从粗放型增长向集约型增长的转变。转变经济增长方式不仅要在生产内容上加以转变，更要在生产经营方式、生产组织管理、资金和技术的运用等多方面实现根本性的变革。经济增长方式的转变是一个渐进的过程，是一个多种因素综合作用的复合性的动态系统，在具体组织实施过程中，必须从实际出发，充分考虑到我国的国情和经济发展的现状，在遵循市场经济规律的基础上，把握好宏观调控的方向和力度。

本章关键词

经济周期；繁荣；衰退；加速数；内生经济周期理论；外生经济周期理论；经济增长；合意增长率；自然增长率

本章小结

经济周期是指一国总体经济活动中经济扩张和收缩的交替，它可划分为两个主要阶段，即经济繁荣与衰退，顶峰和谷底是周期的转折点。每次经济周期并不完全相同，但却具有共同的特点。西方经济学家根据周期的长短对经济周期进行划分。经济学家提出种种理论来解释经济周期的原因，一是内生经济周期理论，二是外生经济周期理论，三是内生因素和外生因素的综合。现代经济周期理论认为，经济周期性波动源自于内生因素和外生因素的共同推动。连接外因和内因的传导纽带是投资，是造成经济周期的决定性力量。乘数-加速数原理通过分析乘数和加速数的相互作用如何导致总需求发生有规律的周期波动来解释经济周期，认为经济周期是由于投资与国内生产总值相互作用而产生的。

经济增长一般是指一国的商品和劳务总量的增加，它取决于制度、资本、人力资源、自然资源、技术进步这些因素。经济增长模型主要研究的是如何才能实现经济稳定的增长、哪些因素影响经济增长。哈罗德-多马模型认为经济增长取决于储蓄率，实际增长率、有保证的增长率和自然增长率之间的相互关系决定了经济的收缩与扩张，三者相等才能保证经济的长期稳定增长。新古典模型认为，决定经济增长的因素是资本的增加、劳动的增加和技术进步，实现经济长期稳定增长的条件是国民收入的增长率等于资本存量的增长率，市场机制的作用会实现这一目标。新剑桥模型认为应该通过改变国民收入的分配比例来改变社会储蓄率，以使有保证的增长率等于自然增长率，这样就能实现充分就业条件下的经济的长期稳定增长。

案例分析

案例一:经济的周期性波动

下表为中国统计年鉴 1978—1999 年的资料分析,证明我国的经济增长的确存在经济波动现象。

GDP			存货投资			固定投资		
波动区间	波长/年	波幅/%	波动区间	波长/年	波幅/%	波动区间	波长/年	波幅/%
1978—1984 年	6	10.0	1978—1981 年	3	36.73	1978—1982 年	4	24.4
1984—1987 年	3	2.6	1981—1985 年	4	115.44	1982—1985 年	3	22.6
1987—1992 年	5	10.4	1985—1989 年	4	111.49	1985—1988 年	3	3.9
1992—1999 年	7	7.1	1989—1993 年	4	56.04	1988—1993 年	5	69.0
			1993—1995 年	2	32.06	1993—1999 年	6	60.7
			1995—1999 年	4	76.38			
平均	6	7.53	平均	3.27	71.36	平均	4.67	36.12

请根据表中的资料,分别就 GDP、存货投资和固定投资三个方面的内容分析经济周期性波动的不同阶段。(★理论提示:经济周期的阶段划分)

案例二:克鲁格曼的预言

1994 年,美国经济学家克鲁格曼在《外交》杂志上撰文,指出东南亚国家的高速经济增长是没有牢固基础的"纸老虎",迟早要崩溃。历史不幸被克鲁格曼言中,1997 年东南亚金融危机的爆发引起这个地区的严重经济衰退。

克鲁格曼之所以认为东南亚国家的经济增长是"纸老虎",是因为这些国家的经济增长是由劳动与资本的大量增加带动的,缺乏技术进步。而技术进步在经济增长中的中心地位,早已为当今世界各国的经济学家所公认。克鲁格曼认为,东南亚经济增长中技术进步的作用不明显,没有起到应有的中心作用。这些国家和地区缺乏科技创新能力,仅仅依靠投入实现增长,到一定程度就会引起劳动和资本的边际生产率递减,增长必然放慢,甚至衰退。克鲁格曼甚至认为,即使像日本这样的经济大国,由于其主要技术仍然是引进的,缺乏原创性,即使没有各种复杂因素引发的金融危机,其经济的增长也迟早要出问题。

尽管经济学家对东南亚金融危机的发生众说纷纭,但有一点已为所有的人所接受:没有技术进步就没有持久而稳定的经济增长。20 世纪 90 年代美国经济连续近十年的稳定增长则从正面证明了这一点。虽然经济学家对个人电脑、互联网对增长的作用还难以做出准确的定量分析，但这些技术进步对美国经济繁荣的贡献是无人否认的。

克鲁格曼的观点固然冷酷，但它能使我们更加清醒地认识到，21 世纪将是技术进步更加迅猛的时代，发展中国家只有确立技术进步在经济增长中的中心地位，才能实现经济长期的快速增长。

从这一案例中你得到了什么启发？（★理论提示：经济增长的决定因素）

专项训练

(一)单项选择

1. 经济周期的中心是（　　）。

A. 价格的波动　B. 利息率的波动　C. 收入的波动　D. 消费的波动

2. 经济周期的四个阶段依次是（　　）。

A. 繁荣、萧条、衰退、复苏　B. 繁荣、衰退、萧条、复苏

C. 繁荣、复苏、衰退、萧条　D. 衰退、复苏、萧条、繁荣

3. 中周期的每一个周期为（　　）。

A. 5～6 年　B. 8～10 年　C. 25 年左右　D. 50 年左右

4. 设某经济体的收入近四年来分别是 5 000 亿元、6 000 亿元、6 500 亿元和 6 500 亿元。假定第一年的净投资是正数，根据加速数原理，净投资（　　）。

A. 在四年中都是正数

B. 第一年至第三年是正数，第四年是零

C. 第一年是零，第二年至第四年为正数

D. 第一年、第二年是正数，第三年、第四年是零

5. 乘数原理和加速数原理的联系在于（　　）。

A. 前者说明投资的变化对国民收入的影响，后者说明国民收入的变化对投资的影响

B. 两者都说明投资是怎样产生的

C. 前者解释了经济如何走向繁荣，后者说明经济怎样陷入萧条

D. 前者解释了经济如何陷入萧条，后者说明经济怎样走向繁荣

6. 朱格拉周期是一种（　　）。

A. 短周期　B. 中周期　C. 长周期　D. 不能确定

7. 资本与劳动在生产上是可以相互替换的，是（　　）。

A. 哈罗德模型的假设条件

B. 新古典增长模型的假设条件

C. 新剑桥经济模型的假设条件

D. 哈罗德模型和新古典增长模型共同的假设条件

8. 假如要把产量的年增长率从 5%提高到 7%，在资本-产量比率等于 4 的前提下，根据哈罗德增长模型，储蓄率应达到(　　)。

A. 28%　　B. 30%　　C. 32%　　D. 20%

9. 若想把产量的年增长率从 5%提高到 7%，在储蓄率为 20%的条件下，按照哈罗德模型，资本-产量比率约为(　　)。

A. 2　　B. 3　　C. 4　　D. 5

10. 按照哈罗德的看法，要想使经济在充分就业的情况下稳定地增长下去，其条件是(　　)。

A. $G=G_W=G_N$　　B. $G=G_W$　　C. $G=G_N$　　D. $G>G_N$

(二)判断题

1. 经济周期的中心是产品价格的波动。
2. 经济周期是经济中不可避免的波动。
3. 经济增长的充分条件是技术进步，只要有技术进步，经济就可以持续增长。
4. 经济增长可以定义为国民生产总值的增长。
5. 在哈罗德-多马经济增长模型中，实际增长率就是自然增长率。
6. 新剑桥增长模型认为经济增长是以加剧收入分配不平等为前提的。

(三)简答题

1. 简述内生经济周期理论的基本思想。
2. 试说明加速数原理的基本含义。
3. 经济增长的源泉是什么?
4. 哈罗德-多马模型是如何分析经济波动的?
5. 投资与国内生产总值的相互影响如何引起经济周期?

(四)计算题

1. 假设经济储蓄率为 12%，资本-产量比率为 3，根据哈罗德-多马模型，经济增长率为多少？如果要使增长率达到 6%，储蓄率应该是多少?

2. 设实际储蓄率为 0.4，实际资本-产量比率为 3，合意的储蓄率为 0.5，合意的资本-产量比率为 4，自然增长率为 8%。

(1)计算实际增长率、有保证的增长率和最适宜的储蓄率。

(2)在以上的假设中，短期中经济会出现积累性扩张，还是积累性收缩，或是稳定增长？长期中是长期停滞、长期繁荣，还是稳定增长？

(3)如果实际的和合意的资本-产量比率都为4，实际储蓄率和合意储蓄率为多少时才能实现长期的稳定增长？

3. 设资本量 $K=1\ 000$，资本增量 $\Delta K=100$，劳动量 $L=1\ 000$，劳动增量 $\Delta L=200$，经济增长中资本所做的贡献比例 $\alpha=0.6$，劳动所做的贡献比例 $\beta=0.4$，技术进步率 0.3，$\Delta A/A=0.3$，请用新古典增长模型计算该经济的增长率。

4. 设利润在国民收入中的比例(P/Y)为 0.2，利润收入者的储蓄倾向(S_P)为 0.4，工资收入者的储蓄倾向(S_W)为 0.2，资本-产量比率为 3，试根据新剑桥模型的公式计算：

(1)储蓄率；

(2)经济增长率；

(3)如果 S_P、S_W、v 都不变，要使经济增长率达到 12%，P/Y 与 W/Y 分别应该是多少？这时收入分配发生了什么变化？

(五)分析题

1. 请用技术进步在经济增长中的作用的理论解释"科技是第一生产力"这句话。

2. 请用经济增长理论分析中国的经济发展。

3. 试从乘数和加速数相结合的角度说明经济周期的形成。

第十二章　宏观经济政策

引言：2007年，为应对全球性金融危机，我国通过启动4万亿经济刺激计划、在信贷规模上采取“下限”目标管理等措施较快地扭转了经济增速大幅下滑的势头。而2009年下半年以来，我国又通过增加央票发行数量、提高法定存款准备金率、上调基准利息率等措施来应对经济过度扩张的新风险。上述措施均是调控宏观经济的常用政策工具，但这些措施中哪些是财政政策工具，哪些是货币政策工具呢？它们是怎样影响经济的呢？国家又是基于什么目的采取这些措施的呢？所有这些问题的答案将在本章揭晓。

学习本章之后，你将会对国家出台的一些经济措施有进一步的了解，对一些经济现象也能提出自己独到的见解，从而更好地融入到经济社会中去。

知识点　理解宏观经济政策目标、宏观经济政策工具；掌握财政政策工具种类及其乘数效应、挤出效应；掌握货币政策工具种类及其效果。

能力点　能够运用 *IS-LM* 模型分析财政政策、货币政策对总需求曲线的影响。

第一节　宏观经济政策概述

一、宏观经济政策目标

宏观经济政策是指国家为了达到一定的经济目标而对经济总量进行调控所采取的手段和措施。一般来说，宏观经济政策的目标包括四个：充分就业、物价稳定、经济增长和国际收支平衡。经济政策不是只考虑这些目标中的某一目标，而是要同时达到这些目标。

充分就业是指一国的劳动力资源得到了充分利用，但并不是指人人都有工作，而是使失业率维持在合意的水平，即这个失业率在社会可允许的范围之内，能为社会所接受。物价稳定是指一般物价总水平的基本稳定，即维持一个低而稳定的通货膨胀率，而且这种通货膨胀率对经济不会产生不利的影响。经济增长是指一个国家或地区实际经济产品与劳务总量达到一个适度的增长率，这种增长率要既能满足社会发展的需要，又是人口增长和技术进步所能达到的。国际收支平衡则是指一定时期内，一国与其他国家全部经济往来的收支流量平衡，既无国际收支赤字，又无国际收支盈余。因为国际收支赤字和盈余都会对国内经济发展带来不利的影响。

这四种经济目标之间有一些是相互一致的，但也存在矛盾性。比如，充分就业与物价稳定，如果要实现充分就业，就必须增加货币供给量以刺激社会总需求的增加，而总需求的增加则会引起物价水平的上涨从而导致通货膨胀趋势；如果要降低通货膨胀率，就要求减少货币供给量以抑制社会总需求的增加，总需求的减少必然会使失业率很高。再如充分就业与经济增长，一般来说经济增长能够带动就业人口数量的增加，但经济增长中的技术进步会引起资本对劳动的替代，相对地缩小对劳动的需求，使部分工人，尤其是文化技术水平低的工人失业。稳定物价和经济增长之间也存在矛盾性，因为经济增长率和价格水平之间存在着正向变动关系，在经济发展较快时，总会伴随有物价较大幅度的上涨。此外，充分就业与国际收支平衡之间也有矛盾，充分就业的实现会引起国民收入增加，国民收入增加会引起进口增加，从而有可能使国际收支状况恶化。

宏观经济政策是为同时达到宏观经济政策目标而制定的手段和措施。宏观经济目标之间存在的矛盾要求政策制定者确定重点政策目标，并对这些目标进行协调。

资料卡:凯恩斯主义与政府干预

凯恩斯主义最初起源于20世纪20年代的英国,通过对传统经济理论的深刻反思和对英国现实的切实研究,凯恩斯敏锐地认识到社会时代已经发生了重大变化。他于1926年发表了《自由放任主义的终结》一书,竭力证明借助于国家对货币流通和信贷的调节,可以消除失业和生产过剩的危机。1929—1933年,资本主义世界爆发了普遍性的经济大萧条。空前的危机使"反自由放任"的凯恩斯主义学说立刻受到高度重视,被当成资本主义的救命稻草,在世界许多国家被大胆引入实践。凯恩斯又进一步提出了更为完整的一系列关于改革资本主义经济制度的设想与措施,并于1936年整理出版了《就业、利息和货币通论》。

凯恩斯经济学的基础和核心是"有效需求理论",他认为有效需求是指总供给和总需求处于均衡时的总需求,它是由消费需求和投资需求两部分组成。有效需求是由"消费倾向"、"资本边际效率"和"流动偏好"三个"基本心理规律"与货币数量决定的,在货币供应量既定的前提下,由于边际消费倾向递减,引起消费需求不足,资本边际效率的下降以及流动性偏好的作用,导致投资需求不足。有效需求的不足进一步引起大量失业。他认为,调节国民经济的重任自然落在政府的身上,如果政府不干预经济,就等于听任有效需求不足继续存在下去,也等于听任失业与经济萧条的继续存在。在此基础上,实行国家调节,既是使现行经济免于全盘毁灭的唯一切实有效的办法,又是使个人动力得以成功地发挥作用的必要条件。他的国家调节的重心就是管理有效需求,认为政府必须采取财政等措施,包括实行财政赤字,扩大商品与资本输出等政策,来刺激消费,刺激投资,提高资本边际效率,弥补自由市场有效需求的不足。

二、宏观经济政策工具

宏观经济政策工具是用来达到政策目标的手段。一般来说,政策工具多种多样,常用的宏观经济政策工具有需求管理政策、供给管理政策及国际经济政策。

(一)需求管理政策

需求管理是通过对总需求的调节实现总需求等于总供给,达到既无失业又无通货膨胀的目标。在总需求小于总供给时,经济中会由于需求不足而产生失业,这时就要用扩张性的政策工具来刺激总需求。在总需求大于总供给时,经济中会由于需求过度而引起通货膨胀，这时就要运用紧缩性的政策工具来压抑总需求。需求管理包括财政政策与货币政策。

(二)供给管理政策

供给管理是通过对总供给的调节来达到一定的政策目标。供给即生产。在短期内影响供给的主要因素是生产成本，特别是生产成本中的工资成本。在长期内影响供给的主要因素是生产能力。因此，供给管理包括控制工资与物价的收入政策，改善劳动力市场状况的人力资源政策，以及促进经济增长的增长政策。

(三)国际经济政策

随着世界经济一体化的程度不断提高，一国宏观经济目标的实现不仅有赖于国内经济政策，而且有赖于国际经济政策。而且一国的宏观经济政策目标中包括国际收支平衡，因此在宏观经济政策中也应该包括国际经济政策，或者说政府对经济的宏观调控中也包括了对国际经济关系的调节。常用的国际经济政策包括汇率政策、关税政策、非关税壁垒、对外投资政策等。

第二节　财政政策

一、财政的构成与财政政策工具

(一)财政的构成

财政，是指以政府为主体的收支活动，是政府为了实现其职能需要参与社会产品的分配和再分配以及由此形成的与各有关方面之间的分配关系。财政包括财政收入和财政支出两个部分。

财政收入是政府在一定时期内所取得的货币收入，主要来源于税收和公债。税收是财政收入中最主要的部分，它是政府为实现其职能按照法律预先规定的标准，强制的、无偿的取得财政收入的一种手段。公债是政府对公众的债务，它不同于税收，是政府运用信用形式筹集财政资金的特殊形式，包括中央政府的债务和地方政府的债务。

财政支出是指在市场经济条件下，政府为提供公共物品和服务，满足社会共同需要而进行的财政资金支付，主要包括购买性支出和转移性支出。购买性支出又称消耗性支出，是政府购买商品和劳务，包括购买进行日常政务活动所需要的或者进行政府投资所需要的各种物品和劳务的支出，即由社会消费性支出和财政投资支出组成。转移性支出是指政府按照一定方式，将一部分财政资金无偿单方面转移给居民和其他受益者，主要包括社会保障支出和财政补贴。

(二)财政政策工具

财政政策是国家干预经济的主要政策之一，是为促进就业水平提高，减轻经济波动，防止通货膨胀，实现稳定经济增长而对政府收入和支出所做出的决策。在凯恩斯主义之后，财政政策主要作为国家职能部门进行需求管理的手段，以实现既定的政策目标。西方国家的财政政策工具主要包括三个方面：财政收入政策、财政支出政策和财政赤字政策。

财政收入政策即是由税收政策、行政规费政策和债务收入政策等构成的一个完整的政策体系。由于税收收入是国家财政收入的重点，因此，税收政策是国家财政收入政策的核心，是具体反映和落实国家财政收入政策的重要途径。税收政策即通过增税或减税及税种的选择调节投资和消费需求，实现收入和资金的再分配。

财政支出政策是指通过政府预算支出的增减影响总需求。财政支出政策运用的方式多种多样，包括财政拨款、政府采购、财政间接支出(如财政担保、财政资助)等。

财政赤字政策是经济运行低谷期使用的一项短期政策。财政赤字又称预算赤字，是一国政府财政年度内预算支出超过年度收入的差额，通常在财政收入与支出账户上用红字标出，故称赤字。国际上衡量财政赤字的标准是两条警戒线：首先，财政赤字占 GDP 的比重不能超过 3%，否则会出现财政风险。其次，政府财政赤字不能超过财政总支出的 15%。弥补财政赤字的办法有两种：一是发行公债，二是出售政府资产。其中，发行公债最为常用。公债按政府主体划分，有中央政府债券，有地方政府债券；按发行对象划分，有以本国货币为面值在国内发行的国内债券，有以某一外国货币为面值在该国发行的国外债券；按还本期限划分，有不超过 1 年、流动性高、风险低的短期债券，有期限在 1～5 年的中期债券，有期限长达几十年的长期债券，还有无限期、按期付息、永不还本的永久债券。

如果政府是向中央银行出售公债，或者中央银行通过公开市场购进公债，就会使赤字货币化，成倍增加货币供应量。因此，公债的发行兼有财政政策和货币政策的性质，它一方面能增加财政收入和支出，另一方面又能对货币市场和资本市场的扩张和紧缩起重要作用。

经济学界对公债的是非存在不同的看法，争论的焦点涉及它对收入分配和资源配置的影响。公债的还本付息归根结底是来自税收，相当于一部分人花钱，另一部分人还债，或者一代人平白享受公债收入，下一代人用更多的税收来还本付息，即发行公债是一种收入的再分配。但这种收入分配效应如何取决于一个社会是否已经达到充分就业。假设一个社会已经达到了充分就业，收入减去消费支出的余额即储蓄是给定的，那么政府举债一定会表现为私人投资等量减缩，即国民财富从生产领域向公债的取息者转移。如果一个社会尚未达到充分就业，即投资并不取决于既有的储蓄，政府的举债支出则可以扩大有效需求，促进国民收入的增加和资源的充分利用。

二、自动稳定与斟酌使用

根据财政政策调节经济周期的作用，可以将财政政策分为自动稳定的财政政策和斟酌使用的财政政策。

（一）自动稳定器

某些财政政策由于其本身的特点，能够在经济繁荣时期自动抑制通胀，在经济衰退时期自动减轻萧条，无须政府采取任何行动。这些财政政策具有自动调节经济，使经济稳定的机制，通常被称为自动稳定器。

最重要的自动稳定器是税制。个人所得税和公司所得税有其固定的起征点和税率。当经济萧条时，由于收入减少，税收也会自动减少，从而抑制了消费与投资的减少，有助于减轻经济萧条的程度。当经济繁荣时，由于收入增加，税收也会自动增加，从而就抑制了消费与投资的增加，有助于减轻由于需求过大而引起的通货膨胀。这种自动的减税和增税机制降低了经济波动的程度。

政府转移支出也可以作为自动稳定器发挥作用。失业保险补助、福利补助和其他形式的收入补助有固定的发放标准。当经济萧条时，由于失业人数和需要补助的人数增加，转移支付随之增加，从而抑制了消费与投资的减少，有助于减轻经济萧条的程度。当经济繁荣时，由于失业人数和需要补助的人数减少，转移支付自动减少，从而抑制了消费与投资的增加，有助于减轻由于需求过大而引起的通货膨胀。

这种自动稳定器虽无须政府做出任何决策，但其调节经济的作用是非常有限的。它只能减轻萧条或通胀的程度，并不能改变萧条或通胀的总趋势，因此仍需要政府有意识地运用财政政策来调节经济。

资料卡:我国房地产市场的内在稳定器分析(2007年)

在“2007年中国地产新视角——和谐地产高峰论坛”上,中国人民银行货币政策委员会委员、中国经济体制改革基金会秘书长樊纲说:“我国房地产市场还缺少一个内在稳定器,所以总是需要外部的力量去调控来调控去,这是我们冲突和矛盾的焦点所在。”在樊纲眼中,这个稳定器就是房产税或者物业税。为什么得出这样的观点呢?

樊纲教授指出:在我国的房产市场中,投资性消费多了,消费性的消费就必然被挤占,满足基本需求的必须消费部分就更少了。我国80%的劳动者属于低收入者,而低收入者的住房不能全推给政府。在每个人的需求当中,在市场的结构当中通过价格变化、税收杠杆能够自我调节,相对均衡。“首先,由于房产税是对财产征税,它有利于缓解社会收入的不平等。第二,这种税收是稳定的税源,只要有房子就有税。第三,可以减少其他的税收,减少生产者的税负。第四,可以使政府的税源更依赖于把现在的城市搞好、保持好,而不是更多地依赖卖地。政府需要对房产按固定比例征税,税额要随着房价的提高而提高。这样,人们就要为房价的上涨付费,而不是仅仅从房价的上涨中得到好处。”例如,在许多市场经济国家,许多人因为缴不起税要卖掉房子。因为有房产税,租不出去房子或者房租很低,上缴的税可能大于收的租金,如此就不会把买房作为投资了。

资料来源:《西方经济学》(连有、王瑞芬,2008)

(二)斟酌使用

斟酌使用是指政府根据一定时期的经济社会状况,主动选择不同类型的反经济周期的财政政策工具,干预经济运行行为,实现财政政策目标。当认为总需求非常低,出现经济衰退时,政府通过削减税收、降低税率、增加财政支出等刺激总需求。反之,当认为总需求非常高,出现通货膨胀时,政府应该增加税收或削减开支,以抑制总需求。

斟酌使用的财政政策具体包括汲水政策和补偿政策。汲水政策是指经济萧条时进行公共投资,以增加社会有效需求,使经济恢复活力的政策。补偿政策是指政府有意识地从当时经济状况反方向调节经济景气变动的财政政策,以实现稳定经济波动的目的。

三、财政政策的效果

政府实行一项扩张性财政政策，无论采取增加政府购买支出，还是采取减少税收，最终会使总需求曲线移动，但总需求移动的幅度不同于政府购买或税收的变动，它可能大于也可能小于，这就涉及两种宏观经济效应，即乘数效应和挤出效应。政府购买支出增加或减税会进一步刺激消费支出，把所有的效应加在一起，对物品与劳务需求量的总影响就远远大于最初来自更多政府购买支出或减税的刺激，引发乘数效应。

但财政扩张增加刺激物品与劳务总需求的同时，也会使利息率上升，这往往会减少投资支出，阻止总需求增加，即发生挤出效应。财政政策的挤出效应在传导中的机制是：政府支出增加时，市场上购买产品或劳务的竞争也随之加大，供求的对应关系将使得物价上涨，在名义货币供应量不变的情况下，实际货币供应量会随着价格的上涨而减少，导致可以用于投资目的的货币量同时减少。最终，债券市场上的价格会下跌，市场利息率会上升，导致投资减少，人们的消费也随之减少。

在实现了充分就业的情况下，挤出效应最大为 1。这时，政府的支出增加等于私人支出的减少，扩张性财政政策对经济没有任何刺激作用。在没有实现充分就业的情况下，挤出效应是大于 0 小于 1 的，具体大小主要取决于政府支出增加所引起利息率上升的多少。利息率上升多，则挤出效应大；反之，则挤出效应小。

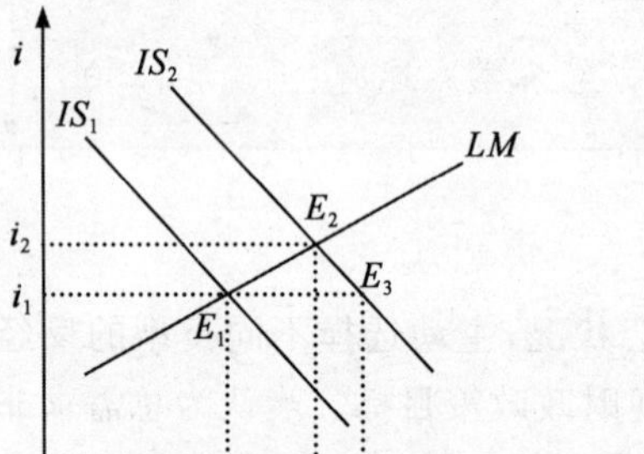

图 12.1 财政扩张的乘数效应和挤出效应

图 12.1 说明了财政扩张的乘数效应和挤出效应。假定政府实行一项扩张性财政政策，如政府增加一笔支出 ΔG，使得 IS_1 右移到 IS_2，右移的距离是 E_1E_3，收入应从 Y_1 增加到 Y_3，即一笔政府支出能带来若干倍国民收入的增加。但实际上收入不可能增加到 Y_3，因为如果要增加到 Y_3，必须假定利息率不上升。可是利息率不可能不上升，利息率的上升抑制了私人投资，因此，新的均衡点只能处于 E_2，国民收入不可能从 Y_1 增加到 Y_3，而只能增加到 Y_2。图中 Y_2Y_3 就是挤出效应所减少的国民收入量。一般而言，挤出效应取决于 IS 曲线和 LM 曲线的斜率。影响 IS 曲线、LM 曲线斜率的因素就是影响挤出效应的因素。

在 LM 曲线不变时，IS 曲线斜率的绝对值越大，即 IS 曲线越陡峭，则 IS 曲线移动时收入变化就越大，即财政政策效果越大。反之，IS 曲线越平坦，则 IS 曲线移动时收入变化就越小，即财政政策效果越小。如图 12.2 所示，由于政府支出增加相等，因此 IS 曲线右移距离相等，即 E_1E_3 长度相等，但图(a)Y_1Y_2 长度小于图(b)Y_1Y_2 长度。我们已经知道，IS 曲线斜率大小主要由投资的利息率系数所决定，IS 曲线越平坦，表示投资的利息率系数越大，即利息率变动一定幅度所引起的投资变动的幅度越大。若投资对利息率变动的反应较敏感，一项扩张性财政政策使利息率上升时，就会使私人投资下降很多，就是“挤出效应”较大。因此，IS 曲线越平坦，实行扩张性财政政策时被挤出的私人投资就越多，从而使国民收入增加得就越少，即政策效果越小。

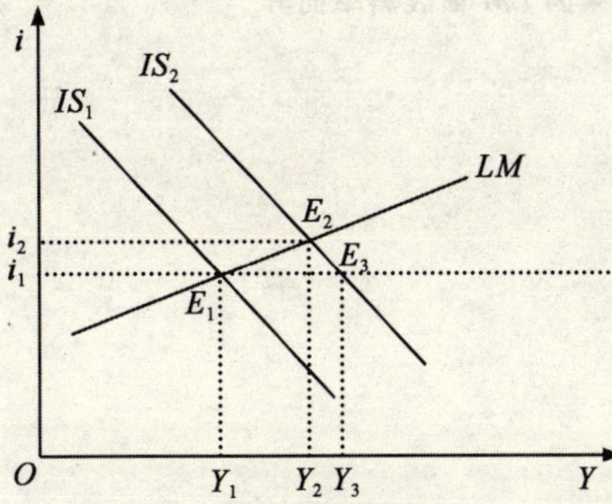

(a) 政策效果小

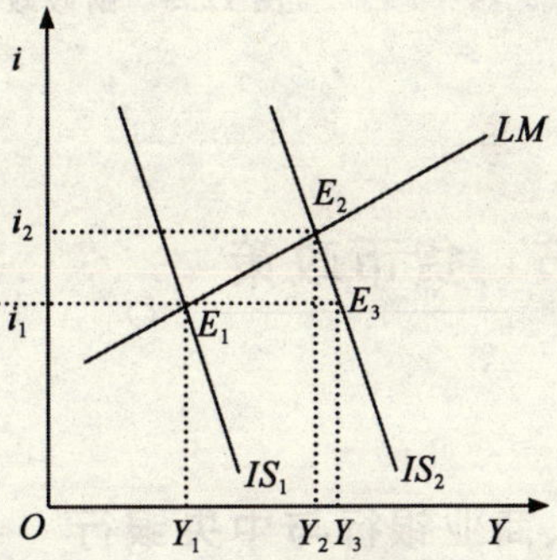

(b) 政策效果大

图 12.2　财政政策效果因 *IS* 曲线斜率而异

在 IS 曲线不变时，财政政策效果又随 LM 曲线斜率不同而不同。LM 曲线斜率越大，即 LM 曲线越陡，则 IS 曲线移动时收入变动就越小，即财政政策效果就越小。反之，LM 曲线越平坦，则财政政策效果就越大。如图 12.3 所示，假定初始的均衡收入 Y_1 和利息率 i_1 都相同。由于政府支出增加相等，因此 IS 曲线右移距离相等，即 E_1E_3 长度相等，但图(a)Y_1Y_2 长度小于图(b)Y_1Y_2 长度。这是因为 LM 曲线斜率较大，表示货币需求的利息率系数较小，一定的货币需求增加将使利息率上升较多，从而对私人部门投资产生较大的挤出效应，结果使财政政策效果较小。相反，当货币需求的利息率敏感性较大(LM 曲线较平坦)时，政府由于增加支出，即使向私人借了很多钱(通过出售公债)，也不会使利息率上升很多，从而不会对私人投资产生很大影响，这样，政府增加支出就会使国民收入增加较多，即财政政策效果较大。

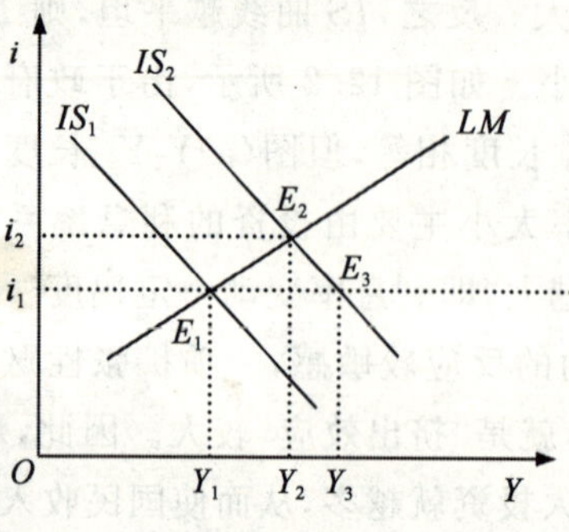

(a) 政策效果小

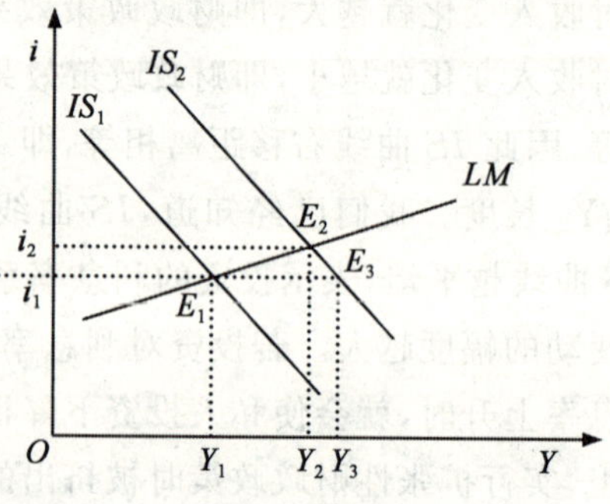

(b) 政策效果大

图 12.3 财政政策效果因 *LM* 曲线斜率而异

第三节 货币政策

一、商业银行与中央银行

(一)商业银行

商业银行是以经营工商业存放款为主要业务,并以获取利润为目的的货币经营企业。商业银行与一般工商企业一样,是以盈利为目的的企业,具有从事业务经营所需要的自有资本,依法经营,照章纳税,自负盈亏。但商业银行又是不同于一般工商企业的特殊企业。其特殊性具体表现于经营对象的差异。工商企业经营的是具有一定使用价值的商品,从事商品生产和流通;而商业银行是以金融资产和金融负债为经营对象,经营的是特殊商品——货币和货币资本。

商业银行具备以下五种职能:

1. 信用中介职能

信用中介是商业银行最基本、最能反映其经营活动特征的职能。这一职能的实质,是通过银行的负债业务,把社会上的各种闲散货币集中到银行里来,再通过资产业务,把它投向经济各部门;商业银行是作为货币资本的贷出者与借入者的中介人或代表,来实现资本的融通,并从吸收资金的成本与发放贷款利息收入、投资收益的差额中,获取利益收入,形成银行利润。

2.支付中介职能

通过存款在账户上的转移，代理客户支付，在存款的基础上，为客户兑付现款等，商业银行成为工商企业、团体和个人的货币保管者、出纳者和支付代理人。以商业银行为中心，形成经济过程中无始无终的支付链条和债权债务关系。

3.信用创造功能

商业银行在信用中介职能和支付中介职能的基础上，产生了信用创造职能。商业银行是能够吸收各种存款的银行，和用其所吸收的各种存款发放贷款，在支票流通和转账结算的基础上，贷款又转化为存款，在这种存款不提取现金或不完全提现的基础上，就增加了商业银行的资金来源，最后在整个银行体系，形成数倍于原始存款的派生存款。

4.金融服务职能

随着经济的发展，特别是电子计算机在银行业务中的广泛应用，使商业银行具备了为客户提供信息服务的条件，咨询服务、对企业"决策支援"等服务应运而生，工商企业生产和流通专业化的发展，又要求把许多原来的属于企业自身的货币业务转交给银行代为办理，如发放工资、代理支付其他费用等。个人消费也由原来的单纯钱物交易，发展为转账结算。在强烈的业务竞争压力下，各商业银行也不断开拓服务领域，通过金融服务业务的发展，进一步促进资产负债业务的扩大，并把资产负债业务与金融服务结合起来，开拓新的业务领域。

5.调节经济职能

调节经济是指商业银行通过其信用中介活动，调剂社会各部门的资金短缺，同时在央行货币政策和其他国家宏观政策的指引下，实现经济结构、消费比例投资、产业结构等方面的调整。此外，商业银行通过其在国际市场上的融资活动还可以调节本国的国际收支状况。

（二）中央银行

中央银行是国家赋予其制定和执行货币政策，对国民经济进行宏观调控，对金融机构乃至金融业进行监督管理的特殊的金融机构。每个国家都有自己的中央银行，但叫法不尽相同。美国叫"美国联邦储备委员会"（简称"美联储"），英国叫"英格兰银行"，德国叫"德意志银行"，日本叫"日本银行"，而在中国则是中国人民银行。中央银行是一国金融体系的中心，一般不与个人和工商企业发生业务关系，具有发行的银行、政府的银行和银行的银行三大职能。

中央银行是发行的银行。它垄断货币的发行权，是全国唯一的现钞发行机构。中央银行是政府的银行。这一职能主要表现在以下几个方面：代理国库；代理国家债券的发行；向国家给予信贷支持；保管外汇和黄金准备；制订并监督有关金融管理法规。此外，中央银行还代表政府参加国际金融组织，出席各种国际会议，从事国际金融活动以及代表政府签订国际金融协定；在国内外经济金融活动中，充当政府的顾问，提供经济、金融情报和决策建议。中央银行是银行的银行。这一职能最能体现中央银行的特殊金融机构性质。办理“存、放、汇”，仍是中央银行的主要业务内容，但业务对象不是一般企业和个人，而是商业银行与其他金融机构。作为金融管理的机构，这一职能具体表现在集中存款准备、最终贷款人、组织全国的清算三个方面。

二、存款创造与货币供给

一般来说，市场货币数量的增加是由于政府货币发行数量增加的结果，而实际上市场可支配货币量的增多，是银行信用扩张的结果，是银行信用在创造货币，政府发行的是基础货币，而银行则是以货币创造货币。

商业银行存款创造的能力来源于银行的准备金制度。存户把现金存入商业银行，并随时可以支取。为了应付支取的需要，银行必须保留部分现金在手边。银行现金和存款的比率叫作存款的准备金率，用 r 表示。如果银行把全部现金保留在手边，准备金率则为100%。事实上即使当天存入，次日提取的活期存款，也只需要一个极小的准备金率。因为银行每天总有一些客户提取存款，另一些客户存入存款，如果两者相等，准备金率可以为零。不过准备金率如果过低，一旦出现无法应付存款人提款的情况，就会影响银行信誉和安全，甚至导致银行倒闭。为了防止信用崩溃，由法律规定各类存款的准备金率，称法定存款准备金率，它是商业银行按照中央银行的规定必须向中央银行交存的存款准备金与存款总额的比率。如果准备金率过高，则贷款资金减少，又会影响银行的盈利。因此银行通常根据经验掌握一个自己认为安全的最低准备金率，有时会超过法定准备金率的最低限标准，超过的部分称超额准备金。

了解银行的准备金制度后，我们再来看一下商业银行存款创造的过程。在表12.1中，假定存户甲将100元现金存入银行A，银行A按准备金率20%提留20元准备金后，80元贷给乙；乙取得贷款后，全部存入银行B，作为活期存款，准备随时提取，银行B提留16元准备金后，将64元贷给丙；丙取得64元贷款后也全部存入银行C。银行C提留12.8元并将51.2元贷给丁。如此继续下去，直到初始的100元现金全部为各家银行作为准备金持有为止，结果存款共计为500元，比初始存款100元扩大了5倍。

表 12.1　商业银行存款创造过程

银行	银行存款	银行贷款	现金准备
A	(甲)100	(乙)80	20
B	(乙)80	(丙)64	16
C	(丙)64	(丁)51.2	12.8
⋮	⋮	⋮	⋮
合计	500	400	100

最终存款总额为初始存款的倍数是存款准备金率的倒数。存款准备金率越小,商业银行创造信用的能力越强;存款准备金率越大,商业银行创造信用的能力越弱。

三、货币政策及其工具

货币政策工具是指政府或货币当局直接控制并能够通过金融途径影响经济单位的经济活动,进而影响经济政策目标的经济手段。这些经济手段包括一般性控制工具与选择性控制工具。除此之外,政府或货币当局还运用行政手段与道义劝告来影响商业银行及其他金融机构的经济活动。

一般性控制工具旨在影响整个经济活动。它包括公开市场业务、再贴现率与法定存款准备金率三种工具。前一种主要用来影响货币乘数的大小,后两种主要用来影响基础货币的数量。选择性控制工具是指对某些特定部门或领域实行的货币政策工具。它主要有证券保证金率、消费信用控制、不动产信用控制、优惠利息率等。行政性手段是指中央银行凭借行政权力而非通过市场机制直接对商业银行及其他金融机构的业务活动进行干预的行为。这种行政性控制的手段主要有贷款总规模控制、信用分配、规定流动比率、存款利息率上限、道义劝告等。一般性控制工具是货币政策的基本工具,下面将详细作一介绍。

(一)公开市场业务

公开市场业务又称公开市场操作,或称公开市场买卖。它是指中央银行在金融市场上公开买卖各种政府债券及银行承兑票据等有价证券,以调节货币供给量。当经济萧条、失业率高时,中央银行在公开市场业务上购进有价证券,投放货币,由此增加货币供给,刺激需求增加。反之,在通货膨胀时期,中央银行则在公开市场上出售有价证券,回笼货币,减少市场上的货币流通量,达到抑制过度需求的目的。公开市场业务能够灵活而有效地调节货币量,进而影响利息率的变动。因此,公开市场业务成为最重要的货币政策工具。

很多经济学家都十分偏爱公开市场业务，有的甚至将它视为唯一有效的货币政策工具。这是因为公开市场业务在他们看来具有以下几大优点：第一，作为一项控制手段，它富于弹性，买卖证券的数量可多可少，并且可以随时进行。通过公开市场业务，中央银行可以把银行系统的准备金控制在自己希望的规模之内。虽然其发生作用的途径同再贴现率政策和准备金政策基本相同，但它的效果比这两种政策更为确定和精确，并且不受银行体系反应程度的影响。在公开市场业务过程中，中央银行始终处于积极主动的地位，完全可以按自己的意愿来实施货币政策。第二，公开市场业务不会引起社会公众对货币政策意向的误解，因而也就不会对经济产生错误的诱导。同时，中央银行可以连续地、灵活地进行公开市场业务，自由地决定买卖有价证券的数量、时间和方向，从而产生一种连续性的效果，使社会不易对公开市场业务做出强烈的反应。这一点比有强烈“宣示效应”而不能灵活运用的再贴现率政策和准备金政策更为优越。第三，中央银行实施公开市场业务，不必决定证券的收益率或利息率，因而不会直接影响银行的收益情况。另外，公开市场业务可以普遍地加以实施，因而可以广泛地影响社会的经济活动。

但是，公开市场业务的实行需要一定的条件。首先，必须有足够数量的有价证券，而且种类应该多样，以便有选择地操作。其次，要有发达的金融市场，以保证各种金融工具的流通。只有少数几个发达国家才具备这两个条件，而对绝大多数的发展中国家来说，由于还不具备上述条件，实施公开市场业务还有一定的困难。

（二）再贴现率

再贴现率政策又称银行利息率政策，是用于控制货币供给量的传统货币政策工具。其具体办法是，当商业银行的准备金不足时，它可以把自己持有的合格票据向中央银行申请贴现，以获得资金。由于商业银行的票据多是对工商企业贴现而来，当以此向中央银行贴现时，则称为再贴现。再贴现时所使用的利息率称为再贴现率，简称为贴现率。再贴现率是商业银行从中央银行取得资金的成本。

当中央银行认为经济形势的发展有必要收缩银根时，它就要提高再贴现率，使商业银行取得资金的成本提高，商业银行就会减少对中央银行资金的需求，也就减少了可贷资金。另一方面，再贴现率上升，商业银行的资金成本提高，它就会把向企业发放的贷款的利息率也提高，企业贷款需求也就会减少。此外，再贴现率的变动还有一种“预告效应”。如当中央银行提高再贴现率时，社会公众可能把这视为一种中央银行抑制扩张的迹象，由此人们就会改变自己的消费与储蓄决策。相反，在经济衰退时期，中央银行可以降低再贴现率，商业银行在低成本条件下，必将增加准备金，扩大货币供给，刺激社会需求。

再贴现率政策作为货币政策工具，其有效性也有一定的限度。这主要是因为商业银行具有多种获得资金的渠道，如它可以出售一些有价证券，可以收回贷款，或者拒绝发放新的贷款，也可以向同业拆借，还可以提高利息率或改进服务吸引更多的存款。而向中央银行借款只是众多资金来源渠道之一，商业银行当然会以最低资金成本来筹集资金，这就会使得再贴现率作为一种货币政策工具的有效性大大降低。

(三)法定存款准备金率

中央银行完全可以通过改变准备金率的办法来影响整个社会的货币供给量。具体地说，中央银行降低准备金率，就会使商业银行超额准备增加，引起贷款和投资的扩大，滋生出更多的派生存款；相反，中央银行提高准备金率后，原先持有超额准备的银行现在转变为合乎法定准备比率的要求或只有很少超额准备，因此则使商业银行的贷款资金减少，从而导致货币供给量减少。同时，根据货币乘数效应，提高法定准备金率将使货币乘数变小；在超额准备一定的条件下，会使银行扩张存款的效果缩小。因此，当经济衰退、失业率高时，中央银行可以降低法定准备金率，以增加货币供给量，从而刺激需求与供给的增加；而当需求旺盛、通货膨胀率高时，中央银行可以提高法定准备金率，以收缩银根，抑制需求。

把法定存款准备金率作为货币政策工具加以使用，有利也有弊。准备金政策作为中央银行调整法定准备金及剩余准备金数量的一种货币政策工具，其主要优点是准备金的变动可以对准备金数量及货币供应量产生深远的影响，可以以微小的变动来实现货币供应量的重大改变，其效果十分明显，且收效极为迅速。但也有一定的副作用：一是容易导致银行资金严重周转不灵，使银行经营陷于困境。因为银行一般只保留少量的超额准备金，只要法定准备金率略有提高，就会使原有的超额准备金一笔勾销，甚至出现准备金不足。银行为了迅速调整准备金以符合法定要求，就不得不大幅度缩减贷款，或者大幅度抛售有价证券，这就会使银行的盈利大幅度下降，并可能导致资金周转上的困难。二是冲击力太大。只要法定准备金率稍有变动，就会导致货币供给量的剧烈变动。基于以上原因，尽管法定准备金率是一项很有效的手段，但大多数国家的货币当局对法定准备金率的变动都持一种比较谨慎的态度。

四、货币政策的效果

变动货币供给量的政策对总需求的影响主要是通过影响利息率而影响物品与劳务的需求量。货币供给增加降低了利息率，减少了借款的成本和储蓄的收益，从而使得居民消费支出增加，企业投资增加，物品与劳务的需求量随之增加。如图

12.4 所示，当增加货币供给量 ΔM 时，使得 LM_1 右移到 LM_2，右移的距离是 E_1E_3，收入应从 Y_1 增加到 Y_3。但实际上收入不可能增加到 Y_3，因为利息率会因货币供给量增加而下降，因而增加的货币供给量中一部分要用来满足增加了的投机需求，只有一部分用来满足增加的交易需求。

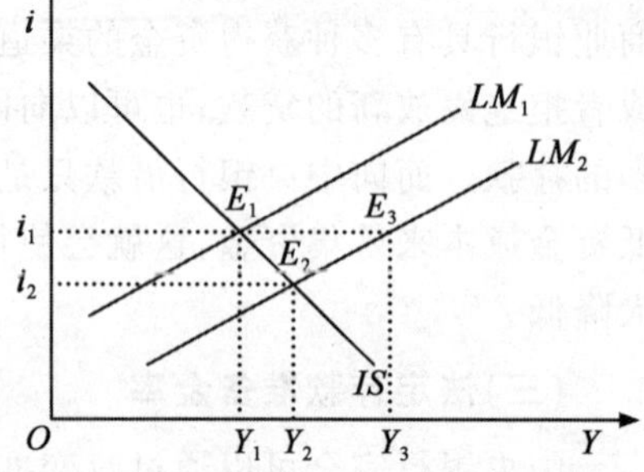

图 12.4 货币政策对总需求的效应

货币政策的效果同样取决于 IS 和 LM 曲线的斜率。在 LM 曲线斜率不变时，IS 曲线越平坦，LM 曲线移动对国民收入变动的影响就越大；反之，IS 曲线越陡峭，LM 曲线移动对国民收入变动的影响就越小。如图 12.5 所示，假定初始的均衡收入 Y_1 和利息率 i_1 都相同。由于货币供给增加量相等，因此 LM 曲线右移距离相等，即 E_1E_3 长度相等，但图(a)Y_1Y_2 长度小于图(b)Y_1Y_2 长度。这是因为 IS 曲线较陡峭，表示投资的利息率系数较小，当 LM 曲线由于货币供给增加而向右移动使利息率下降时，投资不会增加很多，从而国民收入水平也不会有较大增加。反之，IS 曲线较平坦时，则表示投资的利息率系数较大，因此货币供给增加使利息率下降时，投资会增加很多，从而使国民收入水平有较大增加。

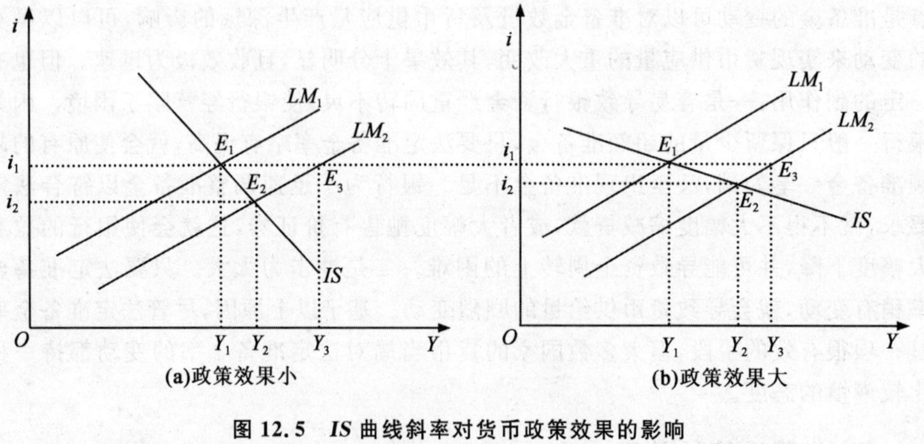

图 12.5 *IS* 曲线斜率对货币政策效果的影响

在 IS 曲线不变时，LM 曲线越平坦，LM 曲线由于货币供给量变动时，国民收入的变动就越小，即货币政策效果越小；反之，则货币政策效果越大。如图 12.6 所示，由于货币供给增加量相等，因此 LM 曲线右移距离相等，即 E_1E_3 长度相等，但图(a)Y_1Y_2 长度小于图(b)Y_1Y_2 长度。这是因为 LM 曲线较平坦,表示货币需求受利息率的影响较大,即利息率稍有变动就会使货币需求变动很多,因而货币供给量变动对利息率变动的作用较小,从而增加货币供给量的货币政策就不会对投资和国民收入有较大影响。反之,若 LM 曲线较陡峭,表示货币需求受利息率的影响较小,即货币供给量稍有增加就会使利息率下降较多,因而对投资和国民收入有较多增加,即货币政策的效果较大。

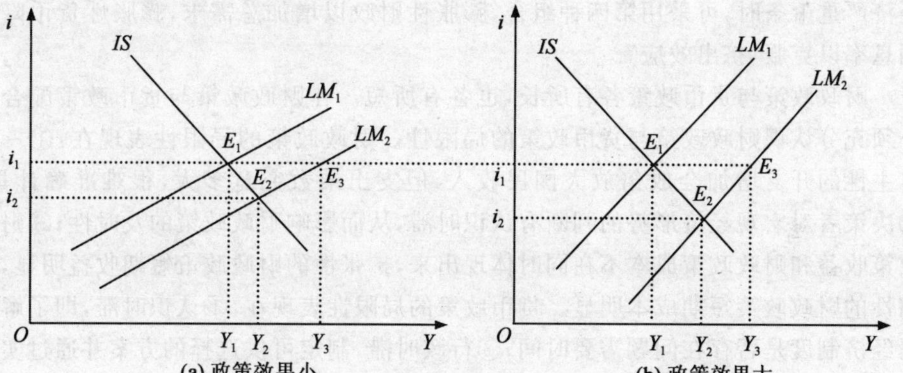

(a) 政策效果小　　(b) 政策效果大

图 12.6 *LM* 曲线斜率对货币政策效果的影响

第四节 财政政策与货币政策的配合

一般情况下,一种宏观经济政策在一定时期只能解决某一特定问题。例如,货币政策有利于总量调节和经济稳定,财政政策对结构和经济增长作用比较明显。但是,现实经济往往不只是出现某一问题。这样,在实现宏观调控目标过程中,需要对货币政策和财政政策采取不同的协调配合方式。表 12.2 给出了各种政策混合使用的效应。

表 12.2 财政政策和货币政策混合使用的政策效应

序号	政策混合	产出	利息率
1	膨胀性财政政策和紧缩性货币政策	不确定	上升
2	紧缩性财政政策和紧缩性货币政策	减少	不确定
3	紧缩性财政政策和膨胀性货币政策	不确定	下降
4	膨胀性财政政策和膨胀性货币政策	增加	不确定

政府和中央银行可以根据具体情况和不同目标，选择不同的政策组合。当经济萧条但又不太严重时，可采用第一种组合，用膨胀性财政政策刺激总需求，又用紧缩性货币政策控制通货膨胀；当经济发生严重通货膨胀时，可采用第二种组合，用紧缩性货币政策来提高利息率，降低总需求水平，又紧缩财政，以防止利息率过分提高；当经济中出现通货膨胀又不太严重时，可采用第三种组合，用紧缩财政压缩总需求，同时又用膨胀货币政策降低利息率，以免财政过度紧缩而引起衰退；当经济严重萧条时，可采用第四种组合，膨胀性财政以增加总需求，膨胀性货币降低利息率以克服“挤出效应”。

财政政策与货币政策各有所长，也各有所短。在财政政策与货币政策配合中必须充分认识财政政策与货币政策的局限性。财政政策的局限性表现在：①一笔自主性的开支增加会成倍放大国民收入，但支出乘数究竟多大，很难准确计量；②决策者对宏观经济形势的判断有认识时滞，从而影响财政政策的及时性；③财政政策收益和财政政策成本不在同时体现出来，扩张性的财政政策短期收益明显，紧缩性的财政政策短期成本明显。货币政策的局限性表现在：①认识时滞，即了解判断经济制度是否存在问题需要时间；②行政时滞，制定可供选择的方案并通过实施也是需要时间的；③政策效果时滞，从货币政策实施到见效的时滞特别长。

本章关键词

宏观经济政策目标；宏观经济政策工具；财政政策；自动稳定；斟酌使用；乘数效应；挤出效应；货币政策；商业银行；中央银行；存款创造；准备金率；再贴现率；公开市场业务

本章小结

经济政策问题在宏观经济学中占有十分重要的地位。宏观经济政策的目标包括充分就业、物价水平稳定、经济增长和国际收支平衡。用来达到政策目标的手段即宏观经济政策工具主要是指财政政策与货币政策。

财政政策是国家干预经济的主要政策之一，财政政策工具主要是：变动政府购买支出、改变政府转移支付、变动税收和公债。根据财政政策调节经济周期的作用，可以将财政政策分为自动稳定的财政政策和斟酌使用的财政政策。自动稳定器虽无须政府做出任何决策，但其调节经济的作用是非常有限的。它只能减轻萧条或通胀的程度，并不能改变萧条或通胀的总趋势，因此仍需要政府有意识的运用财政政策来调节经济。财政政策的效果受到 *IS* 与 *LM* 曲线斜率的影响。

货币政策是中央银行通过改变货币供给量以影响国民收入和利息的政策。中央银行实施货币政策的三大工具包括公开市场业务、再贴现率与法定存款准备金率。货币政策的效果同样受到 *IS* 与 *LM* 曲线斜率的影响。

案例分析

案例一:罗斯福新政

1933 年,富兰克林·德拉诺·罗斯福就任美国总统后实行了一系列经济政策,主要包括通过国会制定了《紧急银行法令》、《国家产业复兴法》、《农业调整法》法案,对工商业大量的贷款和津贴刺激私人投资,提高物价,减少农业生产,克服农产品过剩,兴建公共工程,增加就业机会等。这大大缓解了大萧条所带来的经济危机,从而也使得罗斯福成为美国最受欢迎的总统之一。

这个故事说明了什么经济问题?(★理论提示:扩张性财政政策对总需求的影响)

案例二:加息与通货膨胀

2010 年 10 月 19 日,中国人民银行宣布自 10 月 20 日起上调金融机构人民币存贷款基准利息率 0.25 个百分点,这是金融危机之后,中国首次加息。一些经济学家分析,根据统计局公布三季度的系列经济数据,前两个月的 CPI 都超过了 3%,而且最近食品、粮食等价格不断上涨更是加重了 CPI 上涨的预期,9 月份的 CPI 很可能继续高涨,负利息率将进一步扩大,央行选择此时加息表明对通货膨胀的担心。

这些经济学家的分析正确吗? 加息对通货膨胀的影响是怎样的?(★理论提示:货币政策对总需求的影响)

案例三:好战的美国

20 世纪以来,美国是世界上海外干涉或进行战争最多的国家,威尔逊总统将美国带入第一次世界大战,罗斯福带领美国参加第二次世界大战,杜鲁门总统当政时,美国出兵朝鲜,在约翰逊政府之下,美国陷入了越南战争,克林顿政府时期美国在北约的框架下参与了科索沃战争……而经济学家通过分析相关数据发现,在美国过去 100 多年的历史上,战争期间美国的经济情况明显好于非战争期间。这一发现从经济角度解释了美国为何如此好战。

从宏观经济政策分析这种解释是否有一定道理。(★理论提示:财政政策对总需求的影响)

专项训练

(一)单项选择

1. 下述选项中不是宏观经济政策目标的是(　　)。

A. 物价水平稳定　　B. 充分就业

C. 经济增长　　D. 国际收支盈余

2. 当经济中存在严重失业时,应该采取的财政政策工具是(　　)。

A. 增加政府支出　　B. 提高个人所得税

C. 提高公司所得税　　D. 增加货币发行量

3. 下述选项中不是中央银行的职能的是(　　)。

A. 发行货币　B. 代理国库　C. 信用创造　D. 制定金融政策

4. 货币供给增加使 *LM* 曲线右移,若要使均衡收入变动接近于 *LM* 曲线的移动量,则必须(　　)。

A. *LM* 曲线陡峭,*IS* 曲线也陡峭　　B. *LM* 曲线陡峭,*IS* 曲线平坦

C. *LM* 曲线平坦,*IS* 曲线陡峭　　D. *LM* 曲线平坦,*IS* 曲线也平坦

5. 公开市场业务是指(　　)。

A. 商业银行的信贷活动

B. 中央银行增加或减少对商业银行的贷款

C. 中央银行在金融市场上买进或卖出有价证券

D. 中央银行增加或减少货币发行量

6. 政府购买支出增加使 *IS* 曲线右移,若使均衡收入变动接近于 *IS* 的移动量,则必须(　　)。

A. *LM* 曲线平坦,*IS* 曲线陡峭　　B. *LM* 曲线垂直,*IS* 曲线陡峭

C. *LM* 曲线陡峭,*IS* 曲线平坦　　D. *LM* 曲线平坦,*IS* 曲线也平坦

7. 当经济萧条但又不太严重时,可采用的政策组合方式是(　　)。

A. 膨胀性财政政策和紧缩性货币政策

B. 紧缩性财政政策和紧缩性货币政策

C. 紧缩性财政政策和膨胀性货币政策

D. 膨胀性财政政策和膨胀性货币政策

8. 中央银行提高贴现率会导致(　　)。

A. 货币供给量的增加和利息率提高　B. 货币供给量的减少和利息率提高

C. 货币供给量的增加和利息率降低　D. 货币供给量的减少和利息率降低

9. 在下述(　　)情况下会发生挤出效应。

A. 货币供给的下降使利息率提高,从而挤出了对利息率敏感的私人支出

B. 私人部门税收的增加引起私人部门可支配收入和支出的下降

C. 政府支出增加使利息率提高,从而挤出了私人部门的支出

D. 政府支出的下降导致消费支出的下降

10. 中央银行最常用的政策工具是(　　)。

A. 调整法定准备金率　　B. 公开市场业务

C. 调整再贴现率　　D. 道义劝告

(二)判断题

1. 扩张性的财政政策包括增加政府支出和税收。

2. 要消除通货紧缩缺口,中央银行应该在公开市场上卖出政府债券。

3. 提高贴现率和准备金率都可以增加货币供给量。

4. 中央银行和商业银行都可与一般客户有借贷关系。

5. 商业银行体系所能创造出来的货币量与法定准备金率成反比,与最初的存款额成正比。

(三)简答题

1. 哪些财政政策具有自动稳定器的特点?

2. 简述商业银行存款创造的过程。

3. 政府支出 30 亿元用于购买政府用车。解释为什么总需求的增加会大于或小于 30 亿元?

4. 在不同时期应如何运用财政政策与货币政策?

(四)分析题

运用 *IS-LM* 模型分析说明为什么凯恩斯主义者强调财政政策的作用,而货币主义者强调货币政策的作用?

参考文献

[1] 高鸿业. 西方经济学. 4 版. 北京:中国人民大学出版社，2007.

[2] 尹伯成. 西方经济学简明教程. 上海:上海人民出版社，2008.

[3] 曼昆. 经济学原理. 5 版. 北京:北京大学出版社,2009.

[4] 罗格·A·阿诺德. 像经济学家一样思考. 李宝元,等译. 北京:人民邮电出版社,2009.

[5] 王福重. 人人都爱经济学. 2 版. 北京:人民邮电出版社,2010.

[6] 埃德温·曼斯菲尔德. 应用微观经济学. 北京:经济科学出版社，1999.

[7] 查尔斯·惠伦. 赤裸裸的经济学. 孙稳存,译. 北京:中信出版社，2010.

[8] 张淑云. 西方经济学教程. 北京:化工出版社，2009.

[9] 连有，王瑞芬. 西方经济学. 北京:清华大学出版社,2008.

[10] 徐美银. 经济学原理. 北京:高等教育出版社，2008.

[11] 何璋. 西方经济学. 北京:中国财政经济出版社，2006.

[12] 任保平，宋宇. 微观经济学. 北京:科学出版社，2009.

[13] 孙亚锋. 经济学原理. 大连:东北财经大学出版社，2003.

[14] 郭万超，辛向阳. 轻松学经济——300 个核心经济术语趣解. 北京:对外经济贸易大学出版社，2005.

[15] 郑月玲. 每周一堂经济课. 北京:人民邮电出版社，2009.

[16] 蒲艳萍，陈仲常. 西方经济学. 重庆：重庆大学出版社，2000.

[17] 曹龙骐. 金融安全与分析. 北京:高等教育出版社，2005.

[18] 杨长江，石洪波. 宏观经济学. 上海:复旦大学出版社，2007.